ホリスティック教育ライブラリー④

ピースフルな子どもたち

戦争・暴力・いじめを越えて

日本ホリスティック教育協会
金田卓也・金香百合・平野慶次 編

せせらぎ出版

ピースフルな子どもたち

―戦争・暴力・いじめを越えて―

もくじ

Ⅰ部　内なる暴力を見つめる

II部　平和の文化をきずく

装幀　濱崎　実幸
本文イメージ写真　永原　孝雄他
カバー画提供　キッズゲルニカ—国際子ども平和壁画プロジェクト—

まえがき

ニューヨークの９・11テロ事件、そしてイラク戦争と、二一世紀になったというのに、いまだに世界は暴力の連鎖を断ち切れず、現実の巨大な暴力の前に言葉を失いつつあります。戦争に関する報道を前にすると、アフガン難民キャンプで子どもたちと過ごしたことが目に浮かんできます。旧ソ連軍がアフガニスタンに侵攻して間もないころのことです。私はパキスタン、ペシャワール近郊の難民キャンプでボランティア活動にかかわっていました。そんなある日、国境を越えての取材から戻ってきた友人の写真家の言葉が忘れられません。

「ジャーナリズムは戦車や死体の写真を欲しがっている。でも、本当に伝えたいのは戦争のいちばんの犠牲者である、残された子どもたちと母親の姿なんだ」。

それから、私は日本に帰り教師になり、何年もの年月が経ちました。しかし、今なお、世界各地で紛争が続き、輝くような目と微笑む姿は日本の子どもたちとなんの違いもないのに、祖国は爆撃され、ばら撒かれた地雷は子どもたちが自由に遊ぶことさえ拒みます。私は、笑顔で難民テントの中に招き入れてくれたアフガニスタンの子どもたちのためになにもしてこなかったのではないかと、自問せざるを得ません。そうした自省の念が、この本作りのきっかけとなりました。

生まれたときから戦争のただ中で生きてきた子どもたちは、「平和」という言葉の意味さえわからないといいます。一方、「戦争」から遠いところにいるように見える日本でも、子どもたちをめぐる暗澹《あんたん》たる事件が続いています。いじめを受け続けた子どもたちの心の傷は深く、容易に癒すことはできません。心とからだを傷つける暴力の前には、アフガニスタンの子どもか、日本の子どもかということは関係なくなります。戦争もいじめも私たち自身の中にある暴力的な闇の部分を問わずには解決できないといえるのではないでしょうか。地雷で片足を失った子どもといじめを受けている子どもの痛みを自分の痛みとしてとらえるところから始めたい、そのような思いでこの本の制作がスタートしたのです。

「平和」という言葉は、「世界平和」のように外向きに使われる場合が多いのですが、「平和な世界」(peaceful world)と一人ひとりの「平和な心」(peaceful mind)というものを切り離して考えることはできません。平和な世界とは、一人ひとりが穏やかな気持ちで暮らすことのできる世界であり、逆に、一人ひとりに穏やかな心がなければ、平和な世界をきずくことはできないともいえます。「平和」がとても大切だということは誰もが知っています。「平和」について語ろうとするとき、この言葉に意義を唱える人はいないでしょう。しかし、いじめから戦争までさまざまな形の暴力のあふれる現実を前に、「平和」という言葉は重みを失い、非現実的な理想を表わす甘い言葉として受け止められてしまう傾向があります。そこで、本書のタイトルではあえて「平和」という言葉の代わりに「ピースフルな」という言葉を用いることにしました。そこには、「平和」が世界に広がると共に心の内側に深まっていくものという両方の意味が込められています。「ピースフルな子どもたち」―未来への希望を見出せなくなっている現在、子どもについて考えるということは未来について希望を託すということでもあるのです。

「平和」の問題を考えるということは、まず私たち自身のピースフルな心のあり方を見つめ、それを身近な家庭や学校から国際社会へと発展させ、平和と対立する暴力の問題を問い直していくことだともいえます。「平和」について問うということは、きれいごとや理想論ではなく、私たちの内なる「悪」や「暴力」の問題を掘り下げるところから出発する必要があります。それは、家庭内暴力・いじめ・差別・人権といった問題につながることです。ホリスティックな教育とは、平和の対極にある暴力をふるう者の心をひらき、暴力を受ける者の心をひらくことでもあります。このホリスティック教育ライブラリー4は、「平和」＝「非暴力」を軸に、その対極にある「悪」や「暴力」の根源について考えると共に、いじめや差別といった現実の問題を同時に問うという特色をもっています。本書は内面を掘り下げるⅠ部と、現実の世界への取り組みを扱うⅡ部という構成になっており、まずⅠ部では、「平和」の問題を考えるとき忘れてはならない、いじめや差別につながる内なる暴力について見つめ直し、後半のⅡ部では、さまざまな分野で平和にかかわる活動をしている執筆者によって「平和の文化」をきずくための手がかりを探りました。

「平和」を目指す教育や活動にかかわるとき、組織や活動のために一生懸命やっているにもかかわらず、自分がいらいらしたり、あるいは他人に対して攻撃的な言動をしていることに気づくときがあります。自分の心がピースフルな状態でなくて、また身近な人たちとピースフルな関係が保てなくて、どうして世界の平和について語ることができるのでしょうか。これまで必ずしも直接結びつけて語られてこなかった「心の平和」と「世界の平和」を同じ地平で捉えていくことは、まさにホリスティックなアプローチだといえると思います。

本書は、幼稚園から大学までのいろいろな現場の教師、平和プロジェクトにかかわるNGOスタッフ、そしてわが子の生きる未来の平和を願う母親・父親などさまざまな立場で「平和」の問題と取り組む多くの執筆者によってできあがりました。執筆者一人ひとりの平和への強い思いが集まり、ひとつの大きなエネルギーを感じさせます。ピースフルであるということは、単に静かであればいいということを意味しているわけではありません。それは、生命の輝きにあふれた元気な子どもたちの姿のように、生き生きとしたものであるはずです。この本を読まれたみなさんが、ピースフルな世界の実現に向けて、新たなエネルギーを得られることを願っています。

編者代表　金田　卓也

本書の執筆者プロフィール欄には、編者の希望によりそれぞれの〈子ども時代〉の写真をご用意いただきました。

序　怒りを伝え、聴きとる対話の回路

日本ホリスティック教育協会代表
吉田　敦彦

…… ……
子供らを被害者に　加害者にもせずに
この街で暮らすため　まず何をすべきだろう?
でももしも被害者に　加害者になったとき
出来ることと言えば
涙を流し　瞼を腫らし　祈るほかにないのか?
…… ……

…… ……
左の人　右の人
ふとした場所できっと繋がってるから
片一方を裁けないよな
僕らは連鎖する生き物だよ
…… ……

――「タガタメ」作詩作曲：桜井和寿（Mr.Children）より

戦争・暴力・いじめへのホリスティック・アプローチ

次世代の子どもたちが、穏やかで安らか（ピースフル）に暮らせる世界を築くこと。国際社会の大人たちがそれを誓った「世界の子どものための平和と非暴力の文化・国際一〇年」(二〇〇一―二〇一〇年)の、今まさに真っただ中。それなのに現実は、むしろまったく逆向きに……。何にどこからアプローチできるのか。あるものは他のすべてのものにつながっている、というホリスティックな〈いのちのつながり〉から考え行動する道を探ります。

「平和の文化のための教育」には、とくに「ホリスティック・アプローチ」が必要だと、その推進役の国連ユネスコは述べます。つまり、戦争や紛争を、単に政治的だけでなく、経済的、文化的、歴史的、制度的等々、総合的に理解し、また当事者の国々の利害だけでなく、地球規模の相互依存関係や生命連鎖を踏まえた包括的アプローチが必要であること、加えて、単に外的な社会関係だけでなく、個々人の内面的な心や精神的な次元にまで深めて、その両面から理解していくアプローチが必要なことを強調しています(詳しくは、巻末の「国連・ユネスコ関連文書にみる平和と非暴力への〈ホリスティック・アプローチ〉」二三八頁参照)。

日本の平和教育にあっても、戦争の悲惨さを知ることによる反戦意識と社会科学的な認識を育てるアプローチに加えて、もっと身近ないじめやキレる暴力の問題に焦点を当てて、一人ひとりの心の内にある憎悪や怒りや攻撃性と向き合うことから出発するアプローチが、いろいろと試みられています。いわゆる旧来の反戦平和教育にとどまらず、このような自分を棚上げにしない「非暴力の教育」を重視するのが、ホリスティックなアプローチの真骨頂だと言えます。

「非暴力の教育」について、ユネスコは「非暴力とは、あるホリスティックな考え方と実際の行動である。つまり、目的達成のために相手を攻撃したり暴力をふるったりすることを拒否し、対立や葛藤を建設的な仕方で解決することである」と定義しています。とくに、心理的な面では、怒りを否定するのではなく、暴力的なかたちで出てきがちな怒りの背後にあるエネルギーを、ポジティブな方向へ発揮できるように転換しようとします。怒りや憎悪を否定して抑圧しようとしても、その出口を失ったエネルギーは渦巻きながら蓄積し、やがて暴発するようなことになるからです。

この、内なる怒りや憎悪と向き合うホリスティックなアプローチが重要であることは、日常的ないじめや虐待といった行為に接しても、テロとそれに対する報復の悪循環を見ても、痛切に感じます。

異質なものとの対立と共存

あの二〇〇一年九月一一日のテロの衝撃の直後、言葉を失いつつも、少しずつ何人かの人たちと対話をはじめたときのことです。ホリスティック教育を共に学ぶ一人の方から、次のような言葉が届きました。

――今世界で起きていることに対して、私は具体的に何ができるのか、正直言って動揺しています。ときを同じくして、母が癌を発病したことを、本人から伝えられました。うまく言えませんが、私を取り巻く世界で何かが起こりはじめ、私自身の生き方が問われていると感じ緊張しています。世界で起きている憎しみと対立、母の健康なからだのなかに発生したガン細胞、これらが何を意味しているのか、を考えてしまっています。たとえば、「どうしたら異なる者同士が共存できるのか、どうしたらからだのなかにガン細胞を抱えながら、破壊的にならずにそれを受け入れ、調和的生活を送っていけるのか、わたしには、そのために何ができるのか?」というようなことです。

「ホリスティック」とか「調和」という言葉を、私は、安易に使ってきていたように思います。自分でないものを受け入れることとは、大変な苦しみや、（相手をうち負かす、という意味ではない）たたかいの後に可能になることだろうと思うばかりです。――

このメッセージは、そのとき同じように動揺していた私に、考え行動していく方向を与えてくれました。それへの応答をかねて、当時、次のような文章を書きました。

行き場のない怒りと憎悪

――この世界に、どれだけ「行き場のない憎悪」が渦巻いているか。意図するとしないとにかかわらず、それに自分がどれだけ荷担しているか。日々の生活のなかでも、自分にとって痛いこと、都合の悪いことには耳をふさいでしまうことが、どれほどあるか。そのことに気づいていくことが、いかに難しく、また大切か。それを今回のテロ事件とアメリカの反応から痛感しました。アメリカがどうのこうの、というより、日本の、自分の問題が、そこに映し出されて。

自分を良しとして認め、受け入れてくれる仲間が大切なのは言うまでもないけれど、それが、自分の耳に心地よい言葉ばかりを掛け合う仲良しグループのつながりになってしまうと、その外部の人には、どんなひどいことでもできてしまう。テロのグループにも、それに対する「正義の報復」に向かうグループにも、当てはまることだと思います。自分たちのしてきたこと、自分たちのしていることが、「私たち」の外側の他者に、どれほどの苦痛を与えているか、それが自分の耳に入ってこないような状況というのは、自分自身にとっても、とても危うい状況です。

そして、ホリスティックな教育にとって特に大切だと思うのは、怒りや憎悪を前にして「愛と寛容」や「喜びと調和」のつながりを説いても、それは現実に届かないということ、そのずっと手前でしなければならないことがあるということです。闇と光、陰と陽、怒りと感謝、憎しみと愛…。人間は、その一方だけで生きているのではなく、その両極の生み出すダイナミックな全体性を生きている、だからこそ、ホリスティックな存在です。だれも、光だけでキレイには生きられない。皆がもっている人間の闇の部分、怒りや憎悪や暴力性と、どう向き合い、抑圧することなくそれをどう生きるか。その怒りや憎悪を組み込んだつながりを、どうつくっていくか。

和解――憎悪が悲しみに変わるとき

犯罪被害者へのケア心理学が一つのヒントになります。行き場のない怒りは、自分の無力感に姿を変え、自己を蝕んでいきます。被害者は、怒りを加害者に伝え、加害者がそれを認めて痛みを感じたとき、はじめて憎悪を悲しみに変えることができる。そして、その悲しみを両者が分かち持つとき、和解と共に深められたつながりが生まれる、といいます。

言いかえれば、もし被害者が怒りをちゃんと加害者に届ける機会を（殺されてしまうなどして）失ってしまうなら、それは被害者にとっても、行き場のない怒りと怨念を抱えたまま、救われないことになります。両者のあいだで悲しみを共有しながら、新たな関係性を創り出す対話の機会が失われるからです（……だから、今の情勢でも仲介者が入って、きちっと国際法廷で被害者と加害者がぶつかりあう「〈殺戮〉ではなく〈裁き〉」を求める声がとても大事です）。

「怒り」をぶつけられて、はじめてわかる「痛み」がある。「怒り」は、怒りの相手に、しっかり伝えていい。

「怒り」をぶつけられた人は、ちゃんとそれを受けとめる。そこからはじめて、憎悪と復讐の悪循環が、哀しみを共有したつながりへと深められる。そのための、「怒り」を適切に伝え受けとめる対話の回路を、いかにして育てていくか。

虐待やいじめやキレル若者の暴力など、子どもをめぐる教育の情況も含めて、いま世界で起きていることは、この容易ではない回路を創り出していく産みの苦しみのように思えてなりません。――

あのニューヨークのテロから二年以上になります。ところで、『喜びはいじめを超える／ホリスティックとアドラーの合流』（共編、春秋社）という本を出したのは、八年ほど前のことです。憎悪と暴力の悪循環を、それに巻き込まれないように、別のところに喜びと感謝の好循環を生み出して抜け出すのが、その本を書いたときの発想でした。間違ってはいないとしても、「甘い」ところがあったと、その後の現実から教えられました。今ならば、怒りや憎しみを、痛みや悲しみを、どう相手に伝えていくか、耳の痛い相手の言葉に耳をふさがず、どう聴きとっていくか、その対話の回路をつくることの方を選びます。「そこからはじめて、憎悪と復讐の悪循環が、悲しみを共有したつながりへと深められる」、その可能性にかけたい、と思います。むしろ、生きる喜びと感謝は、その悲しみを通して、根源にまで深められる、そのように思えます。

それぞれの生の現場に立って、簡単にはわかり合えない他者と、すぐに対話の回路を切ってしまわずに、葛藤や不協和や違和感を大切にしながら、わかり合えないままでもかたわらに居つづけたいと思います。このようなタフなコミュニケーションをていねいに一つずつ重ねていき、そこに対話の回路を紡ぎだすことがそれ自体で、平和教育であり、平和運動である、少なくともその一つの形であるでしょう。遠回りのようで、その道を踏み固めていくほかないのではないか、と思い定めている今日この頃です。

この世界に潜む　怒りや悲しみに
あと何度出会うだろう　それを許せるかな？
明日　もし晴れたら広い公園へ行こう
そしてブラブラ歩こう
手をつないで　犬も連れて
何も考えないで行こう
……　……

子供らを被害者に　加害者にもせずに
この街で暮らすため　まず何をすべきだろう？
でももし被害者に　加害者になったとき
かろうじて出来ることは
相変わらず　性懲りもなく
愛すること以外にない

――「タガタメ」作詩作曲：桜井和寿（Mr.Children）より

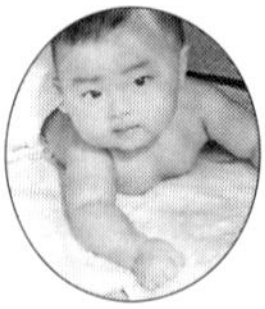

吉田　敦彦（よしだ　あつひこ）
日本ホリスティック教育協会代表。府立大阪女子大学教員。主な著書に『ホリスティック教育論／日本の動向と思想の地平』共著『子どものコスモロジー』『宗教心理の探求』『物語の臨界』『臨床教育学の生成』『日本の教育人間学』他。

Ⅰ部

内なる暴力を見つめる

内なる暴力を見ずして平和は語れない

青山学院大学　今井　重孝

私たちが、平和について語るとき、何か、自分は、安全な場所にいて局外者として、語ることが多いのではないでしょうか。ましてや、戦争の原因については、まさに自分たちにではなく、他の誰かに責任があるとの前提で、平和が語られることが多いのではないでしょうか。

しかし、ホリスティック教育の言う「つながり」を深く真剣に受け止めたならば、華厳経に示されたような、すべてのものがつながっているという思想によって深く捉えられたならば、自分と戦争との「つながり」に気づかずして、平和は語れないということになるのではないでしょうか。

自分を戦争の原因とも結果とも無関係という形で「切断」して、平和について語る語り口は、科学者が客観性の要請のもと、現象の外部に立って物事を観察し記述するスタイルに似ています。分析し細分化される知に対して、知の全体性を回復するのがホリスティック教育の一つの重要な要請ですが、戦争との切り結び方についてもホリスティック教育の観点は同型の問題を発見することになるわけです。

では、自分と戦争は、どのように結びつくのでしょうか。

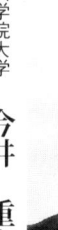

自分と戦争のつながり

鎌中ひとみさんが監督しグループ現代が制作した「ヒバクシャ―世界の終わりに」という映画が、静かな人気を呼び日本各地で自主上映されています。この映画は、イラクにおける劣化ウラン弾によるヒバク、アメリカワシントン州ハンフォードの濃縮ウラン製造施設付近のヒバク、長崎・広島のヒバクをつなげて、淡々とそこで生活している人々を描いた映画なのですが、日常性の中でヒバクが描かれているだけに、かえってヒバクの恐ろしさが伝わってきます。私は、二〇〇三年一〇月一日に町田でこの映画を見ましたが、この映画の後で鎌中監督が話していた内容が、ここでの「つながり」について考えさせるものでした。

氏は、次の趣旨の内容を語りました。イラクの劣化ウラン弾によるヒバクを知ったとき、自分は、自分とは関係ないところでの、自分の責任とは関係ないところでの出来事だと思っていた。しかし、調査を進めていくと、アメリカのワシントン州のウラン濃縮施設で、日本の原子力発電所で使われる核燃料が製造されており、その製造の過程で、劣化ウランがいわばゴミとして出てきて、ただ同然の値段で払い下げられ、その払い下げられた劣化ウランを貫通力があるという理由で使って爆弾が作られ、その爆弾がイラクに使われた。このことを知ったとき、自分は、この戦争の加害者ではないかと思った、と。

原子力発電所で発電した電気を消費しているという点において、劣化ウランを生み出した核燃料を使ってできた電気を使用しているという点において、鎌中氏は、自責の念にさいなまれたのでした。イラクの戦争と自分は、知らない間に「つながって」いたのでした。よくも悪しくも、世界は、すべてのものがつながりあっており、戦争ともまた無関係ではないのです。地球上のある出来事は、すべてのものに責任の一端があることに気づいたとき、はじめて、平和運動は、その質を変えることになるのではないでしょうか。加害者となっている自覚を持つかどうか、これが、ホリスティックな平和運動の第一条件といえるのではないでしょうか。

暴力の制度化

とはいえ、原発の問題は、個人の努力を越えたシステムの問題であって、個人個人でどうこうできる問題でないのではないでしょうか。その責任を問われるのは納得がいかない、というふうに考える人がいるかもしれません。確かに、戦争には、国という政治システムがかかわり、原子力発電には、経済というシステムがかかわっています。しかし、社会学の教えるところによれば、社会システムとは、コミュニケーションから構成されており、コミュニケーションが途絶えれば、消滅せざるをえないものです。そして、コミュニケーションの最小単位は、一対一のコミュニケーションであり、末端は、人ひとりが担うことになっています。ということは、末端のコミュニケーションが変われば、コミュニケーション全体の流れが変わる可能性もあるわけであり、その意味でやはり、個々人は社会システムに対して責任の一旦を担っているわけです。

　では、なぜ、コミュニケーションの連鎖が、戦争を引き起こしてしまうのでしょうか。戦争の原因はさまざまに語られ得ます。しかし、社会学者のニクラス・ルーマンによれば、原因とは、本来特定不可能なもので、単に、複雑性の縮減のために人間が構築したものにすぎません。つまり、因果論は、物質世界には当てはまっても、人間世界には複雑すぎてうまく当てはまらないわけです。そうすると、戦争の原因は特定できず、従って、責任も特定できないということになってしまいます。つまり、やはり、自分には責任がないのだという考え方になるわけです。ここに社会学が、現象を観察する観察者の立場を抜けきれていないという特徴が現れています。

　仏教的な縁起の思想によれば、己の行為はめぐりめぐって己に帰ってくることになります。縁起の関係は、己の行為が起点とされているのです。つまり、ある人の己の行為、一人ひとりの己の行為の連鎖の中から、戦争は生じるということです。では、戦争をめぐりめぐって引き起こす己の行為とは、いかなる行為なのでしょうか。

暴力の起源、戦争の起源、悪の起源

　原子力発電の話に戻れば、ここでの己の行為とは、自分たちの快適さを追及しようとする欲求充足の行為であり、この行為がコミュニケーションの起点のところで行なわれています。己の快を追求せず、不快に耐えれば、電気を必要以上に使う必要はないわけです。従って原子力発電を使う必要もないわけです。古来、己の欲求をコントロールできることこそが美徳と考えられたのではなかったでしょうか。節制の徳しかり、ストア派の禁欲主義しかり、孔子の言う、「欲するところにしたがいて矩をこえず」というのも欲望を無意識にコントロールできる境地を言っていますし、仏教においても、煩悩を滅する境地が称揚されています。ところが、欲望のコントロールは近代においては理性の仕事とされ、理性に感情が従属することこそ、徳であると考えられてしまいました。最近では、しかし、この理性による欲望のコントロールこそが、権力による支配の手法（フーコー）として批判されてしまったのです。どこでおかしくなってしまったのでしょうか。

　欲望をコントロールすること自体に価値があるのではなく、自己中心に機能する低次の自我と、他者中心に機能する高次の自我の関係性として、コントロールの関係を理解しそこなったのです。敷衍《ふえん》しましょう。人類には、儒教で、仁と呼ばれ、西洋で良心と呼ばれる高次の自我が存在しています。これは、理性とは異なるものです。この高次の自我が、感情のみならず、思考も、意志もコントロールできる状態、それこそが、隣人愛の原則、利他主義の原則に生きることのできる状態、欲するままに行動しても原則を越えない状態なのです。つまり、近代社会は、思考力を最上位と考え、思考をコントロールする存在を抹消してしまったのでした。そこに、道徳の空隙が生じ、そこに利己主義原則がはびこることになったのでした。経済を見ても、それは見て取れます。経済では、競争が原則であり、他者を蹴落としても自己の利潤を高めることが良しとされています。そして商品は、欲望（低次の自我）を満たすために大量生産されています。

　暴力とは何でしょうか、肉体を傷つけることにより、自己の意思を相手に押し付けることです。利己主義を貫徹することです。戦争とは何でしょうか。軍事力により、殺戮により、自国の意思を相手国に押し付けることです。国の利己主義を貫徹することです。悪とは何でしょうか。他者の意志にかかわらず他者を己の意図の手段として扱うことです。存在するものを、損なうことです。なぜ悪を行なうかといえば、己の利益のため、己の自己満足のため、己の欲求充足のためです。結局、暴力にせよ、戦争にせよ、悪にせよ、自己中心主義、利己主義、欲望自然主義により、自己の欲求充足のために、他者の自由を損ない、肉体を傷つけ、精神を傷つけ、己の思い通りに他者を動かそうとすることにおいて共通性があることがわかります。

　そうであるとするならば、暴力、戦争、悪に対処するためには、自己愛の強さに対して、隣人愛の強さを対置することということになるでしょう。自己愛は低次の自我の現れであり、隣人愛は、高次の自我の現れです。高次の自我により低次の自我を昇華すること、これこそが、新しいホリスティックな平和運動の基本方向となるべきではないでしょうか。

　ガンディーがリードした

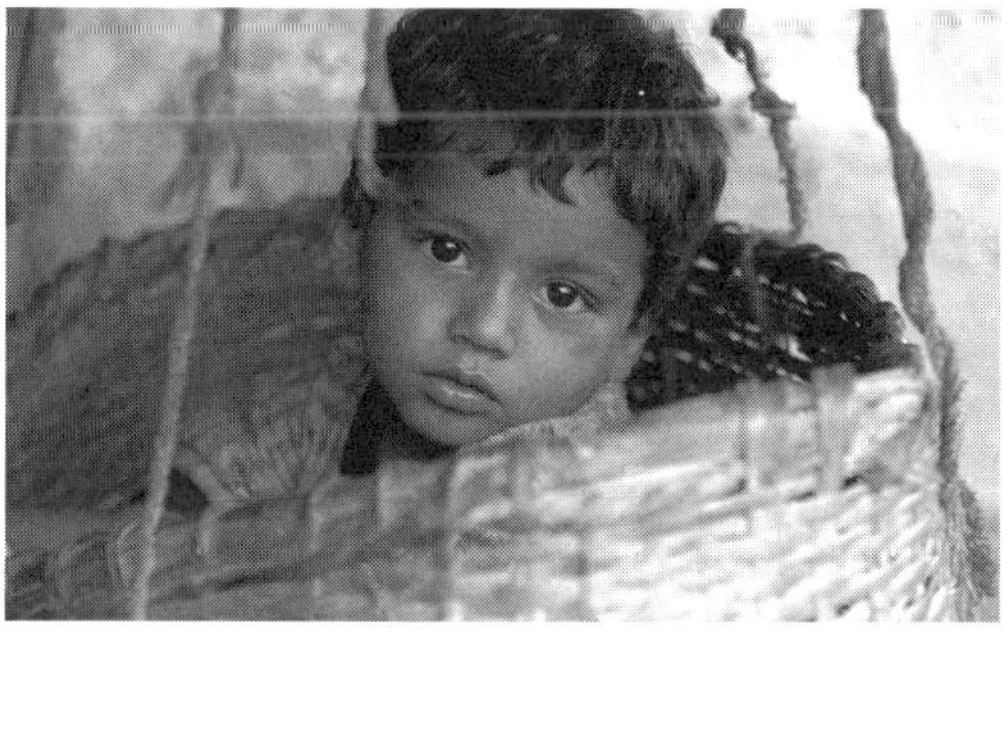

非暴力運動は、まさに、愛によって憎しみを越えようとした試みでした。隣人愛により、自己愛を越えようとした試みでした。自分のいのちが失われる危険を冒して非暴力で抵抗するという運動は、まさに、隣人愛による他者との「つながり」の原理にのっとって行なわれており、それゆえにこそ、多くの人々の魂を揺さぶったのでした。魂は、良心や高次の自我の影響が大きいので、この運動に共鳴するのです。

ガンディーは次のように語っています。

「原子爆弾がもたらした最大の悲劇から正しく引き出された教訓は、

ちょうど暴力が対抗的な暴力によって一掃されないように、

原子爆弾も原子爆弾の対抗をもってしては滅ぼすことはできないということである。

人類は、非暴力によってのみ暴力から脱出しなければならない。

憎悪は愛によってのみ克服される。

憎悪に対するに憎しみをもってすることは、

ただ憎悪を深め、その範囲をひろげるだけである」。

（坂本龍一監修『非戦』幻冬社、二〇〇二年、三七六頁）

ホリスティックな平和運動を求めて

以上の考え方が正しいとするならば、平和への運動は、何よりも、まず、一人ひとりが、高次の自我により低次の自我を克服することが、肝要だということになります。そのために、伝統的な、座禅や瞑想もまったく無駄であるというわけではありません。しかし、これらの手法が、往々にして、現実逃避となり、往きっぱなしで、現実に戻る道、還の道を歩まないということがありました。そこで、ここでは、集団の内部において、こうした自己変革を可能にする実践を紹介したいと思います。

ここでご紹介するのは、東洋大学の石井薫氏が編み出した興味深い手法です。氏は、「私の意識マネジメントの実践」の一部として、「私の家庭マネジメント実践レポート」というのを学生に課しています。これは、自分自身が他をサポートするように変わることにより、家庭環境がどのように変わるかを実践的にレポートしてもらうというものです。独自のやり方でもよいし、①家庭を大切にするという宣言をする、②その具体的な目標設定とそれを達成する方法を明示する、③それをどの程度達成したか、④それによりどのような家庭環境の変化があったか、⑤そして自分の意識がどのように変わったかといった五段階構成、を使ってもよいという（石井薫『環境マネジメント―地球環境時代を生きる哲学』創成社、二〇〇三年、五四頁）。これは、私と家庭のつながりだけでなく、私と学校のつながり、私と社会のつながり、私と生物のつながり、私と地球や宇宙とのつながりなどを視野に入れて、私の意識マネジメントを実践するものであるとされています。

学生は、最初半信半疑で、恥ずかしさを感じながらも、実行してみると、驚くべき変化を経験します。いくつか石井氏の学生の例を紹介しましょう。

「私が家事の手伝いをすることにより、あんなにも親が喜び、家庭の雰囲気が変わるとは思いませんでした。明るくよい家庭で生活することにより親や子どもは、職場や学校で明るく振る舞えるのではないであろうか。このようなことが社会また地球全体に広がってゆくことができたら素晴らしいことだと私は思います。……」。（K・D男）

「家庭とは本来安らぎの場でなければならない。しかし、そんなあたり前のような役割をはたしている家族が一体どのくらいあるのか、疑問である。こんな時代だからこそ、家族の大切さについて改めて考える必要がある。私は、今回の取組を通して、家族のあたたかさ・優しさを再認識した。この気持ちを忘れずに、これからも自分なりに目標を立て、家庭マネジメントを続行していきたいと思う。意識改革になるような機会を与えてくださった先生にとても感謝しています。ありがとうございました」。（S・M女）

（石井薫「〝私〟の家庭マネジメントの実践法―家庭版スーパーISOの実践レポート」『地球マネジメント学会通信』第四三号、二〇〇二年二月、一九頁）

家庭の場から、社会の場へとこの実践を移したものを、「社会版スーパーISO」と呼びます。この実践例についても、石井氏の学生の例を紹介しましょう。

「後期のレポートの課題が社会版スーパーISOだということが『救い』だとも感じた。なぜなら家庭版スーパーISOを実行している頃の自分は、毎日がとてもすがすがしく過ごせていて、それに比例するように家族や友達、周囲の人たちまでもよい気持ち、よい環境にすることができて充実した毎日が送れていたからだ。再度あの頃の自分に戻れることを信じ実行した。……再度今回も前期に続き、社会版ではあるがスーパーISOをやってみて、自分が素直になるとその周囲の人たちも素直になり、心を開いてくれることがわかった。そして、それは人間だけに言えることではなく、植物や動物にも同様であることを理解した。

自分が愛あふれると、その周囲が愛あふれ、そのまた周囲が愛あふれ、そして日本中や世界中までもが愛あふれてほしいと懇願した。そうすれば、今起こっている戦争の問題や犯罪の数も自然と減少していき、世界が平和になり自分たちの地球が住みやすい環境になりえることがわかるからだ。本当に後期もスーパーISOを実行してよかったと思う。もちろん以後も継続していきたいです」。（F男・3年）

（石井薫「〝私〟の意識マネジメント―社会版スーパーISOの実践レポート（1）」『地球マネジメント学会通信』第四九号、二〇〇三年二月、二四頁）

　類似の理念にもとづいた経済的実践として、近年急速に拡大している地域通貨の試みがあります。競争と貯蓄の手段としての貨幣ではなく、友愛の手段、助け合いの手段としての貨幣を地域で独自に発行することにより、地域に根ざす友愛の人間関係の構築を目指すものです。この内容については、河邑厚徳＋グループ現代著『エンデの遺言』（NHK出版、二〇〇〇年）を参照していただきたいと思いますが、日本の代表的な実践である地域通過「ピーナッツ」を発行している千葉県のグループの言葉をご紹介しましょう。「野栄の人たち（＝ピーナッツの会員である千葉県野栄町の生産者たち、引用者注）が餅を無料でついてくれて振る舞う、そこに人手が足りないって聞きつけて、どこからか人がやってきて手伝う。あれっ、あの人近所のおばさんだよな、あれっ、餅をついているあの人も見たことがあるぞと思ったら、裏に住んでいるおじさんだったり。そういうことが、全部ピーナッツのおかげというつもりはないですが、結果的に起こってきた……」。（坂本龍一＋河邑厚徳編著『エンデの警鐘―地域通貨の希望と銀行の未来』NHK出版、二〇〇二年、一〇二頁）

　利己主義から利他主義への転換、自己の内なる自己中心性を、高次の自我の力によって隣人愛の方向へと転換すること、そうした個々人の姿勢の転換を支える実践こそが、そしてまた、すべてはつながっている思想への転換こそが、新しい平和運動の強固な基礎となるのではないでしょうか。

今井　重孝（いまい　しげたか）
青山学院大学文学部教員。ドイツの中等教育研究、ルーマンのシステム論の研究を経て、現在システム論とルドルフ・シュタイナーをつなげる仕事に関心を持っている。

暴力からみた差別

—自分をふりかえることからはじめるために—

大阪教育大学　森　実

差別とはいったい何でしょう。たとえば、学力が特に厳しい子どもを他の子どもよりもていねいに先生が教えるのは差別でしょうか。日本の国会では女性議員の占める比率が五％程度にとどまっていますが、これは差別でしょうか。痴漢の被害を防ぐために都市部の電車に女性専用車両を設けることは差別の観点から問題でしょうか。これらについては結構意見がわかれるようです。何が差別かはっきりしないと、どうすることが差別しないことなのかもわかりません。その結果、学んでも日常生活に還らないことがあるのです。

ここでは、暴力という概念を手がかりに差別について考えます。近年、暴力という概念が深められ、広げられてきました。ここで特に参考として取り上げるのはドメスティックバイオレンスにかかわる議論です。それを参考にすると、差別についてもまた新しい視点を持ってみていくことができそうです。差別や暴力を自分に引きつけて考え、自分をふりかえりながら読んでいただければ幸いです。

差別って何？

差別とは、「特定の集団やその構成員（とみなされた人）に対して不公正に対応を変えること、およびその影響によって生じる不利益状態」だということができます。

ただし、どんな属性の集団に対する対応の違いを特に不公正と見るかは人により社会により異なります。今日の国際的な文書で不公正とみなされているのは、本人の努力によって変えようのない属性、つまり性別や性的指向、「人種」やカースト（生まれによって決められる社会的身分）、民族や出身国、障害の有無などによって対応を変えることです。

どんな差別行為をどの程度重く捉えるかも人により社会により異なります。たとえば、法律的に処罰される差別の範囲は、国によって異なります。アメリカ合衆国では、偏見にみちた発言をしてもそれ自体は法律的な処罰の対象とはなりません。言論には言論で対抗しようというのがアメリカの信条です。それに対してヨーロッパでは、差別的言論そのものに対する批判や規制が強いといわれます。ナチによる差別の宣伝や扇動がユダヤ人などの虐殺につながった経験をしているためです。

差別のとらえ方は深まってきており、選挙権や言論の自由などの政治的場面から議論が始まって、就職や居住といった社会的場面を含むようになり、最近ではプライベートな場面でのつきあいについても論じられています。

日本は、このような点でどこまでを法律で処罰するかといった基準が緩やかではっきりしていない国だと言えるでしょう。差別とは何であり、それをなくすために何が必要かということは、まだまだ議論が必要なテーマです。

構造的差別と特権

差別というと、誰か特定の個人が別な個人や集団に対して何らかの行為をすることをイメージする場合がありますが、差別にはそのような意味での《個人的差別》だけでなく、《構造的差別》と呼ぶべきものがあります。たとえば、先にもふれたように日本の国会議員に女性が占める比率は五％程度にとどまります。国の意思決定機関に女性の占める比率が低いのですから、日本という国のあり方には女性の意見が反映しにくいと言えるでしょう。日本の法律が《女性は国会議員になってはいけない》などと規定しているわけではありません。国会議員になる機会は、法的には男女平等とされています。機会が平等であるにもかかわらず、なぜそのようなふつりあいが生じているのでしょう。誰かを加害者として特定することは困難です。首相などが「女性は国会議員になってはならない」と主張しているわけではありません。それにもかかわらず、厳然として五％という低い比率が存在しています。このように、加害者を特定できなくてもさまざまな生活領域においてある集団に不利益が集中し、格差が存在するなら、何らかの慣習や仕組みなど社会のあり方がその原因となっていると考えざるをえません。どんな仕組みでしょう。それを問題にするのが構造的差別（または制度的差別〈institutional discrimination〉）という概念です。

もし構造的差別の存在を認めるなら、自分が差別しないというだけでは不十分だということになります。自分が差別しなかったとしても、被差別の立場にある人たちは構造的差別による不利益をこうむります。「私は差別しないし、差別されないので、差別は私に関係ありません。そんな私に責任はないでしょう。もっと差別をしている人に教えてあげるべきです」という主張は、「差別を受けている人が構造的差別に苦しんでいても、私はなにもしません」という主張に通じてしまいます。差別を受けないことによる特権的な立場をたのしんでいることになります。

もちろん、個々人を考えれば、ある面では差別を受けない立場であっても、別な面では差別をこうむる立場にある場合がほとんどです。一方的に差別を受けるだけの人や、一方的に特権ばかりという人はほとんどいません。さまざまな差別問題は相互に連関して存在しています。ですから、さまざまな差別を視野に入れ、それぞれの差別について自分がどのような位置にあるかを考えておくことが求められます。その上で、自らの特権を見直し、差別を支えてきた構造を変えるために何かをすることこそが、差別をなくすために不可欠だということになります。

差別と暴力の類型と段階

暴力とは、「物理的・社会的・心理的になにかを破壊したり、傷つけたり、歪めたりする乱暴な行為や作用」のことです。たとえば、誰かを殴って傷つけた場合、それを暴力と呼びます。また、国会などで多数派が少数派の意見を聞かず、多数決でなにかを決めた場合にも、「数の暴力」などといいます。さらに、だれかが悪口を言って人を傷つけたりすると、それをさして「ことばの暴力」と形容することがあります。このように、暴力という概念もとらえ方が深まっており、かつての物理的・身体的な暴力に限定する見方から心理的・精神的な暴力を含む見方へと幅が広くなってきています。また、構造的差別という概念と同様に、直接的な暴力から、間接的な暴力あるいは構造的な暴力を捉える見方へと広がっています。

この幅広い見方を特に反映しているのが、ドメスティックバイオレンスをめぐる議論です。ドメスティックバイオレンスとは、「配偶者や恋人からの暴力」をさし、加害者（以外のほとんどは男性です。ドメスティックバイオレンス（以下、ＤＶと略すこともあります）の分類としてよくあげられるのは、身体的暴力（殴る・ける・ナイフなどで身体を傷つけるなど）、精神的暴力（悪口・無視など）、経済的暴力（生活に必要なお金を渡さないなど）、社会的暴力（妻の付き合いを監視し制限するなど）、性的暴力（相手の望まない性的な言動を強いるなど）、子どもを巻き込んだ暴力、といった項目です。

これらのなかで特に、《精神的暴力》が注目されています。悪口などは多くの人に身に覚えがあるでしょう。一度だけでもひどい影響を及ぼしかねません。まして、悪口や無視が系統的・継続的に行われると、標的にされた人に深い心の傷を残しやすくなります。子どもへの虐待についても、職場でのいじめについても、精神的暴力の重大さが指摘されています。

暴力がこのようなものだとすると、差別とは「特定の人間集団とそこに属する人たちに対する暴力の表れ」だということもできます。ゴードン・オルポートは、ナチによる虐殺などの経過から、偏見が行動として表れる段階を次のように整理しました。

①かげぐち（Antilocution）＝本人たちの陰で悪口を言うこと。
↓
②回避（Avoidance）＝つきあいなどを避けること。
↓
③締め出し（Discrimination）＝仕事や居住の面で受け入れず、選挙権などを認めないこと。
↓
④暴行（Physical attack）＝物理的・身体的な暴力をふるい、きずつけること。
↓
⑤虐殺（Extermination）＝集団的に殺害すること。

オルポートによると、これらは、前の段階があとの段階を準備するという面をもっています。ナチによるユダヤ人虐殺の場合には、つぎのとおりです。ナチが政権をとるようになる以前から、政治的にはユダヤ人差別が強まる時期はありました。しかし、市民の間で《暴行》がいつも起こっていたわけではありません。広く見られたのは、《回避》と《締め出し》でした。ナチの最初の呼びかけは、「ユダヤ人による支配からドイツを取り戻せ」ということでした。ユダヤ人の方が強い立場にあるかのように認識されていた面があることがわかります。ヒトラーによるユダヤ人に対するののしりや、ナチによる組織的な扇動がドイツ人の差別意識を助長し、行動をエスカレートさせました。人々は、つきあいや仕事などの面でユダヤ人をさらに《締め出す》ようになっていきました。社会に公然としたユダヤ人差別の行動が広がっていくと、彼らに対して《物理的・身体的な暴力》をふるうことに対しても抵抗が弱まっていきます。そこからユダヤ人《虐殺》にまで至りました。

オルポートの整理は、さきのDVで登場した幅広い暴力のとらえ方とかなり重なることがわかります。《かげぐち》は、精神的暴力に通じるでしょう。《回避》になると、精神的暴力から社会的暴力を含むようになります。《締め出し》は、社会的暴力から経済的暴力を含みます。《暴行》や《虐殺》は、あからさまな身体的暴力です。

差別や暴力の周期性

ドメスティックバイオレンス（DV）にかかわる整理は、他の面でも差別について考える手がかりを提供してくれます。たとえば、DVの周期に関する考え方です。DVでは、パートナー同士の関係が、「爆発期」→「ハネムーン期」→「緊張形成期」→「爆発期」と周期的にくりかえされていくことが知られています。「爆発期」は、殴る、けるなどの身体的暴力がふるわれている時期です。「ハネムーン期」では、加害男性は反省し「二度としないから」などと女性にわびます。女性側は、「この人も反省しているんだから」と別れるのをためらったりします。「緊張形成期」とは、「ハネムーン期」のあと次第に対立が表れはじめて緊張が募る局面をさします。女性は気をつかって爆発が来ないように努めますが、次第に緊張は募り、さまざまな暴力が見られるようになります。こうして、再び「爆発期」が訪れます。こうした周期が知られるにつれ、被害女性は自分の置かれた状況が決して個人的なものではなく、広く見られるものなのだとわかりやすくなってきました。加害男性の言葉がそのときだけである可能性が高いことを知り、二人の関係を終わらせることに踏み切る人が増えているといわれます。

DVにおける周期は個人単位ですが、社会を単位としてみた場合、集団に対する差別にも、このような周期がありえます。「差別は次第になくなりつつある」と言われることがあります。しかし、それほど単純ではありません。さきにもみたように、ナチによる虐殺も、それ以前にあった差別をもとにしながら、差別意識をかき立て、社会に差別

システムを創り出すことによっていっきに《虐殺》まで進んでしまいました。

　このように見てくると、差別については、時期に応じて対応を打ち出す必要があるといえます。第二段階の《回避》が目立っている段階では、落書きなど匿名による差別表現を使った差別の宣伝や扇動に対応することが必要です。落書きは、歴史的に見ても、《回避》という段階の差別を《締め出し》や《暴行》という攻撃的差別へとエスカレートさせる役割を演じてきました。それがよくわかるのは一九三〇年代のドイツでした。「この店ユダヤの店」などというユダヤ人に対する差別的な落書きがあちこちに書かれていきました。ところが、当時のドイツ社会では「落書きぐらい」と重大視しなかったために、社会には次第に「ユダヤ人を排斥してもかまわない」という雰囲気が広がっていきました。一度そのような雰囲気が広がっていくと、止めようがありませんでした。このような反省から、戦後のヨーロッパでは差別的な宣伝や扇動に対する禁止や規制が大切にされるようになりました。

　現在、このような面で憂慮されているのが、インターネット上での差別的言論です。コンピュータネットワーク上の空間において、部落や障害者、外国人や同性愛者などへの差別的な発言がなされています。これに対して何らかの手だてを打たないと、それが現実の世界にもあふれ出してきて、そこから差別を正当視する世論が広がりかねないといえるでしょう。コンピュータ空間上といっても、それは紛れもなく人間の創った言論空間です。

直接的加害者の特徴

さて、DVの周期という考え方を参考に、もう一つの面で差別を捉えることができます。さきの説明で周期となっていたものを、周期ではなく相手によって対応が変わると見るのです。つまり、加害者によっては、ある集団や個人に対してはいつも「ハネムーン」のような対応をするのに対して、別の集団や個人に対しては「緊張形成期」もしくは「爆発期」のように接する場合があるのではないかということです。実際、DVの加害者も、職場などではむしろ「いい人」であることが多く、そのためにストレスをためてしまって家庭内で暴力的になっているという指摘があります。

DV加害者の特徴も差別を考える手がかりになります。DVの加害者は、①自分が暴力をふるう事実を否定したり、その暴力をたいしたものではないと主張したりする、②自分の暴力をパートナーのせいにする、③パートナーに対する依存度が高い、④自尊心が低い、⑤気持ちや考えをことばで伝えるのが苦手である、⑥「男らしさ」などの固定観念が強い、⑦孤立する傾向がある、⑧些細なことでも怒りやすい、⑨アルコールや薬物に依存する傾向が強い、⑩自分の人生は自分でコントロールできないと思っている、などの特徴を持っていると言われます。（ダニエル・J・ソロキン、マイケル・ダーフィー著、中野瑠美子訳『脱暴力のプログラム』青木書店、二〇〇三年、四一—四四頁）つまり、加害者は、自分の内面的問題や直面している困難を見つめてそれを克服していくことがなかなかできない人なのです。これらはおそらく差別をする人の特徴でもあるでしょう。

個人にとっての意味を考えると、差別や偏見は機能的な面と同調的な面から見ることができます。機能的な面とは、差別することによって気持ちが安定するという面をさします。差別的なことをいうことによって、イライラが解消できたかのように思えるなど、本人にとっては差別することが役に立っている。それで機能的と呼ぶわけです。それに対して同調的な面とは、差別したいという動機は自分にはないが、まわりが差別するので自分も差別するという面をさします。DVの加害者の特徴としてあげた一〇点の事柄は、ここでいう機能的な面をさしています。他方で、加害者となっている人はパートナー以外の人との関係では同調傾向を強く持っており、その過度な同調の裏返しとして親密な関係でストレスを爆発させていると考えられます。

機能的な面は、怒りという感情に関連していることもあります。心が怒りにとらわれているとき、私たちは何に出くわしてもなかなか冷静に対処できません。そして、もともとの怒りに直接関係がないものにまで否定的に反応するようになります。怒りを感じても、相手が自分よりも強い立場にあったりすると、それを抑え込まなければならなくなります。理屈では、怒りの感情はもともとの対象だけに向ければよいはずなのですが、怒りはしばしばはけ口を求めて心の中にとぐろを巻いています。はけ口として許されやすいところへその感情は向かっていきます。ときにはそれが身近な弱い立場にある人へと向かい、ときには社会的な弱い立場にある人、つまり被差別集団へと向かうということです。

怒りは願いの裏返しです。自分の切なる願いが否定されたとき、私たちの心には悲しみなどの感情が表れますが、他者への攻撃性が強いと願いが怒りとなって表れるということです。ですから、怒りを感じたら、その裏にある願いは何かを考えてみるのがお勧めです。願いには多くの場合肯定されるべき欲求が含まれています。かりにその願いがどこかで否定されたとしても、願いを実現するためには別の場所や他の行動もありえます。怒りのもととなった願いが自覚できれば、それをいかにすれば実現できるのかと発想転換することもできるでしょう。

こうしてみてくると、差別や暴力をなくしていく上でのヒントが見えてきます。第一は、一人ひとりが自分を大切に思う心、自尊感情を培うことでしょう。自尊感情は、端的に言えば人から存在を認められる安心感と、自分で何かを成し遂げたという自信によって形成されます。そのこととも関連しますが、第二には、自分で自分の意識を見つめ、整理する力を育むことです。特に、怒りやイライラは、さまざまな感情のなかでも扱い方が難しいかもしれません。自分の感情を見つめ、それとうまくつきあえるようになることが大切です。第三に、同調的な差別や暴力から自由になるために、私たちは自分の持っている特権を自覚し、それを社会

的になくしていくことが求められます。最後に、以上につながるものとして、まわりにいる人たちや社会がいろいろな人の感情や特権に気づき、それを受けとめやすくなっているかどうかが問題です。

まとめにかえて

差別は、「特定の集団とその構成員（とみなされた人）に対して不公正に対応を変えること、およびその影響で表れる不利益状態」を指しますが、これは特定の集団に向けられた暴力だということもできます。暴力には、身体的暴力・社会的暴力・経済的暴力・精神的暴力などがあり、差別にもこれら幅広いものが含まれます。

差別や暴力は個人的なものだけでなく、構造的なものがあります。構造的差別や構造的暴力が存在するとすれば、「私は差別しない」「私は暴力をふるわない」というだけでは不十分で、それでは差別や暴力の被害者となっている人をそのままにしておき、自分は特権を享受すると宣言しているのとかわらないことになってしまいます。

加害者には、怒りに駆られているなど機能的な面で、差別や暴力を心理的な面で「必要」としている人もいますし、まわりに同調して差別したり、暴力をふるったりしている人もいます。加害者になりやすいのは、自分の内面的問題や直面している困難を見つめてそれを克服していくことがなかなかできない状態の人です。加害者の特性を考えるとき、一人ひとりが安心感と自信をもて、自尊感情を育めるようになることが重要だということがわかります。

個人としてだけでなく、社会としてもそのような状態を広げられるようにすることが求められています。個人や社会のもっている願いをていねいに見つめ、それが一つの方向として否定されたとしても、別な実現の方向を探り、その具体化に向けて行動できるようになれば、暴力や差別はいらなくなります。

私たち一人ひとりが自分をふりかえることから、以上のすべてが始まります。

森　実（もり　みのる）
人権教育を加害側に焦点をあてて構想したいと考えています。現在特に関心を寄せているのは、多様性教育、識字（リテラシー）、子どもの参加などです。

Message for Peace

平和を創る子どもの力とフォスター・プランの取り組み

財団法人日本フォスター・プラン協会
奈良崎　文乃

子どもが視る身近な世界

どの国の子どもも、自分たちの身近な問題を鋭く捉えています。カンボジアの子どもは地雷の恐怖を、ウガンダの子どもは学校不足や劣悪な教育環境を、ペルーの子どもは輸送手段がロバしかないことを、そしてフィンランドの子どもは過激なビデオゲームのしすぎで暴力的になる人々を指摘しています。これらは各国の子どもが「こいのぼり」に描いた「自分が暮らしている村の現実の様子」です。

国際協力NGOフォスター・プランは二〇〇三年の特別企画として、「こいのぼり」をキャンバスに、片面に「自分が暮らしている村の現実の様子」を、そしてもう片面に「暮らしてみたい理想の村の様子」を世界各地の子どもたちに描いてもらい、展示するという「こいのぼりプロジェクト」を実施しました。この企画にはアジア、アフリカ、中南米、欧米の六〇ヵ国の子どもたちが参加し、自分たちの身近な問題を描くと同時に、平和な世界へ向けての自分たちの夢や希望を描いてくれました。

ケニアと日本の子どもが描いた村の現実と理想

この企画の一環として「こいのぼり」を描いたケニアの子ども二人を日本へ招き、同じ経験をした日本の子どもたちと一緒にパネル・ディスカッションを行いました。それぞれの「こいのぼり」を紹介しあい、描く過程で気づいたこと、双方の「こいのぼり」から考えたことについて意見を交換しあいました。

ケニアの「こいのぼり」には、現実として、劣悪な家の状態、水汲みなどの子どもの仕事、不十分な教育事情、HIV／エイズや森林伐採が描かれ、理想として、大きな水タンクのある家、整備された道路と車、病院、学校に通う男の子と

カラフルな絵の具は初めて。
真剣そのものの子どもたち（ケニア）

女の子、サッカーをして遊ぶ子どもたち、そして緑がいっぱいで作物が豊かに育っている様子が描かれていました。

一方で、日本の「こいのぼり」の現実の側には、温暖化、酸性雨、公害、ストレス、不登校、いじめ、一人で夕食をとる子どもが、そして理想の側には、緑豊かで多様な人々がいきいきと共存する平和な社会が描かれていました。

お互いに意見交換をする中で子どもたちは新しい発見をしていきました。「ケニアの子どもの夢（車を持つこと）が、日本の問題（公害）とつながっているなんて、このままだったら、ケニアも日本の二の舞や」（日本一四歳）、「いろんな問題はすべてつながっている」（日本一三歳）、「本当の豊かさって何なんだろう」（日本一五歳）、「来日前、日本は天国のような国だと思っていました。でも日本の子どもと話しあう中で、日本にもさまざまな問題があることを知りました」（ケニア一四歳）、「僕たちも車は持ちたいです。でも一人ひとりが必要以上に所有するのではなく、共有することで環境と共存する方法もあると思います」（ケニア一五歳）。このような子どもたちのコメントは、身の回りの問題を見つめ直し、理想の社会を改めて考える過程を通じて、諸問題のつながり、本当の豊かさ、よりよい地球社会についてな

理想の村の中央には大きな貯水タンクが（ケニア）

ど、さまざまな新しい発見をし、学びあい成長している様子を率直に表しています。

　そしてこのパネルディスカッションの最後に、双方の子どもたちは、「どの国の子どもも夢は同じ。そしてその夢を実現するには、私たち一人ひとりが自分のこととして考え、行動していく必要があります。子どもだからって甘く見ないでください。次世代を背負っていくのは私たち子どもだからです」と来場の大人たちに力強く訴えました。

子どもが主役、フォスター・プランの活動

この「こいのぼりプロジェクト」が示すように、国際協力NGOフォスター・プランの活動は、近年、子どもの「ための」活動から、子どもと「共に」進める活動へと重点を変化させています。途上国の子どもたちの生活に深くかかわる保健衛生や教育、各家庭の収入増加といった生活環境を改善するため、フォスター・プランはさまざまな地域開発プロジェクトを展開してきました。これまでは地域住民、特に大人たちが中心でしたが、近年は子どもたちも主体的に参加する活動へと移行しています。子どもたちのストレートな視点、ものごとの本質をとらえ、考え、行動する力と、それを尊重し、受け止める地域の大人を育む「お手伝い役」として、また貧困解決に向けて世界の人々が手を携える「つなぎ役」として、フォスター・プランは「子ども中心の開発」を進めています。

子どもの力が夢を現実に（ウガンダ）

奈良崎　文乃（ならさき　ふみの）
1993年より財団法人日本フォスター・プラン協会勤務。現在、日本と活動国の子どもへの開発教育プログラムを担当。
財団法人日本フォスター・プラン協会　東京都世田谷区三軒茶屋2－11－22－11F　http://www.plan-japan.org

いじめや暴力をなくすために私たちにできること

公認ハコミ・セラピスト／ぽこぽこ「こころの相談室」
手塚　郁恵

人間に生まれて人間になれない悲哀

もうずっと前に亡くなられた方ですが、宮城教育大学学長だった林竹二先生は、晩年、各地の小中高校で二百数十回の授業をされました。その授業はすべて、「人間を人間にするものは何か」という問題を追求するものでした。その中に、オオカミに育てられた少女、アマラとカマラを扱った『人間について』という授業があります。

「カエルの子はカエルだね。じゃ、人間の子は人間だろうか？」と問いかけると、子どもたちは、「あたりまえだよ」と言います。そこで先生は、アマラとカマラの写真を出すのです。見たところは人間みたいだけれど、四足で疾走する、生きたニワトリに血をしたたらせて食らいつく、暗いところでも目はランランと光り、月に向かって遠吠えをする……子どもたちはびっくりします。人間だけれど、人間じゃない……人間は、オオカミに育てられたら、オオカミになるのか……そこから、人間を人間にするものは何か、という探求がはじまるのです。

アマラとカマラも、人間としてのすべての可能性や能力を持っていたでしょう。言葉も、感情も、やさしさも、心の美しさも……まったくそれらは、育てられなかったのです。人間に生まれて人間になれなかった悲哀は、どんなに深く、どんなにせつないものでしょうか。いま、私たちの社会で、心や魂の領域で、人間に生まれてひとりの人間になれない、自分に生まれて自分になれない、という悲哀を感じている人たちがどんなに多いことでしょうか。その人たちは、どこか心の深いところで、自分はこの世界に生きていてはいけないとか、自分は生きる価値がないとか、感じているのです。そのやりきれないさびしさ、孤独感、つらさは、誰にもわかってもらえないのです。

ほんとうの愛が人間を育てる

子どもは、やわらかい、傷つきやすい、美しいたましいと感性をもって生まれてきます。そして、あたたかい、安心できる、静かな環境で、お母さんの愛とやさしさにつつまれて、育ちはじめます。お母さんは、絶対の、無条件に信頼できる存在なのです。子どもは、そのままですべていいし、存在するだけで愛されるのです。そして、いろいろなことを学びはじめます。

ところが生まれた環境が、荒々しいどなり声や大きな音にさらされ、あたたかく抱きしめられることもないならば、子どもは、不安と恐怖でいっぱいになります。誰も自分を守ってくれないと感じるかもしれません。そういう感覚は、すこやかな成長を妨げます。ほほえみかけられ、抱かれ、やさしく言葉をかけられることがないと、子どもは生きる気力がなくなることもあるのです。

さらに、泣く、ちゃんとできない、いくら言ってもわからない、悪いことばかりする、などと言われ、いつも叱られたり、非難されたり、命令されたり、あるいはたたかれたりしていると、子どもは、ますます子どもらしいかわいさがなくなり、おびえた、暗い目になり、心が歪み、もっと泣いたり、暴れたりするかもしれません。そこでまた、叱られ、否定され、悪い子というレッテルが貼られます。こういう悪循環がどんどん進んでいくのです。悪は、子どもの存在が否定され、たましいを踏みにじられるところから生まれてくるのです。自分は悪い、だめだ、生まれてこないほうがよかった……そういう感覚はあまりにも恐ろしいので、子どもは、感覚を閉ざしてしまうかもしれません。

従来の子育ての二つのやり方

ときには、かわいがられて大事に育てられ、成績もよく、やさしい子だと言われていたのに、中、高生になって突然変わってしまうこともあります。また、結婚して子どもが生まれると、その子を虐待してしまうこともあります。まわりからは、あんないい親に育てられて何が不満なのだ、と言われ、誰からもわかってもらえないつらさから心を閉ざし、自分を責めさいなんでいくかもしれません。

どうしてこうなるのでしょうか。今の一般的な子育てのスタイルには、大きく分けて二つあります。まず、親が善悪を教え、いい子に育てようとする場合です。そこでは、しばしば、子どもの感覚や感情、子どもの中から出てくる思いや創造性は認められません。親の考え方、価値観という枠にはまっていれば愛されるので、子どもは、自分を否定して、親の気に入る子になろうとして、自分のほんとうの気持や感覚を否定してしまうので、自分への信頼を失い、自分を生きることができなくなるのです。ここには、親は正しいことを知っているけれど、子どもは何もわからないから、親が教え、導かなければならない、という考え方があります。つまり、子ども不信の人間観があるのです。また、頭でわかればそうなれるはず、という人間観もあるのです。

もう一つは、親が子どもを信頼し、尊重しようとするのですが、子どもを欲求不満にさせないように、言いたいことは言っていい、やりたいことはやっていいと、すべてを許す自由を与えます。ここには、自由を与えられれば子どもは自分で育っていく、という人間観があるのですが、制限のない自由は、不安であり孤独であり、人との関係がもてなくなってしまいます。愛も人とのつながりも感じられません。子どもは手がつけられないほど、わがままになるでしょう。やりたいことを押さえられると、我慢できなくなり、人を責めていくでしょう。人は、自分を思い通りにさせてくれる道具でしかないのです。自分がやりたい、ということが、唯一、最高の行動原理になります。こう見ていくと、今、家庭や学校で起こっていることも納得できるかもしれません。

私たちはたいてい、この二つのやり方の間を行ったり来たりしているのではないでしょうか。前者が子どもの自己喪失だとしたら、後者は他者喪失です。この両方とも、子どもはしっかりとした自己確立ができません。不安定になり、孤立し、生きる自信がもてなくなるのです。

愛とは根源的な願いを援助すること

このどちらも、子どもには愛される体験にはなりません。愛されるとは、相手の気に入るようにしてかわいがられることでもなく、また、何もかも自分の思い通りになることでもなく、一つの生きているいのちとして愛され、尊重され、いのちの向かう方向へと援助されることなのです。

幼い子どもが寝返りをうち、ハイハイをし、やがて一人で立ち上がったときの、ほこらしげで、うれしそうな表情は、すばらしいものです。そのうれしさは、見ていてくれる人がいて、一緒に喜んでくれるときに、あふれだしてきます。人には、自分から学びたい、自分の足で立ちたい、そして、ほかの人との心のつながりをもちたい、共に喜んでもらいたい、という根源的な欲求があるのです。これが、生きる喜びの原点であり、人が生涯求め続けていくものです。愛とは、これを援助していくことだといえるでしょう。

気持をわかってもらうとは、存在を認めてもらうこと

親はしばしば、わがままだ、自分勝手だ、などと言って、子どもの気持を認めません。いじめられたと言って泣いていると、それくらいのことで泣くんじゃない、などと言われます。親は子どもを強くさせようと思って言うとしても、子どもにはそれは、自分の存在の否定と感じられるのです。少なくとも、自分は弱いんだ、だめなんだ、と感じるでしょう。さらに、自分の感情をよくないものとして体験するのです。

人は自分の感覚や感情を手がかりにして生きていきます。寒いものは寒い、お腹がすいたらすいた、そういう感覚は、誰が何と言おうと、自分の中の否定できない事実です。いやなものはいや、悲しいときは悲しい、怒っているときは怒っている、それもまた、否定できない自分の中の事実です。それをわがままで、よくないとされたら、いったい何を信じ、何を手がかりにして、生きていくことになるでしょうか。きっと、自分の存在の根拠を失い、他人を手がかりにして生きることになってしまうでしょう。これが、どんなにむなしく、喜びも感動もなく、生きるパワーを失わせるかは、想像を絶するほどです。生きている実感がない、自分がないと感じることは、死んでしまいたいほどの絶望感なのです。

子どもが求めているのは、自分の思い通りにしてもらう

ことよりも、「いやなんだね」「怒っているんだね」などという、共感と理解なのです。自分の気持をしっかり受け止めてもらえれば、自分への信頼が生まれます。

自由とは制限の中での選択の自由である

人は、同じ場にいても感じ方はそれぞれ違います。感じ方に、正しいとか、間違いはありません。善悪もありません。それは、自分の内的な事実なのです。

また、人は、根源的に人と共に生きることを求めています。そこで、自分をわかってもらい、さらに相手の気持や立場もわかる必要があります。子どもは、違った感覚や違った立場の人たちと、どう協力して生きるか、ということを学ばなければなりません。

自分がやりたいことをするのはいいのですが、相手もやりたいことをする権利があります。そこで当然、自由とは「制限の中での選択の自由」なのだ、ということがわかるでしょう。人と共に生きる人間には、絶対的な自由はないのです。自由とは、制限の中で自分の行動を選ぶ自由なのです。どうにもならないことを受け入れ、そこでどう生きるか、という選択は、人間のもっとも尊い自由なのです。その選択は、私たちを強くしてくれます。

外側の姿や行動で判断しないで……

カウンセリングや教育の世界で大きな貢献をした、カール・ロジャースは、地下室のジャガイモを例にあげます。地下室は暗くて、高いところに小さな明かり取りの窓が一つあるだけです。ジャガイモは、その窓から入ってくる光に向かって、ヒョロヒョロと芽を伸ばしていくのです。ふつうのジャガイモとは、似ても似つかない姿です。こんなところに置かれても、なんとか生きようとして、光を求め

て、ヒョロヒョロと伸びていく青白い芽に、ロジャースは深い感動をおぼえるのです。いのちとは、最後まで生きようとするのだ……と。私たちはこのジャガイモに、「へんなやつだ、どうせおまえはだめだよ！」と言うでしょうか。たとえ、新しいジャガイモができなくても、そのように生きたということはすばらしいことではないでしょうか。

私たちは、人を表面の行動とか結果とかで判断することが、どんなに多いことでしょうか。まるで、気持にはまったく関心がないようです。そのような態度は、ますます人を絶望に追いやります。自分がどんなに苦しんできたかわかってもらえないから、人にも同じ苦しみを与えたい、という人を、私たちは、「そんなにつらかったんだね」と言って抱きしめることができるでしょうか。その人が自分を取り戻すには、気持をわかってもらうという、得られなかった体験を得るよりほかないのです。

ちょっと注意しただけで暴力をふるうこともよくありますが、生まれてからずっと叱られ注意され続けてきたとしたら、もう我慢できない、うざったい、という感じにもなるでしょう。キレるというのも、もう限界まで来ているのか、あるいはそれしか知らないからでしょう。注意するのが指導だ、という考え方は、もうすでに現実に合わないのです。それは、火に油を注ぐようなものです。

すべての人を価値あるものとして尊重する

ですから、困った行動をする子どもに、どなりつけるのはもちろん、やさしく教えたり、諭したりするのも逆効果なのです。注意しようとして、逆に暴力をふるわれるということも、まれではありません。「そんなことをするんじゃないよ」と言われても、ムカつくばかりでしょう。教えよう、なんとかしよう、という姿勢を捨てて、相手に心から耳を傾け、教えてもらわない限り、ほんとうのことは見えてこないでしょう。

しかし、相手に語ってもらうということが、至難の技です。そういう人は、どんなにやさしそうな人でも、最後には裏切られ、お説教される、と思っていますから、決して心を開かないかもしれません。しかしその人の無意識では、わかってくれる人をせつないほど探し求めているのです。耳を傾けてもらうということは、自分を価値あるものとして尊重されることですが、その人には、この世界にそんなことがあり得るとは、想像もつかないでしょう。その人は、あのジャガイモの芽のように、自分にも太陽と緑の大地があるなどとは思えなくても、かすかな光を求めて、

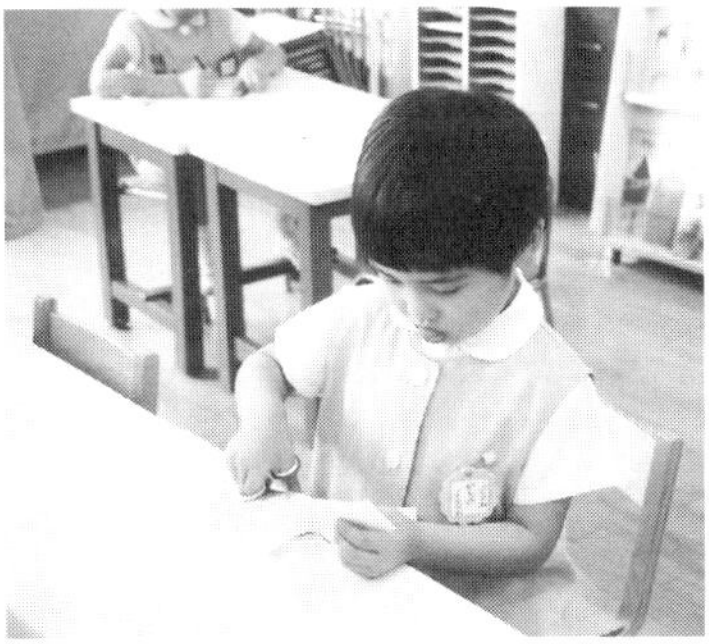

この世界をヒョロヒョロとさまよい続けるのです。ついに絶望の中で、生きる力を完全に失ってしまうまで……。

私たちにできること

いじめや暴力をなくすために、私たちに何ができるでしょうか。いくつか、あげてみましょう。

一、自分自身を知る

まず、いじめ、暴力をふるっているのは、正しい顔をして生きている私たち自身だ、と知ることです。私たち自身が、この世界にいじめと暴力を生み出したのです。

家庭であれ、学校であれ、教育や指導は、人間関係の中で起こることです。まず、指導者が、自分自身がどういう人間であるか、知らなければなりません。自分自身が、たえず学び、目覚め、変容していく存在でなければなりません。

子どもでも大人でも、無意識で、相手の存在を感じます。ほんとうに信頼できるか、ほんとうにわかってくれるか、勝手に判断してレッテルを貼ってお説教するだけの人か、その人の中に何かうそやごまかしがないか……これは、もう、ごまかしようがないのです。

二、子育てや教育の原理とやり方を見直す

新しい子育てや教育の原理とやり方を探り、誰にでもわかるような言葉で伝えあい、しかも一人ひとりの実感や気づきを大切にして、みんなで新しい考え方ややり方を創造していきましょう。そのポイントは、どんなにえらい先生や専門家の言葉であろうと、その言葉をただ無批判に受け取るのでなく、自分の体験や実感から納得することです。おかしいものはおかしい、まさにそうだと思うものはそうなのです。また、孤立しないで、みんなで協力しあう、ということが必要です。これは、緊急のテーマです。

三、教える姿勢から共に学ぶという姿勢へ転換する

教えるという姿勢、なんとかしてあげようという姿勢から脱却して、相手と共に学ぶ姿勢に転換する必要があります。さもなければ、ほんとうのことは、何も見えてきません、自分勝手の善意を押しつけるだけになってしまいます。

人は本来、自分の足で立とうとしているのです。自分を生きようとしているのです。そのたくましい力も、相手から教えられるものです。リーダーや親や教師は、自分の実感や体験から学ばなければならないのです。

四、新しい考え方が常識となるまで発信し広げる

ここに述べたような考え方を、みんなで広げることです。人の深い無意識のなかにある美しさややさしさなどを見ていこう、行動だけでなく、気持を受け止めていこう、などということ、そして、あなたが感じたこと、体験したことなどを、ホームページでもニュースレターでも、自分にできるところから発信していきましょう。私たちの力が常識を変えるのです。

これは、きわめて困難に思えるかもしれません。しかし、不可能ではありません。すでに道ができています。あとは、一人ひとりが本気でやろうとするかどうかです。

この道には、希望と喜びがあります。悪い子をどうにかさせようという絶望的な暗い闘いではなくて、人間というものの可能性に目覚めることですから、とても楽しいことです。自分自身が学び、新しいことに気づき、変わっていくということは、人生の最高の喜びでしょう。これは、苦しみの中から開けてくる道なのです。

私たちは、どんなに困難であっても、みんなで手をとりあって、この道を進むしかないのです。今なら、まだ間に合うかもしれません。人間を破滅から救うのに、もうこれ以上の犠牲はいりません。それは、私たち、一人ひとりから始まります。

手塚　郁恵（てづか　いくえ）
公認ハコミ・セラピスト。日本ホリスティック教育協会顧問。神奈川県でセラピールームを開いている。個人セッション、ハコミ・ワークショップなどを行う。カウンセリング、サイコシンセシス、プロセスワークなどを学んできて、現在はハコミ・セラピーの可能性の探求を人生最後のテーマとしている。著書・訳書多数。

Message for Peace

魂の教育
—レイチェル・ケスラーの試み—

立命館大学
中川　吉晴

レイチェル・ケスラーは、アメリカのホリスティック教育実践家です。ＥＱ（感情的知性）で有名なゴールマンが「ニューヨークタイムズ」紙上で、感情リテラシー教育におけるリーダーと評したこともある人です。彼女はこのアプローチをとおして子どもの平和教育に取り組んでいますが、それはたんに否定的感情の暴発を予防するというものではなく、魂の欲求をみたすことで肯定的感情を高めるというものです。

ケスラーは、カリフォルニアのクロスロード・スクールで仕事をしていた頃、ミステリーズ・プログラムという教育プログラムの作成にかかわりました。そこでは芸術や作文や儀式などの手法を用いて、生徒たちが正直な気持ちを表明し、たがいに聴きあい、結びつきをつくるという実践が行なわれました。その後コロラド州ボールダーに移ってからは、社会的・感情的学習研究所を主宰し、ミステリーズ・プログラムを社会的・感情的学習と結びあわせたパッセージ・プログラムをつくり、若者たちの教育に取り組むと共に、教育コンサルタントをしています。一九九四年に創設された社会的・感情的学習の促進団体であるＣＡＳＥＬには草創期からかかわり、そのガイドブック『社会性と感情の教育』の著者の一人となっています。

ケスラーの取り組みのなかで重要なのは、社会的・感情的学習にスピリチュアリティの視点を導入し、魂の教育を提唱していることです。彼女は二〇〇〇年に出版された『教育の魂』という本のなかで、それを展開しています。ケスラーによれば、現在の若者たちは、その魂が養われないことで起こる「スピリチュアルな空白状態」に置かれていると言います。そのため若者たちは、暴力、性、薬物、自殺といった破壊的行動をとおして、不適切なかたちでスピリチュアルな欲求を

図　魂への７つの入口

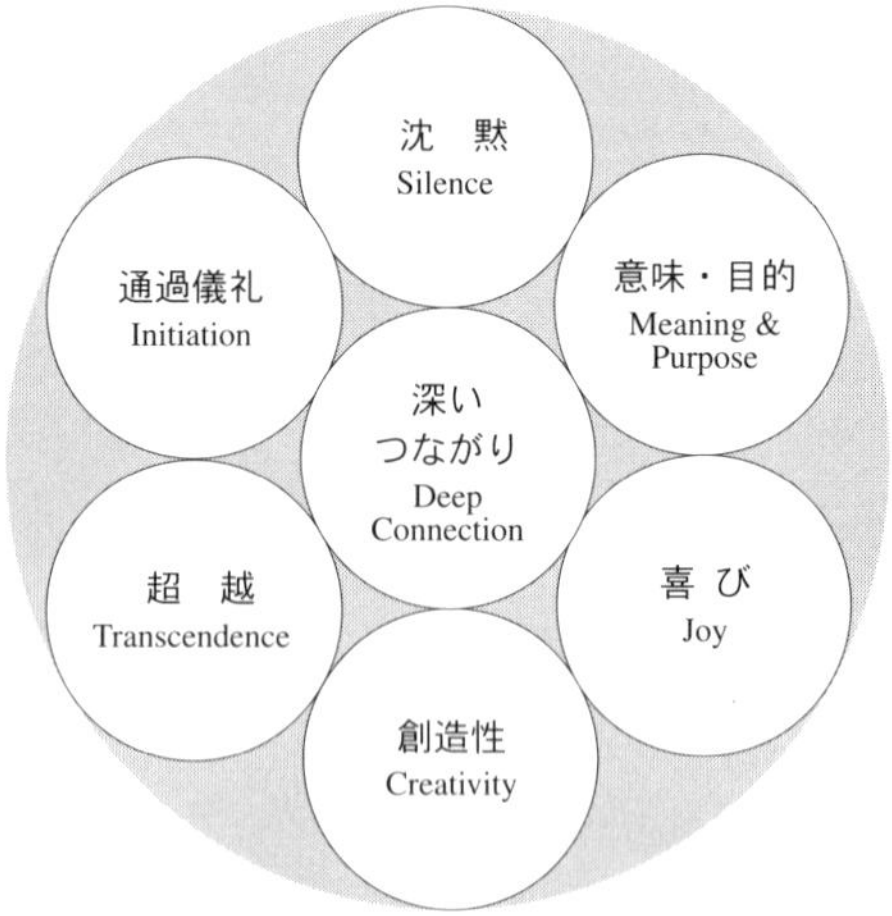

Kessler, *The Soul of Education*, p.17

みたそうとしていると指摘しています。したがって万能薬ではないとしても、教育のなかに魂の次元を迎え入れることは若者の欲求にこたえるものになるのです。

彼女は多くの若者の声に耳を傾けるなかで、若者の魂が求めている七つの面を見いだしました。それを「魂への七つの入口」と呼んでいます。その七つとは、深いつながり、沈黙、意味、喜び、創造性、超越、通過儀礼です。簡単に説明すると、深いつながりを求めるとは、自分・他者・自然・大いなるものに結びつくことで人生の意味や帰属感を得ることです。沈黙と孤独への希求は、日常の忙しさから離れ、内省や瞑想のための時間や空間をもつことです。意味と目的の探求は、生きるとは何か、私はなぜ存在しているのかといった大きな問いを追求することです。喜びの切望は、遊び・祝い・感謝のような充足感や、美・優雅さ・愛などの高揚感を体験することです。創造的衝動は、新しい発想であれ芸術であれ、新しい目でものごとを見て、何かを生み出すことに驚きや神秘を感じとることです。超越への衝動は、神秘的次元だけでなく学芸やスポーツにおいても日常経験を超えるものを求めることです。通貨儀礼は、若者が大人へと移行していくための儀式をもつということです。ケスラーは、これら七つの魂の入口にはたらきかける教育を行なっています。

レイチェル・ケスラー　撮影：中川吉晴

ボールダーで彼女のワークショップに参加したさい私自身も体験したのですが、さまざまな手法のうち、ケスラーは、カウンシル（集会）というアメリカ先住民の伝統的な方法を重視しています。やり方は簡単ですが、深い体験をもたらすものです。カウンシルでは参加者全員が輪になって座り、ロウソクに灯をともしてから、一人ひとりが心のなかからわき起こる話をします。とくに強制されるわけでもなく、話したい人が話したいことを口にするのです。それをまわりの人たちは聴きとります。そこでは一人ひとりの心のうちが語られ、共有され、そして深い静けさにみたされます。彼女はこれを若者たちと行ない、魂がケアされる場をつくりだしているのです。

参考文献
イライアス他著、小泉令三編訳『社会性と感情の教育』（北大路書房、一九九九年）
Rachael Kessler, *The Soul of Education*, ASCD, 2000

カウンシルの手順

＊ 輪になってすわる。
＊ 時計係を決める。１回につき２、３分程度、話す時間をとる。ベルで知らせる。
＊ 輪の真ん中にシンボル（花、大きなロウソクなど）を置く。
＊ この場を何かや誰かに捧げる。
「私はこの集まりを…に捧げます」 例）友情、平和、老人など。
それを言う人が、シンボルのまわりに置いたロウソクを１本ずつ灯す。ロウソクは複数用意しておく。
＊ テーマを決める。進行役が告げてもよい。
例）誰かを信頼できたとき、忘れがたい平和な瞬間、子ども時代の恐れなど。
＊ 話者が手にもつもの（石、枝など）を用意する。
＊ トーキング・ストーン（スティック）をもったものだけが話すようにする。
＊ 聴く人は話をさえぎらない。
＊ 時計回りに話す。あるいはランダムに話す。
＊ 話したくない人はパスする（進行役は後でもう一度聞くようにする）。
＊ 一人の人が話した後に少し間をおく。
＊ ほかの人の話に触発されたコメントをする（なくてもよい）。
＊ 他人の発言内容を、善悪で判断しない。ありのままに聴きとる。
＊ 進行役は２順目のために、少なくとも10分残しておく。
＊ しめくくりのために５分程度とる。
例）沈黙、ほかの人の目をみる、誰かがロウソクを消すなど。
＊ カウンシルの後は、話された個人の秘密をまもる。

シャーンティとアヒンサー

金田　卓也・金田　サラソティー

穏やかな笑みを浮かべる仏像はとてもピースフルな表情をしています。キリスト教においても、イエスは平和の大切さを説きましたし、イスラム教における日常のあいさつにある「サラーム」という言葉は平和という意味をもっています。あらゆる宗教が究極的には心の平安を目指していることはいうまでもありません。

シャーンティ

インド世界では古代より、宗教を意味するダルマ（法）という言葉は、人生における正しい行いを意味し、特定の教義というよりも人間の生き方全体を指し示すものであり、伝統的に教育は宗教＝ダルマの一部であると考えられてきました。このダルマという言葉は日々の生活すべてにかかわっていますから、宗教的なものとそうではないものという分け方自体があまり意味をもちません。ヴェーダの聖典などに示されている伝統的なマントラでもある「シャーンティ」とは、サンスクリットにおいて平和・平安・安らぎを意味する言葉で、悟りを求める上で欠かせない穏やかな心の状態を示します。瞑想をするとき、シャーンティな心の状態をいかに保つかということはきわめて重要なポイントになっています。シャーンティという言葉は、本来は宗教的な言葉なのですが、日常生活の場面でも使われることが少なくありません。たとえば、うるさいとき、「静かにしなさい」という意味で、「シャーンティ、シャーンティ」という言い方をよくします。一方、このシャーンティという言葉は、戦争を含めたあらゆる争いのない平和な世界をも意味します。このように、シャーンティという平和の概念には、一人ひとりの心の平和と世界の平和というものを連続したものとしてとらえる考え方が表れています。

アヒンサー

そして、シャーンティな世界を実現していく上で、ヒンドゥー教においては、「あらゆるいのちある生き物は一体である」という考え方にもとづく、不殺生（アヒンサー）＝非暴力ということが重要視されています。仏教においても不殺生は五戒のひとつであり、「あらゆる生きもののいのちを大切にし、殺してはならない」というのは、お釈迦さまの教えの中でももっとも大切なことのひとつです。イギリスの植民地支配に対して武力による抵抗を拒否して徹底した非暴力主義を貫いたマハトマ・ガンディーの思想の根本にもこのインドの伝統的アヒンサーの考え方があります。そうしたアヒンサーの伝統が今でも生きるインドやネパールでは、子どもたちに幼いころから、たとえ小さな虫であっても殺したりせず、そのいのちを大切にするよう教えています。この点、日本の子どもたちは地面を這うアリを平気で踏みつぶしてしまうことも少なくなく、そして、お母さんたちの多くがそんな子どもたちの姿を見ても、なにも注意しようとはしないのではないでしょうか。

あらゆるものを受け入れる寛容さ

このようなアヒンサーの考え方の背景のひとつには、あらゆるものを拒否せず受け入れるというインド世界の文化的特徴があるように思われます。インドにおいては、古代から引き継がれてきたさまざまなスピリチュアル

平和と暴力のイメージ
「穏やかな平和」 渡辺美香（東京芸術大学大学院 院生）

な伝統が今なお生きているということも、その寛容さの結果だといえるでしょう。イギリスがインド大陸に入ってきたときも、その寛容さのために植民地支配が容易であったとさえいわれています。

寛容とは、自分と異なるものを受け入れることを意味しています。それは相手を許すことでもあります。現在、世界各地で起きているテロ事件や紛争というものは、自分とは異なる相手の宗教やイデオロギーを受け入れようとしない、不寛容さから生まれているともいえます。寛容さというものは、平和な世界を築いていく上でとても大きな鍵を握っているように思います。寛容さとは私たち一人ひとりの心の問題だといえます。

「もし敵と思われる相手を理解しようとするならば、とても建設的になるでしょう。寛容を学ぶことのほうが、石をとって怒りの対象に投げつけるよりも、はるかに有益です」。（ダライ・ラマ一四世テンジン・ギャツォ著、谷口富士夫訳『ダライ・ラマ　日を生きる智慧』春秋社、二〇〇一年、一三頁）

気づくということ

氷河のとけた一滴から人間の屍までありとあらゆるものを飲み込みながら悠々と流れるガンジス河のように、美しいものも醜いものも、聖なるものも俗なるものも、すべてのものを飲み込み受け入れる寛容さというものが、インド世界にはあります。それは熱帯のジャングルからヒマラヤの高地まで有する風土的多様性と共に、さまざまな人種が交錯し、多様な生活習慣の混在する中で生まれた生きる智慧だといってもよいでしょう。それは、善と悪を二つに区別することなく一枚のコインの両面のようにとらえる世界観にも反映しています。そこでは人間の欲望や怒りや暴力性をまったく否定するわけではありません。ヒンドゥー教で信仰されているカーリーという女神はおどろおどろしい残酷な表情で表されています。善・悪も含めて世界をまるごと、ホリスティックに受け入れるところがインド世界の特徴なのです。

インドの伝統的智恵では、悪や暴力さえもこの世界の一部として受け入れるという寛容さのもとに、気づきというものが常に重要視されてきました。つまり、悪や暴力も一度受け入れた上で、同時にそうしたネガティヴなものに気づくことによって、究極的にはシャーンティ（平和）な世界に近づくことができるというのです。瞑想においても、ネガティヴな想念を無理やり排除しようとするのではなく、あらゆる意識や感情に気づいていくことが大切だといわれています。クリシュナムルティは、瞑想における こうした気づきの大切さということをしばしば強調しました。瞑想とは気づき（awareness）のプロセスでもあるのです。つまり、「自分の外側でおこっていることだけでなく、内側でおこっていることにもたえまなく気づいているということです」。（J・クリシュナムルティ、中川吉晴訳『瞑想』UNIO、一九九五年、一三頁）

子どもたちに非暴力の大切さを教えるためにアートエクセル ART Excel（All Round Training In Excellence）という独自の教育プログラムを開発しているシュリ・シュリ・ラビシャンカールは、意識を拡大することがシャーンティであるとして、「一度、欲望や刺激が観察されると、気づきによって、刺激はその意味を失い、意識は拡大しピースフルな状態になる」と述べています。たとえば、どんなに怒っても、自分自身が怒っていることに気づくとその怒りさえ鎮まるといっています。実際に、鏡に映った、怒っている自分の姿を見ると笑い出してしまうでしょう。

アヒンサーに関して、実際の生活の中ではまったく生き物を殺さないということはなかなか難しいことです。人間に役に立つものは殺してはならないが、そうでないものは殺していいということでもありません。しかし、体の血を吸う蚊を殺していいのかどうかきわめて現実的な問題に直面することになります。

ベンガルの覚者ラーマクリシュナの弟子のひとりが、自分の体の血を吸う虫を殺してよいのかどうかずっと悩み、不殺生を説く師にこのことを質問しようとしたところ、質

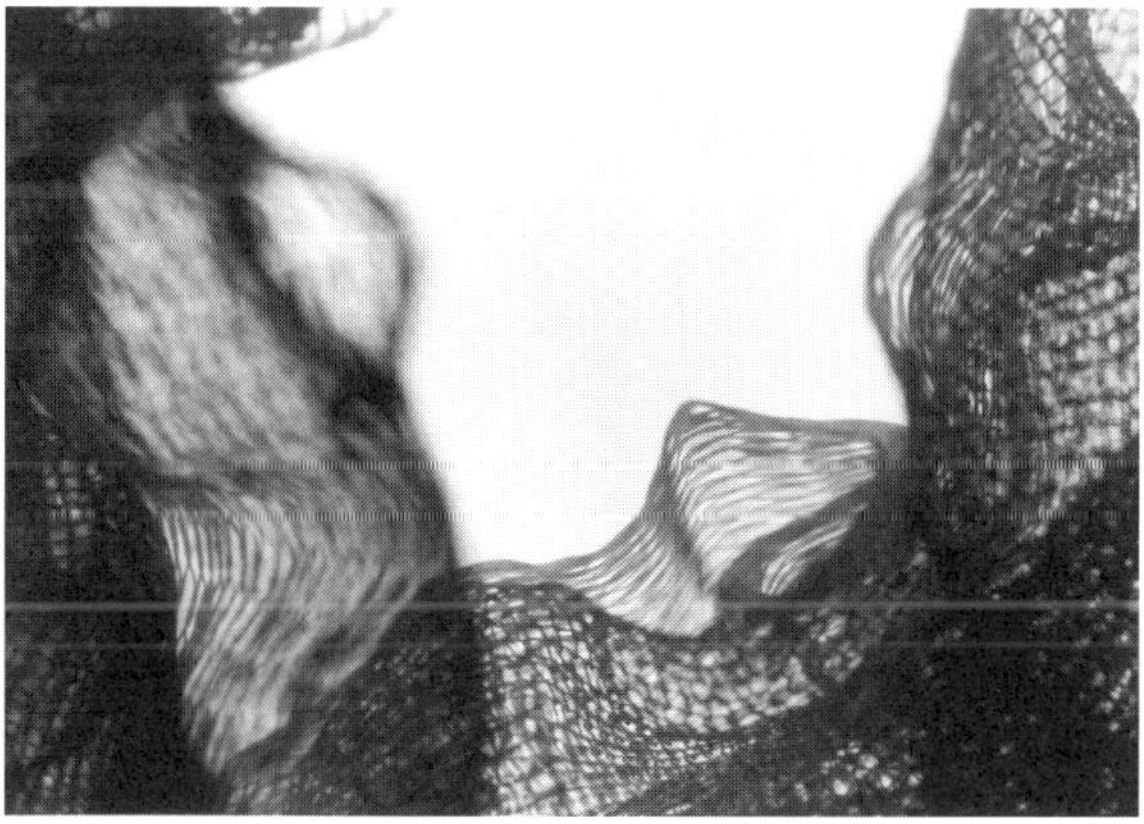

平和と暴力のイメージ
「暴力的な葛藤」 渡辺美香（東京芸術大学大学院 院生）

問を口にする前に彼の目の前でラーマクリシュナ自身が寝床にいる人間の血を吸う虫を手でつぶしていたという話があります。このエピソードは、むやみに虫を殺してもよいといっているのではありません。重要なことは、現実の矛盾する問題に対する問いも含めて、いのちあるものを大切にしなければならないということを自覚しているかどうかだといえます。つまり、アヒンサーに関しての気づきこそが重要になっているのです。ここには、ある理念を教条的にとらえるのではなく、その場の状況によって対応するという、きわめて柔軟な考え方が表れています。こうした柔軟さというものは、ある意味では基本的にすべてを受け入れるというインドの伝統的な寛容さにつながるものだともいえます。

一人ひとりの心の平和と世界の平和というものを連続したものとしてとらえる古代からの叡智としてのシャーンティという平和の概念とアヒンサーという方法論は、教育における現代の平和の問題を考えるとき、大きな示唆を与えてくれるのではないでしょうか。また、寛容さとそこから生まれる柔軟さ、そして気づきの智恵というものは、私たち自身の心をピースフルにしてくれます。親であれ、教師であれ、自分自身がピースフルでないならば、子どもたちに平和の大切さを伝えていくことはできないように思います。

金田　卓也（かねだ　たくや）
専門は芸術と教育。アフガン難民キャンプでボランティア活動。オレゴン大学を経て、現在、大妻女子大学児童学科助教授。インドにあるクリシュナムルティの学校でも教える。国際子ども平和壁画プロジェクト代表。絵本・紙芝居作家でもある。『ロミラのゆめ』（偕成社）『おしゃかさまのおたんじょう』（すずき出版）他。

金田　サラソティー（かねだ　さらそてぃー）共同執筆。
ミャンマー生まれのネパール人。トリブヴァン大学大学院修了。教育学専攻。インドのシュリ・シュリ・ラビシャンカール師のもとで呼吸法と瞑想法について学ぶ。

Message for Peace

〈静の祈り〉の舞踊

公立小学校教員
湖月　美和

　私が通い続けているインド舞踊教室は、「ピースフル」な時空間だと感じています。そこで、インド舞踊家であり、タンマイナティヤアラヤインド舞踊研究所主宰、ダヤトミコさんに、舞踊や教室について、インタビューさせてもらいました。どのように「ピースフル」なのか見つめてみたいと思います。

Q：私がはじめて先生の舞台を見たときの感動は、今でも頭の隅に焼き付いています。一瞬一瞬のいのちのきらめきというか、その美しさやエネルギーから、生きることを励まされているような気がしました。

A：私は、一生懸命踊っているだけで、自分の踊りを見たことがないので（笑）、見た方がどのように感じて下さるかはわかりませんが、あなたがいのちのきらめきのようなもの、「永遠のいのち」というものを感じてくれたのなら、私がその舞台に、その一曲に賭けている気もちも伝わったようでうれしいですね。

　私の舞台に対する姿勢として、最も気をつけていることは、一〇〇%を越えるということです。安全に八〇%では、過去をなぞるだけ。一〇〇%では当たり前です。一五〇、二〇〇%に向かって出し切る、それは未来への可能性でもあります。心を無にして「初めまして」という気持ちで踊る。技術をなぞるのではなく、踊り・自分・観客との「今」という出会い、そのいのちのど真ん中で踊る。自分に向き合う。自分を越える。二つとない、たった一度きりの今にすべてを賭けるそんな姿勢をどんなときにも心がけています。

Q：『神戸への祈り』震災復興への舞台で、司会者の方が、先生の踊りを「静」の祈りと紹介されました。この激しい踊りがどうして「静」なのだろうかと当時

思っていましたが、今になって、そうかも知れないと感じています。私は、この「静」の祈りの姿が平和に通じると思いますが、先生はどう思われますか。

A：初心者ほど踊っていてもバタバタするでしょう。あれはセンターが決まってないからですね。あなたもだんだんとセンターがつかめてきたから、センターからの動きができる可能性が出てきたのです。付け焼き刃ではない、内なるものが満ちてくるのです。

人は生きる目的、テーマがはっきりしてくると、自然と静かなものになっていくというのかな。いのちの切なる思い、おなかの中はダイヤモンドのように堅く、熱く、しかし、表れるものは、むしろ淡々と、無駄な動きのない、研ぎ澄まされたものになっていくという感じなのです。

Q：教室では、ウォーミングアップの段階から、踊りまで、呼吸と動き、動きとイメージということを大切にされていますね。「踊ること」「呼吸すること」「イメージすること」は、どれをとっても、「ピースフル」に通じるものだと感じていますが、どうでしょうか。

A：「呼吸」は、あらゆるものの本質を導き出します。ストレッチでは、ていねいに意識の中に入り、呼吸に誘われながら、身体機能の状態を知っていきますし、正常に導くこともできます。日常生活の中に生かすとすれば、感情が変化するとき、どう呼吸しているかを自覚することで、逆に呼吸が感情をコントロールできるようになるのではないかと思います。またストレッチでは、実際にその場でできなくても、正しくイメージをもって動くことが大切です。イメージをきちんと持てれば、必ず身体は拓かれていきます。拓かれた身体は心と共に自在です。

そして、踊りの中でイメージをすることの大切さとは、私にとって「振り返る」「足下をみる」ということです。人の気持ち、ものの気持ちになる。そのものの気持ちになりきって伝えるわけですね。理解していないと表現できない。理解していても、表現しきれない。だからこそ、追究し続ける。自分の中に、その理解の種があって、合っているかな、自分に置き換えたらどうだろうと、絶えず確かめながら、理解しよう、本当のことを伝えようと求め続ける。この理解への道のりとは、愛であり、人や世界への飽くなき関心です。人生経験などを総動員しながら、自分と無関係に見えていたものとの関係を、つながりを見ていくのです。

私にとって踊ることとは、生きることそのものであり、それらは「美しさ」「調和」「理想」を求めての道ですね。

Q：本物の知への一つのアプローチのように思います。では、先生が舞台で踊り続けられている至福の歓びとはどんなものでしょうか。

A：まず「手を合わせる」ということ、この集中が最もシンプルな平和への念の表れだと思います。人が手を合わせている角度、そのときの人間の顔、姿勢というのは、戦う姿にはなり得ない。とても平和的な姿ですよね。

　また、私自身が生きづらくて自信がなくて、生きる道を見失って迷っていたとき、インド舞踊のステップを踏み続けることによって、生きるエネルギーをもらいました。おなかの奥底から踏み込むステップによって、体や細胞が喜び、「生きてていいんだよ」という励ましをもらい、自分を初めて肯定できました。自分で自分を救えたわけですね。そして、あるときの舞台で決定的な出来事がありました。自分の踊る姿が人々をきらきらさせて、そのきらきらを受けて、私の踊りがまたきらめく、その様子を宙の上から踊りながらはっきりと眺めているという体験をしました。すべてのいのちが一つ、つながっているということを実感する強烈な体験でした。その体験によって、私は踊りの道を選びました。それ以来、舞台を創り続けているのは、踊りを待っていて下さる人のためであると同時に、自分を解放できる歓びです。舞台で一度死んで生まれ変われる解放感、「いのちの活性化」というのかな、それが踊りの醍醐味ですね。

　それから、宙の世界へ行ける楽しみもあります。自分自身の意識がなくなって、現実を越えた世界で、遊んでいる。まさに三昧の世界、エクスタシーですね。自分自身の感覚がなくなり、向こうから光や鈴の音がやってくるような……そんな感じです。

Q：想像の世界ですが、私にも清らかでピースフルなイメージが湧いてきました。貴重なお話をまことにありがとうございました。

湖月　美和（こげつ　みわ）
京都女子大学教育学科卒業。大学時代から、ネイティブ・アメリカンの文化・精神に魅せられて旅を続ける。アフリカ、アジア…〈地球〉とのつながりは、生きるテーマである。

ホリスティックな感情教育

立命館大学
中川　吉晴

感情教育に取り組む

　平和というテーマは暴力の問題と結びついています。暴力そのものは複雑な現象ですが、暴力の発生を考えるとき、感情の問題は一つの核をなしていると思います。たとえば、いわゆる否定的感情と呼ばれる怒りや憎しみのような感情は、それがそのまま行動と結びつくと、暴力的で破壊的な行動になるおそれがあります。また、たとえそれが行動にあらわれなくとも、私たちの気持ちをひどく混乱させ、葛藤や緊張を引き起こします。

　平和や非暴力のための教育において、感情に対する取り組み、すなわち感情教育は一つの不可欠な領域になります。以下では、ホリスティックな観点から見た感情教育のあり方を検討します。

　感情教育には大きく分けて、感情管理型の教育と、感情変容型の教育があります。実際の展開を見ると、感情管理型の教育は広まってきているのに対して、感情変容型の教育はほとんど注目されていません。ホリスティック教育が貢献できる点は、感情変容型の教育モデルを示し、両者の統合をはかることです。

　ここでは以下の三つの実践モデルを紹介します。社会的・感情的学習（SEL＝Social and Emotional Learning）、バイオエナジェティックス、マインドフルネス瞑想です。このうちSELは感情管理型の教育モデルですが、バイオエナジェティックスとマインドフルネス瞑想は感情変容型の教育モデルです。バイオエナジェティックスは心理療法の一種であり、マインドフルネス瞑想は仏教の瞑想法です。

　非暴力のための感情教育は、SELのような感情管理型だけでは不十分です。それはたしかに暴力的行動の発生を抑え、社会の秩序を維持することには貢献するでしょうが、否定的感情を肯定的感情に変容することを目的としたものではありません。これに対して、バイオエナジェティックスやマインドフルネス瞑想は、否定的感情を変容する積極的な方法なのです。

社会的・感情的学習（SEL）

まずSELについて説明します。北米、とりわけアメリカでは、学齢期の子どもたちが、自他の生命を傷つけるような、さまざまな問題に巻き込まれる危険が高まり、その対応策として多様な予防教育の取り組みが展開されてきました。たとえば、自殺予防、薬物依存予防、一〇代の妊娠予防、エイズ予防、ストレス予防、暴力防止などです。これらの取り組みのなかでは多くの教育プログラムがつくられています。たとえば、問題解決、ライフスキル、社会的スキル、怒りの管理、ストレス管理、対立解決、ピア・メディエーション、自己主張といった内容のプログラムが開発されています。これらのプログラムのカリキュラムは、ほとんどが高度にマニュアル化されていて、学校教育の現場で用いられています。

しかしながら、その一方で、これらの取り組みやプログラムがあまりにも多様になったため、教育現場に混乱をもたらすような状況も生まれています。そこで一九九〇年代半ばに、これらの取り組みに共通する枠組みが社会的・感情的学習（SEL）として整理されることになったのです。一九九四年には教育者や研究者が集まって、CASEL（Collaborative to Advance Social and Emotional Learning）という組織がつくられ、SELを積極的に提唱する活動を開始しています。CASELでは、教育の目標は子どもを「知識と責任と思いやり」のある人間へと形成することであり、そのためにはSELをとおしたスキル、態度、価値観などを育成することが不可欠であるとみなしています。

SELとは、簡単に言えば、人が自他の感情に対して適切な対応ができ、社会的関係を良好につくっていくための力量を養うということです。SELでは、エモーショナル・リテラシーの学習が中心となります。プログラムをとおして子どもたちは人間の感情について学びます。感情にはどのような種類があるのか。怒りや悲しみといった強烈な感情を体験するとき、どう対処すればよいのか。どんな感情でも、それをもつことは決して恥ずかしいことではなく、人間として自然なことであり、感情を静めるためのスキルを用いたり、適切に感情表明することも許される、といったことを学ぶのです。

SELのなかでもとくに重要な、対立解決法やピア・メディエーション（友だち同士で行う問題解決法）といった、けんかやもめごとの解決を目指す取り組みでは、自分の感情を相手に伝え、相手の感情に共感するスキルを学びます。仲裁役の第三者によって導かれる対立解決の場面では、何があったのか、そのときどのように感じたのかが当事者の双方に問いかけられ、それに対して「わたしメッセージ」を用いて自己主張がなされ、相手がそれを傾聴して受けとめます。そして感情面の整理が一応ついたところで、どんな解決策をとりたいのかが話しあわれ、双方に満足のいく合意が生まれたところで問題解決となります。

SELのプログラムは、暴力防止プログラムを核としているため、学校を、子どもたちが安心して学習できる安全な場所に保つことができます。また、子どもたちは自分と仲間の安全を守るというかたちで、基本的な人権意識を養っていきます。そして身近なところから暴力を回避し、平和を実現するノウハウを学んでいくので、ひいてはそれが安全な社会と平和な世界の形成にとって役に立つことが期待されています。

ところで、SELにおける問題点としては、それが感情の重要性を認めつつも、最終的には感情を管理することに力点を置いていることにあります。これは、SELの理論的な支えとなっている「感情的知性」（EQ）の考え方にあらわれています。EQの提唱者であるダニエル・ゴールマンは、感情的知性を、感情の自己認識、感情の管理、共感、人間関係の処理という観点からとらえています。ゴールマンが感情管理（感情マネジメント）をEQの特徴としてあげているように、SELには、社会的な自我によって感情を水路づけコントロールするという面がもっとも強くあらわれています。

対立解決の場面　撮影：中川吉晴

これと関連してSELでは、感情を言語化するアプローチを重視しています。感情の言語化は、感情を否認することでも、抑圧することでも、行動化することでもなく、たしかに有効なものです。それは、衝動的な行動を抑えるという点では一定の効果があるかもしれませんが、このアプローチそのものは、否定的な感情反応のパターンを根底からつくり変えるものではありません。要するにSELは、社会が求める感情規則に即して、子どもに感情管理の技法を教えるものなのです。これはたしかに円滑な人間関係をもたらし、子どもの社会適応や、社会秩序の安定化に貢献するものですが、感情変容を重視していないため、いまだホリスティックなものにはなっていません。

バイオエナジェティックス

つぎに感情変容型の教育として、バイオエナジェティックスとマインドフルネス瞑想を紹介します。バイオエナジェティックスは、ウィルヘルム・ライヒの治療論を高弟の一人アレクサンダー・ローエンが展開したものです。その特徴は、生命エネルギーのプロセスを中心に置いて心身の有機的統一をもたらすことです。

バイオエナジェティックスは、人の健康を生命エネルギー論の観点からとらえ、生命エネルギーが身体のなかを自由に流れている状態が、健康で、生気のある状態であるとみなします。そのさい生命エネルギーの現れとしての衝動や感情は、どんなものでも感じとられ、表現することができます（図1）。これに対して不健康なあり方とは、からだが硬く、動きが少なく、エネルギーが減少し、衝動や感情が抑えられた状態です。

私たちが日常的に見いだす自分自身は、個人差はあるにせよ、ここで言われるような健康からはほど遠いのではないでしょうか。からだは硬くなり、低調な感情状態がつづき、活力があまり感じられないのではないでしょうか。ライヒ派の心理学では、それは慢性的な筋緊張によって感情が抑えられ、生命エネルギーの流れが滞っているからだと考えます。

ライヒの最大の貢献の一つは「筋肉の鎧」の発見です。筋肉の鎧とは、感情表現（衝動）を抑えるなかで身体に構造化される慢性的な筋緊張です。ライヒによれば、現代人は「感情的疫病」に侵され、反生命的な社会をつくりあげていて、生命エネルギーの表現としての衝動や感情は多くの場面で抑えられます。抑えられるのは、怒ること、泣くこと、そして恐怖、苦痛、不安、性的感情などです。衝動

図1　心臓から始まる感情の流れ

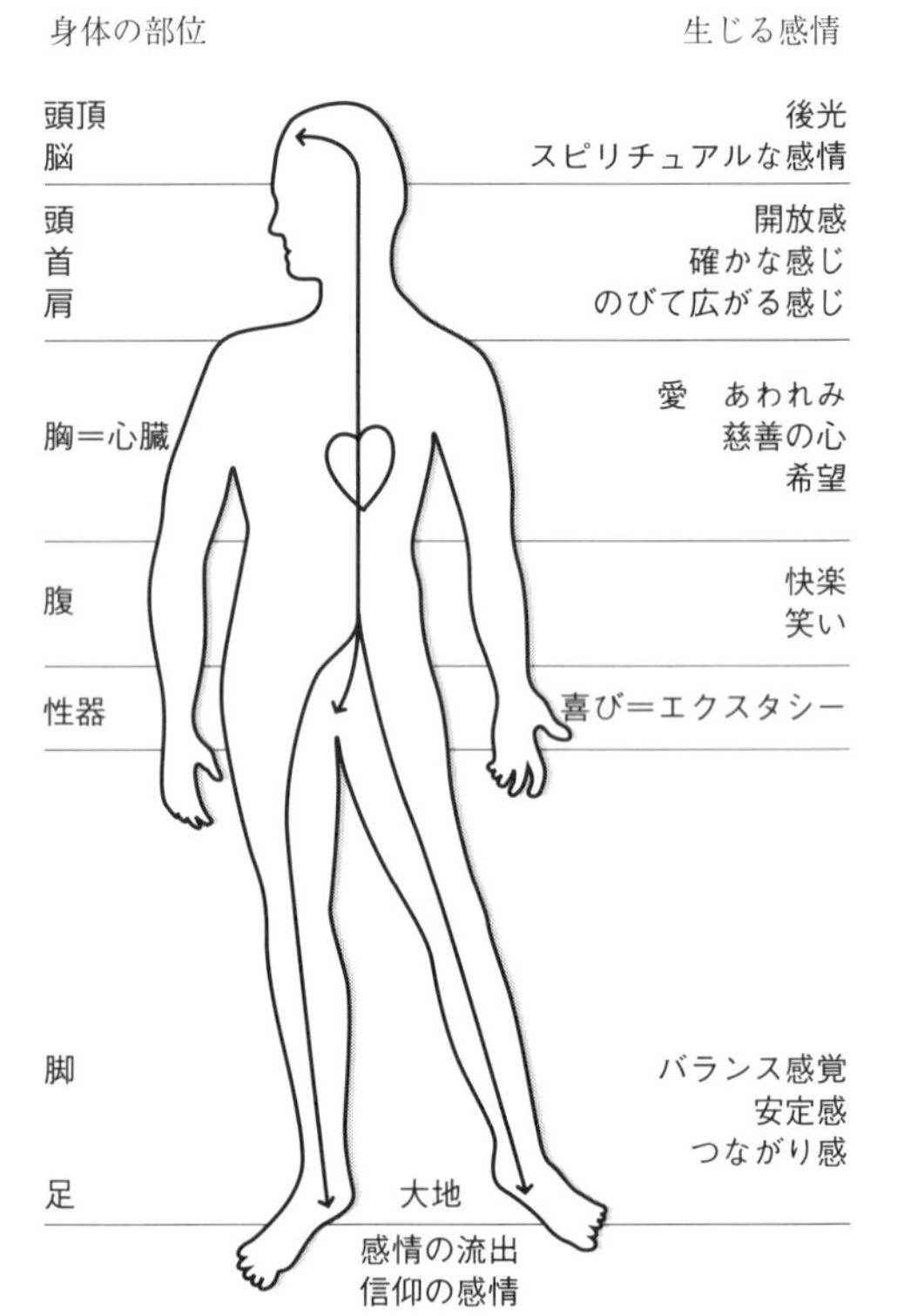

ローエン『甦る生命エネルギー』春秋社

や感情を抑えるさい、自我はコントロールのきく随意筋を緊張させることで、感情表現のために外へと向かってくる動きを抑えます。たとえば、泣くことを抑えるには、目もとを硬くし、あごを固め、のどを締めつけ、息をとめ、おなかを緊張させなくてはなりません。

　感情表現を一時的に抑えることは誰でも経験するものであり、そのこと自体に問題はありません。しかし、それがたえずくり返されるような状況のもとでは、慢性の筋緊張が生じて、筋肉の鎧が形成されます。鎧化した筋肉にさえぎられて、衝動や感情はもはや知覚されず、無意識のうちに抑え込まれるのです。

　筋肉の鎧（ブロックともいう）は、眼のまわり、口のまわり、あご、のど、胸、横隔膜、下腹部、腰など、全身にできます。これらの筋肉の鎧は、からだ（体幹）にそった生命エネルギーの流れを妨げるように、からだを横切るかたちで生じます。筋肉の鎧が形成されると、呼吸は抑えられ、エネルギー・レベルが低下します。からだの自然な運動能力が制限され、動きは鈍くなり、表現は乏しくなります。

　筋肉の鎧を身にまとうことで、内部で起こる感情から自己防衛でき、その感情は表面にあらわれなくなりますが、感情そのものは筋肉のなかに凍結されます。ここで問題なのは、特定の感情だけでなく、すべての感情が滞ってしまうということです。怒りや悲しみを感じないだけでなく、喜びや愛情を感じることができなくなります。しかも、

図2　慢性的筋緊張による感情の流れの中断

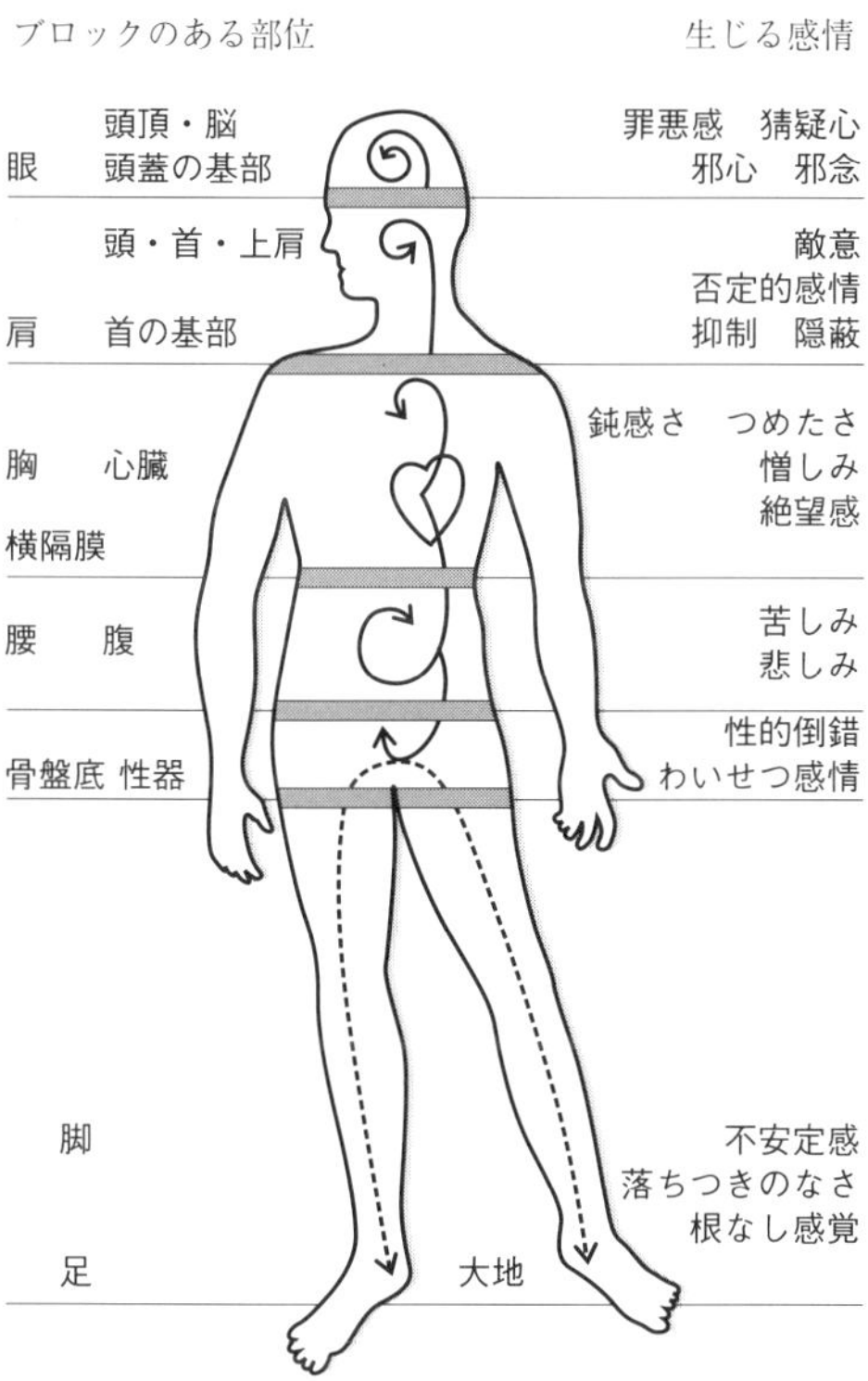

ローエン『甦る生命エネルギー』春秋社

ローエンは、感情の流れがブロックされることで、陰湿な気持ちが生まれてくると言います（図2）。

また、ときに過剰なストレスを体験すると、筋肉の鎧を突破して感情が爆発することもありますが、筋肉の鎧があると、それは極端な反応となってあらわれやすく、その結果、感情はますます脅威に感じられ、一層抑圧されます。

ローエンは、人間の防衛システムが同心円的な多層構造をなしていると言います（図3）。人格のもっとも表層にあるのが自我の層であり、ここには精神《マインド》による心理的防衛（否定、不信、非難、投影、正当化）があります。その内側に筋肉の層があり、慢性的な筋緊張によって衝動や感情を抑圧しています。感情の層には、怒り、恐怖、絶望、悲しみ、苦痛といった抑圧された感情があります。核心部分にはハートの感情として愛があります。愛が外に向かって表現されるとき、人はそれを快や喜びと感じ、現実とのつながりを体験するのです。

内奥の愛が自由に表現されるためには、その外側を覆っている何層もの防衛が解消されなくてはなりません（図4）。バイオエナジェティックスの治療的アプローチが目指しているのは、防衛の解消です。

そのさい、どれか一つの層ではなく、すべての層にアプローチすることが必要となりますが、とくに筋緊張に働きかけて、抑圧されていた感情に出口を与えてやります。それと同時に、心理的防衛について分析をします。

バイオエナジェティックスの治療は専

図3

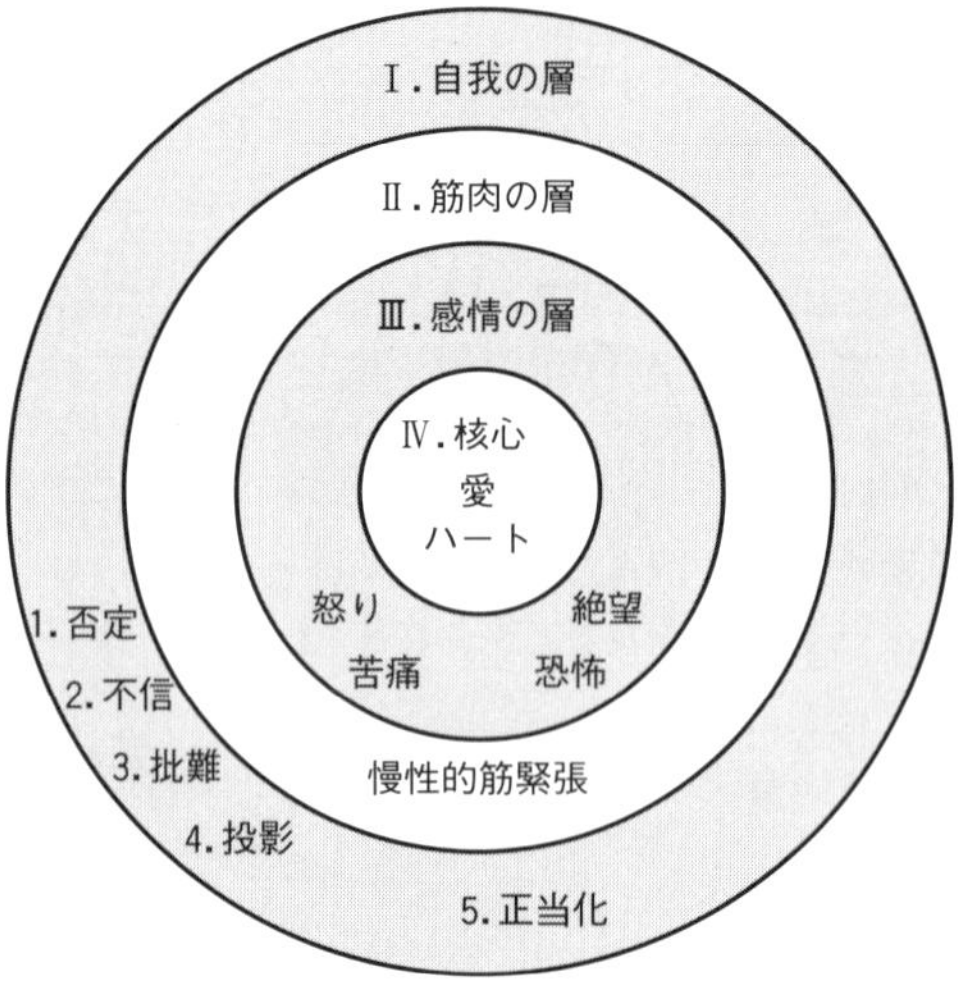

ローエン『バイオエナジェティックス―原理と実践』春秋社

図4

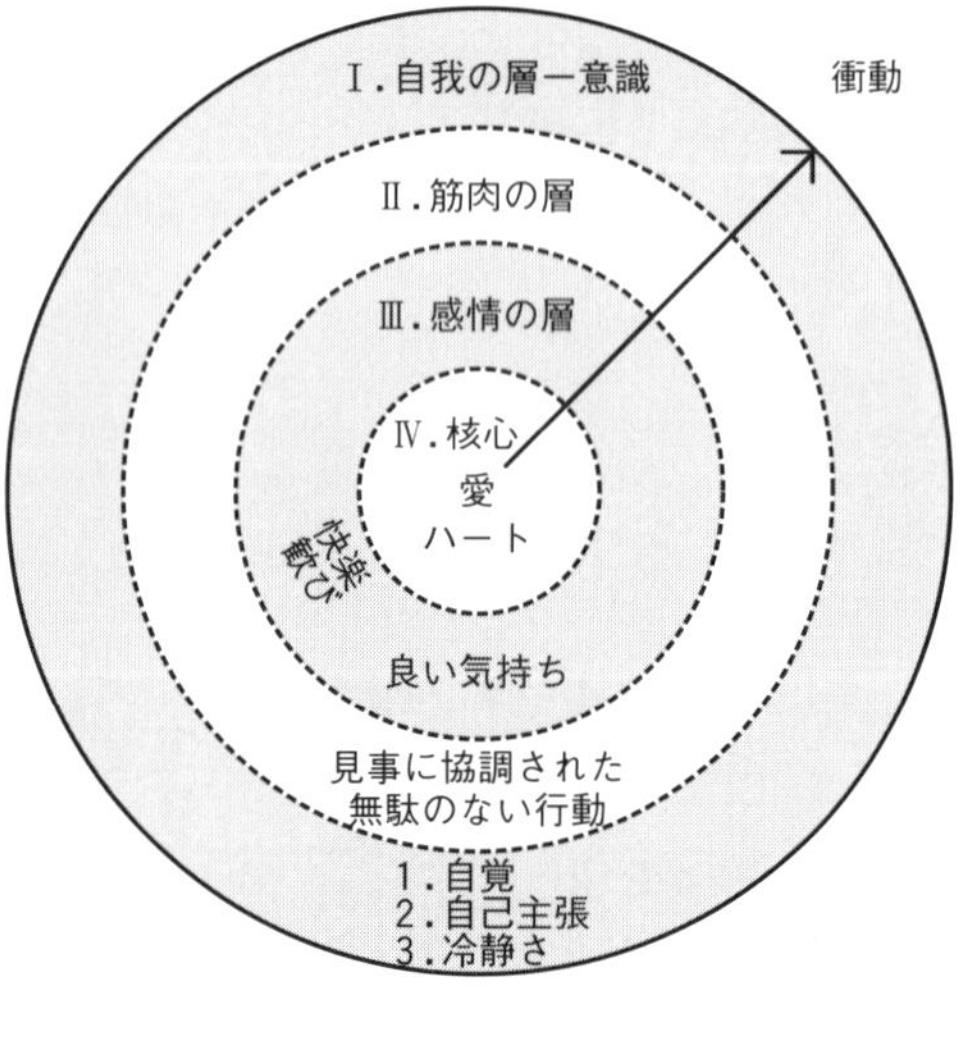

ローエン『バイオエナジェティックス―原理と実践』春秋社

門のセラピストによって導かれるものでなくてはなりません。しかし治療とならんで重要なのは、筋肉の鎧をつくらないように予防することであり、これは健康教育の一環に位置づけることができます。ライヒ自身、乳幼児の段階からそれが重要であると考えていました。わが国では、バイオエナジェティックスの治療家がほとんどいないことを考えあわせると、さしあたり予防教育に力を注ぐことが重要な課題になります。

幸いにもローエンは、治療の補助的手段として利用できる多数のエクササイズを考案しています（『バイオエナジェティックス』思索社刊を参照）。それらは、からだの内発的な動きを喚起し、呼吸を深くし、グラウンディング（脚・足と大地とのつながり）を改善し、自己表現力を高めるものです。また、安全な仕方で否定的感情を解放して、鎧化を予防し、その進行をやわらげることに役立ちます。バイオエナジェティックスのエクササイズの多くは、感情教育の実践のなかでも、安全で有効なものとして活用できると思われます（もちろん導入にあたっては慎重な取り組みが必要です）。こうしたエクササイズは、まず子どもと接する大人たちがやってみるべきです。大人たちが鎧化しているからこそ、子どもの鎧化が生まれるのです。

マインドフルネス瞑想

その起源をブッダにまでさかのぼるというマインドフルネス瞑想は、北米で現在もっとも流布しているものですが、このなかでも感情への取り組みがとりあげられています。たとえば、ダニエル・ゴールマンの妻で心理療法家のタラ＝ベネット・ゴールマンは『感情の錬金術』という本で、それを扱っています。また、行動する仏教者として知られ、ベトナム戦争も体験したティク・ナット・ハンは、怒りの感情への取り組み方として、マインドフルネスがすぐれていると言います。

マインドフルネスとは「気づき」を意味し、自分の中心にとどまりながら、自分のなかに起こってくる感情のプロセスと同一化することなく、ただ感情の流れを観察していく方法です。このとき習慣的な反応を差し控えて、非難や判断をまじえず、感情を抑えたり変えようと操作しないで、ただ起こってくるままに感情の動きを見つめていくのです。たとえば怒りが起こっても、それと一体化することなく、怒りを見つめるようにします。怒りの雲がやってきても、それにのみ目をむけ、雲をなくそうと努力するのではなく、ただそれが流れていくのを眺め、むしろ背景にある空と一つになっているのです。

ティク・ナット・ハンの近著には文字通り『怒り』と題するものがありますが、そのなかでは次のように言われています。「怒りは、私たちのなかにあるエネルギー・ゾーンです。……それは私たちが面倒をみなくてはならない、苦しむ赤ん坊です。その最良の方法は、別のエネルギー・ゾーンを生みだし、怒りを抱き取り、面倒をみることです。その第二のエネルギー・ゾーンとは、マインドフルネスのエネルギーです。マインドフルネスはブッダのエネルギーです」。怒りに必要なのは、マインドフルネスのなかで、それを抱き取り、ケアをすることなのです。怒りに気づき、抱きしめてしばらくすると、怒りはそこにあっても、それほど苦しまなくなります。そして気づきのなかで怒りを解き放つと、怒りのような感情も、慈悲の感情に変化すると言います。気づきによる錬金術が起こるのです。

統合的アプローチの必要性

ＳＥＬ、バイオエナジェティックス、マインドフルネスという三つのアプローチをとりあげましたが、私は、それらが互いに補完しあう必要があると考えています。

バイオエナジェティックスやマインドフルネス瞑想をＳＥＬに組み合わせていくと、それらはＳＥＬを根底からつくり変えるものになります。つまり感情管理を基本にするＳＥＬに、肯定的感情を開く感情変容のアプローチが加わることになります。感情教育の本来の働きは、人間の感情の可能性を開くことにあるわけですから、感情管理型の教育は感情変容型のアプローチと統合される必要があります。

バイオエナジェティックスとマインドフルネス瞑想も補完しあう必要があります。バイオエナジェティックスは感情を表現する方法であり、マインドフルネス瞑想は感情に気づく方法です。マインドフルネスを提唱する人たちは、感情表現という方法は、感情を解消するのではなく逆に強化するので、危険であると言います。しかし感情表現は、いつも危険なものでしょうか。バイオエナジェティックスも、感情表現のみで人格変容が生じるとは考えていませんが、感情表現の重要性を強調しています。むしろ、より深刻な問題は、私たちが筋肉の鎧をまとい、感情表現ができなくなっていることのほうです。多くの人にとって必要なのは、鎧をとかし、感情を喚起し、表現してみることなのです。

また、激しい感情にのみこまれているようなとき、その感情を淡々と見つめる作業は困難です。そのようなときには、安全な環境のもとで、バイオエナジェティックスのエクササイズを行なってみると助けになると思います。

つぎにマインドフルネス瞑想ですが、これは、それほど簡単な方法ではありません。内面の動きに対して敏感な気づきを維持することは大変に難しいことですし、相手が感情の場合、すぐにそれにのみこまれてしまいます。したがって感情に取り組むには、日頃からマインドフルネスを練習していなくてはなりません。さもなければ、それは単なる見せかけになり、内的な葛藤や緊張を高め、抑圧をまねくおそれがあります。

バイオエナジェティックスとマインドフルネス瞑想は二者択一の関係にあるのではなく、両者は積極的に結びつき、表現と気づきを統合したアプローチを生みだす必要があります。たとえば、静かに座って瞑想をするまえに、感情表現をともなうエクササイズを行なうことによって、マインドフルネス瞑想にもっと集中しやすくなり、動きのあとにおとずれる深い静寂のときを味わうことができます。

以上、要点のみを述べましたが、SELとバイオエナジェティックスとマインドフルネス瞑想をうまく統合することができるならば、そこに一つのホリスティックな感情教育が生まれるでしょう。今回は三つの有力なモデルだけに絞りましたが、感情変容型のアプローチには、ほかにもサイコシンセシスやアートセラピーのように重要なものがあります。それらもふくめて統合的なアプローチを探求していくことが、今後ともホリスティック教育の課題となります。

参考文献

イライアス他著、小泉令三編訳『社会性と感情の教育』（北大路書房、一九九九年）

クライドラー著、国際理解教育センター訳『対立から学ぼう』（ERIC、一九九七年）

ゴールマン著、土屋京子訳『EQ』（講談社、一九九六年）

ティク・ナット・ハン著、池田久子訳『微笑みを生きる』（春秋社、一九九五年）

ローエン著、菅靖彦・国永史子訳『バイオエナジェティックス—原理と実践』（春秋社、一九九四年）

ローエン夫妻著、石川中・野田雄三訳『バイオエナジェティックス—心身の健康体操』（思索社、一九八五年）

ローエン著、中川吉晴・国永史子訳『甦る生命エネルギー』（春秋社、一九九五年）

Bennett-Goleman, Tara, *Emotional Alchemy*, Harmony Books, 2001.

Lantieri, Linda & Patti, Janet, *Waging Peace in Our Schools*, Beacon Press, 1996.

Thich Nhat Hanh, *Anger*, Riverhead Books, 2001.

中川　吉晴（なかがわ　よしはる）

日本ホリスティック教育協会副代表。１９５９年生まれ。ホリスティック教育論、スピリチュアリティなどを研究テーマとする。トロント大学大学院博士課程修了（Ph.D.）。現在、立命館大学助教授（教育人間学、臨床教育学）。著書*Education for Awakening*　共編*Nurturing Our Wholeness: Perspectives on Spirituality in Education*（ともにFoundation for Educational Renewal, USA）がある。

Message for Peace

《書評》和田重正著『自覚と平和』（くだかけ社刊）

神戸女学院大学
松田　高志

この『自覚と平和』と題する書は、平和論であり、平和運動（活動）論ですが、しかし同時にそのまま著者の人間観でもあり、宇宙論でもあります。本書は、甚だ単純な提案をしているように思われます。あたりまえのことをあたりまえにしようと呼びかけているようですが、しかし、この不透明な時代にあって、われわれの目指すべき理想が掲げられており、未来への展望が示されています。

今日の世界は、依然として戦争状態を脱することができず、またそれと深く結びついた経済競争、南北問題、民族問題などは、悪化しています。また戦争と直接関係はありませんが、環境破壊や資源奪取による自然破壊、物質主義による人間性の喪失などの問題も深刻です。それらは、単に政治、経済、環境の問題に留まらず、人間の心身の内奥にまで侵食しています。

著者の和田重正氏によれば、この世界的危機は、生半可なやり方では越えることができません。われわれ一人ひとりが、真に自覚に徹して自分自身が変わらなければならないのです。著者の平和論には、次のような人間観が根底にあります。自然界は、争い合い、奪い合う弱肉強食の世界のように見えても、全体としては驚くほど生かし合い、補い合う調和的、発展的世界です。そうでなければ、これまでの地球の進化は考えられません。そこには、無論人類も含まれています。自然界の表層のみを見て、攻め合い、奪い合いを自然の本質とみなすことができないように、人間の場合もそれを本質的な姿とすることはできません。自然も、そのうちに含まれる人間も決してバラバラに存在し、互いに対立しあっているわけではありません。確かに五官にはそのように感じられますが、全体から見れば、それは単に表層の一面です。自然、そしてその一員である人間は、全体として決してバラバラな存在ではなく、生かし合い、補い合う調和的、発展的存在なのです。

　あらゆるものが、生かし、生かされつつ発展していく世界を、著者は特にいのちの世界と呼んでいます。われわれ人間も、このいのちの世界にあって、表面的にいかに矛盾、対立があっても、互いに生かし合い、補い合う生き方ができ、またそのことによって真に自由と安らぎが得られるということです。これは、すでに過去の多くの宗教者によって気づかれたことですが、著者自身もまた、これが真に根源的な生であることを自覚し、身をもって証しようとしています。

　ここから、著者によれば、平和実現の活動は、二通り考えられることになります。一つは、従来からの反戦、反核運動であり、集団ないし世論の力を高めていくことによって、戦争勢力を抑えるやり方です。これは、最近の世界の動向を見ても、それなりの意義や効果を持っていることは明らかです。しかしこれだけでは、戦争の根本原因や戦争への不安を解消することはできません。

　もう一つは、すでに少しふれたように自覚による自分自身の変革です。つまり、人間は互いにバラバラで対立しているという人間観から、いかなる人間も決して赤の他人ではなく一つにつながっているという人間観への転換であり、その実践です。これは、反戦運動のように、戦争勢力に対決するものではありません。対決する限り、攻め合い、争い合いの人間観は、消え去ることなく、かえって固定されますが、この実践は、むしろ対立を越えて平和を創造するのです。

　この平和活動は、われわれの日常生活からかけ離れた政治的運動ではありません。またその平和は、単に戦争がないという消極的なものではありません。平和は、生かし合い、助け合い、共に成長し、発展し合うダイナミックな状態であり、平和創造活動は、日常生活をはじめとして、国際協力、援助に至るあらゆる領域において行うことができる包括的なものです。それは、戦争をなくすというだけでなく、ダイナミックな平和世界を作り出す積極的、創造的なものです。これは、著者によれば、まさに自由と安らぎと生き生きした力が生まれるいのちの流れの方向です。そして結果として、戦争勢力は、浮き上がったものになり、その力を失わざるをえません。比喩的に言えば、これは、病原菌をやっつけたり、患部を除去する対症療法ではなく、生活を整え、体を整えることによって、自然治癒力を高め、心身の全体を健康にし、さらに健康増進に向かう養生的やり方なのです。

以上のような平和論および平和運動（活動）論は、まことに単純素朴なものとも言えます。しかしそれだけにかえって包括的であり、根本的です。このような平和活動論は、確かに、単なる理想論に見えるかもしれませんが、実はもう一つの重要な、しかも具体的、現実的な主張と結びついています。つまり、一人ひとりの自覚において人間観を転換し、平和創造的に生きていくことと呼応する形で、日本の現憲法を積極的、能動的にとらえ直すということです。

内外の何百万人もの生命を奪い、無数の破壊をもたらした未曾有の悲劇に対する反省と新生への決意の中から成立した現憲法は、単に合理性、普遍性を持つだけのものではありません。もろもろの犠牲を、決して無駄にしないような世界的意義と使命を持った憲法なのです。人類史上初めて戦争放棄と非武装を宣言した憲法は、われわれの心底からの痛切な平和への願いであり、人類の永年の理想を一挙に表わしたものです。しかし著者によれば、この憲法は、ただ軍隊を持たない、戦争をしないという消極的規定を示すだけのものではありません。その成立時の多くの国民の真実の気持ちからして、世界中の平和を願う人々と共に、あらゆる努力を払って平和的方法により世界平和を実現しようというものです。そしてその実践において、実はわが国も、非武装のまま、平和を保つことができるというものです。

これは、いわば憲法の積極的、能動的解釈です。このような解釈によって初めてこの平和憲法の真の意義と使命が十全に理解できるのです。単なる消極的解釈では、現実的にどうしても矛盾に満ちたものにならざるをえません。制定当初は、この積極的内容を実践する現実的諸条件がほとんど欠けていましたが、その後現実的条件が満たされたにもかかわらず、残念なことにその積極的趣旨は、まともにそれとして取り上げられることなく今日に至っています。

著者は、二十年来この主張を掲げてきましたが、本書において、まだ遅くはないとして、今われわれが本気になって努力をすれば、世界全体の流れを変え、平和への潮流を確実なものにする力を持つであろうと述べています。確かに、平和憲法を掲げるわれわれこそ、平和創造を先導する光栄ある役割をになう者でしょう。しかもそれを遂行するのに十分な現実的諸条件がすでに備わっています。それは、現在の世界情勢の中で、最も適切な活動であり、また未来の展望を開くものにほかならないでしょう。

自覚と憲法問題とは、一見まったくかけ離れたもののように思われますが、しかし著者によれば、今、この世界の状況の中で一つに結びつかなければならないし、またこの破局的危機においてこそ結びつくことができ、相互循環的に高め合うことができるのです。

すでに述べたように、今は、平和問題だけではなく、多くの難問が複雑にから み合っています。経済戦争、南北格差の増大、地球生態系の崩壊、商業主義や科学・技術の乱用による人間疎外、もろもろの差別問題などに対し、当面の具体的方策は、確かに必要ですが、しかし現象面の対応だけでは解決できないこともまた切実に感じられています。この解決は、現象面の努力だけでなく、一人ひとりの人間が自覚を深め、人間観、価値観を変え、生き方を変えるということがなければならないでしょう。

　これは、著者の言葉で言えば、人類の進化の方向であり、いのちの流れそのものに他なりません。つまり、いわば人類が自己主張により発達をとげた青少年期から、全体の立場に立ちうる成熟した大人へと脱皮することであるとも言えます。

　このようなことは、一方からは余りに楽天的であると見られるかも知れません。しかしまた他からは実現できそうにない困難事と思われるかも知れません。しかしこの自覚と平和創造が実行されるかどうかは、一人ひとりが惰性的な思考を改めうるかどうかにかかっていると言ってもよいでしょう。

　なお本書の理解を深めるために、著者の人間観が最も包括的に論じられている『もう一つの人間観』（地湧社刊）が参考になるでしょう。これは、宇宙の進化から説き起こされ、宗教論、現代文明論にもなっている書です。さらにもう一冊、本書の理解を豊かにしてくれるものとして、ほぼ同時期に書かれた『母の時代』（地湧社刊）を挙げることができます。この書は、わが子において自他一体感を自然に持つことができ、その一体感を広げつつそこから発想し、行動しうる母親がこれからの時代の中心的存在になるべきであり、またなることができると述べています。しかしまた現実問題として、子育てないし親子関係において最も行き詰まっているのも母親です。母親自身が、自分の経験を生かし人間観、価値観を自他一体感に基づくものに変える以外にどうすることもできない所に来ています。母親の勇気ある自己変革が、新しい時代を開く先駆けとなってくれることを著者は願っています。

（神戸女学院大学女性学インスティチュート『女性学評論』第五号所載のものを加筆、修正し、転載）

松田　高志（まつだ　たかし）
１９４１年神戸生まれ。京都大学大学院教育学研究科博士課程修了。現在、神戸女学院大学教授。教育人間学専攻。人生科教育研究会世話人。著書『いのちのシャワー〈人生・教育・平和を語る〉』（くだかけ社）『いのち深く生きる教育』（せせらぎ出版）他。

静かな力を見つめる

北陸大学外国語学部
三国　千秋

コミュニケーションについて

「静かな力」という言葉は、一九九五年、筆者が翻訳出版した本、『静かな力』―子どもたちに非暴力を教えるための実践マニュアル：（ステファニー・ジャドソン編、嵯峨野書院）のタイトルに用いたことから発したもので、もともとの言葉は「非暴力」（Nonviolence）です。筆者は、この「非暴力」という言葉を、文字通り「暴力を使用しないこと」、つまり「手段としての非暴力」という意味に理解してきました。さらに、ガンディーやマルティン・ルーサー・キング牧師らの歴史的背景を考えるなら、「非暴力」とは、社会の中にある暴力や抑圧、圧制と支配、不正に対し抵抗することでもあると考えています。この世から暴力をなくすことはできないとしても、可能なかぎり暴力を減らし、話しあいによって対立を平和的に解決すること、また「公正さ」という意味での正義を実現していくことは「静かな力」の考え方にとって根本的な課題です。

この本を出版してからこれまで数年間、多くの場所で、「静かな力」のワークショップを開催してきました（「参加体験型学習」と呼んでいます）。ワークショップのテーマはその都度ちがいますが、基本的に、主催者や参加者の関心やニーズに合わせてテーマを選ぶことにしています。このワークショップの経験から気がついたことは、家庭や職場、学校や教室などでの人間関係作り、家族や仕事仲間、友人たちとのコミュニケーションをテーマにすることが多いということです。もちろん、「静かな力」の重要な柱である「平和的な対立の解決」という点から見れば、コミュニケーションをテーマにすることは自然なことですが、問題は、なぜこんなにも多くの人々がコミュニケーションに関心を寄せているかということです。

携帯電話が普及し、インターネットやメールなどさまざまな通信技術が発達し、さらには巨大なマスコミによって日々、大量の情報が伝達されているにもかかわらず、なぜこうもコミュニケーションに関心を寄せているのか。もちろん、その答えは簡単ではありません。ですが、ここでは、問題をむしろ逆に考えてみることも必要ではないでしょうか。つまり、われわれの時代は自動車やテレビといった便利な交通手段や通信手段を手にしているにもかかわらず、むしろそれらの便利な道具によって、人間の間にさまざまなコミュニケーションの壁が作られてはいないか、自動車やクーラー、コンピューターや携帯電話は人間のコミュニケーションを豊かにするのではなく、むしろますます貧しくさせているのではないかということです。

「静かな力」：四つの柱

『静かな力』の本の中には、四つの柱があります。一つ目は、大人であれ子どもであれ、「自尊感情」を育むということ。もともとの英語はAffirmation「存在そのものを肯定する」ですが、これを「個性を認めること」と訳しました。個性を認めるとは、自分や相手の欠点を指摘したり、批判するのではなく、なるべく良い点を見つけて（たとえ小さなことや、特別なことでなくても）、それをはっきりと口に出して言うことです。家族の間や仕事場、仲間や会議などでは、そうした肯定的な雰囲気を作り出すことが重要です。肯定的な雰囲気の中から、各自の自信や相手に対する信頼が生まれ、自分たちには何かができるという気持ちにつながります。個性を認めることは、個人やグループの「無力感」を克服するのに重要です。

次は、「分かち合い」です。ここでは特に、人間の気持ちや感情に眼を向けることを強調しています。つらい気持ちや悲しい気持ちを一人で心に閉じ込めておくのではなく、身近な人、家族や仲間、友人に打ち明けることで、そうした否定的な気持ちを外に出して、解放するということです。あるいは、他の人の気持ちを受け止めるためにも、分かち合いが必要だと思います。

第三に「対立の解決」です。実際に、ワークショップで「対立の解決」をテーマにするときに、まず強調するのは、私たちはこれまで対立や対立の解決について学んでこなかったということです。したがって、私たちは、通常、対立を「争い」やケンカと取りちがえ、対立が起こっただけで嫌気がさしたり、それを力で押さえつけようとしたり、そこから身を引いてなるべくかかわりたくないと思うようになります。これは、私たちが子どもの頃に、親や大人の対立への振る舞いを通して、自然に学んできたことから生じており、その親たちもまた彼らの親から、そのような見方を自然に受け継ぎ、身に付けるようになったのです。ですから、「対立」そのものは悪くない、対立に対する偏った見方をまず大人が改め、子どもたちに平和的な「対立の解決」の仕方を教える必要があるのです。

最後に、「理解してくれる仲間」の必要性です。どんなに能力がある人、どんなに自信がある人でも、誰からも信頼されない、誰からも理解されない孤独な状態では、自分の考えや自分の行動に自信を持つことはできません。少なくとも長い間に渡って、それを持続させることは不可能です。そういう意味で、人間には他人から認められたいという承認欲求があると考えています。こうした「理解してくれる仲間」は、家族であったり、友人、同僚など、いろいろなケースが考えられます。ですから、『静かな力』では、この四つの柱がしっかりとらえられるなら、私たちは日々の生活の中に「生きる喜び」を見出すことができると考えています。

生命について

「静かな力」のワークショップを行っていて、もう一つ気になっていたことは、現代社会におけるさまざまな犯罪、特に子どもや青少年の犯罪です。大人の犯罪の多くは「金銭」がからんだものが多いのですが、少年たちの犯罪から見えてくるのは暴力であり「いじめ」であり、生命に対する価値の低下ということです。言い換えれば、「自尊感情」でも、「分かち合い」や「理解してくれる仲間」でも、「対立や葛藤を解決する」にしても、私たちは生身の人間を相手にしなければならないのであって、機械を相手にするわけではありません。ですから、何にでも当てはまる、万能な、機械的解決というものはありえません。そこで、「生命とは何か」ということをもう一度考え直してみたいと思います。

アメリカの現代作家である、ウェンデル・ベリーによれば、「生命について考えようとすると難しいのは、生命を〈理解〉したつもりになって、生命に見切りをつける危険性があることだ」と言われます（Wendell Berry, *Life Is a Miracle*, Counter Point, 2000, p.6）。ここで生命を理解したつもりになるということは、「生命を理解しやすい用語に置き換えて単純化し、生命を予測できるもの、機械的なものとして扱う」ということです。医学や産業、特にバイオテクノロジー（生命科学や生化学）などはその代表的な例ですが、ここでは「生命」を機械のようにみなして、予測できるもの、生命を操作したり、生命を作り出せるものとみなしています。ベリーによれば、その目的は「生命」を商品として売り物にすること（今は研究開発の段階にあるとしても）、だと言われています。なぜなら、予測できるものでなければ、「商品」にはならないからです。要するに、生命を機械のようにみなして、予測し、商品として売り物にするということは、生命に見切りをつけることに通じているというわけです。自らの生命に見切りをつけることは、ときには自殺につながり、他人の生命に見切りをつけることは、他人の生命を奪うことにもなりかねません。

これに対して、ベリーは反論します。「われわれには生命がそなわっているけれども、それはわれわれの理解を越えたものである。というのも、生命が与えられているとはどういうことか、なぜ生命が与えられているのかを知らないし、生命（人生）において何が起こるか、将来われわれの身に何が降りかかるか知らないからである」（同書、九頁）。生命というとき、私たちは通常、人間の生命（いのち）や動物や植物などの生命（いのち）、つまりは生き物の生命について考えます。ですが、英語の「ライフ」という言葉には、そうした生物学的な生命、つまり誕生から死までの生命の流れということの他にも、その生命のうちに起こる一切の出来事、「生活」という意味もあります。また、生活の積み重ねとしての「人生」という意味もあります。ここで、ベリーが言わんとしているのは、われわれは決して、生命を完全には知り尽くすことができないし、いつだって生命についての理解は部分的なものであり、われわれは人生において常に、何がしか「無知」の状態で行動しなければならないということです。「われわれは生命を破壊できるけれども、自分で生命を作り出すことはできない」のです。その意味で、生命とは人間の理解を越えた「神

聖」なものである、とベリーは述べています。

では、私たちはどのようにして生命を知るのでしょうか。生命を数字で置き換えたり、情報によってとらえることとは、生命を機械のように理解することに通じています。それでは生命についての一面的な理解にすぎません。私たちは生命を経験することによって、生命を知るのだと言えるでしょう。というのも、ベリーによれば、「生命を経験するとは、あるがままの形でそれを苦しみ、喜ぶこと」だからです。「生命を神聖なものでないと考えることは、生命を奴隷のように扱うことであり、それは人間性を作り上げることではなく、人間性は予測できるものだと考える」機械的な思考に通じているのです（同書、九頁）。結論として、そうした生命に対する一面的な狭い理解の仕方は、生命の価値の低下や生命の軽視を生み出し、私たちをますます絶望に駆り立てていくものである、とベリーは述べています。

「便利さ」と個人主義的な自由

ここで話題を一転して、自動車と自転車について話をすることをお許し願いたいと思います。筆者は、ここ数年、地方の環境グループの一員として、都市交通のあり方を考える上で、自転車交通に注目してきました。そうして、三年前から、高校生、中学生、小学生を中心に、自分たちが住んでいる町（石川県金沢市）や、自分たちが住んでいる地域の交通環境、特に道路事情についての調査を行ってきました。具体的には、各自の通学している道路や友人の家に遊びに行くとか買い物に行くときの道をチェックし、自転車や歩行者の目から見て、「安全な道」、「危険な道」、「快適な道」、「危険な交差点」に色分けしてもらい、それに基いて「金沢自転車マップ」や地域での「自転車・歩行者安全マップ」を作る作業を行っています。ここから見えてくるのは、子どもたちが生活道路において、毎日のように危険と隣り合わせになっているということです。日本の交通環境や道路環境は自動車には便利に作られていても、自転車や歩行者や車いすの利用者にとってはまったくひどいものであり、自転車道路と歩道の区別がないだけでなく、そうした道はガタガタに波うっていたり、狭い道では車と自転車がギリギリに並んで走るということも珍しくはありません。ですが、危険の最大の原因は、言うまでもなく過剰な自動車による交通にあります。

ここで「便利さ」ということについて、考えてみたいと思います。確かに、われわれの文明は「便利さ」ということに重要な価値を置き、さまざまなものを産み出してきました。その代表的な例は、もちろん自動車です。

自動車はそれを利用する人にとっては、この上ない便利な乗り物です。スピードもあり、荷物を運ぶのには便利です。真夏の炎天下でも、エアコンをつけて走っていれば、外気の温度や湿度、排気ガスによる大気の汚染を気にする必要もなく、快適に目的地まで移動することができます。しかしながら、その便利な自動車が他の交通手段を排除し、自動車を利用できない人々、つまり子どもや年配の人々、障害者といった「交通弱者」にとってますます危険を産み出しでいるということは、あまり気づかれていません。「マイカー」という言い方は、まことに自分にとっての便利さや快適さを中心にした言い方なのです。

もう一つの、現代人の「便利さ」の象徴として、文字通り「便利な」（コンビニエント convenient）という言葉から生まれた「コンビニエンス・ストア」、通称「コンビニ」について考えてみたいと思います。コンビニは二四時間開いており、いつでも必要なときに商品を提供してくれます。これほど便利なことはありません。コンビニの商品は常に新鮮であり、そのために毎日のように、しかも一日中トラックが新鮮な商品を運んでいます。また少しでも古くなった商品は直ちに廃棄処分されます。そのためコンビニは常に清潔に見えます。コンビニの商品はほとんどがパッケージ化されたものであり、それを買った消費者にとっては大量のゴミが排出されることになります。まことに、コンビニは現代の消費文化（大量生産・大量消費・大量廃棄）の象徴であり、これは何よりも個人（消費者）にとっての「便利さ」、もしくは場所や時間、また他人へのかかわりから来る制約にわずらわされない「個人主義的な自由」という価値を表しています。

しかしながら、このような「個人主義的な自由」は、本当に自由の価値を増大させているのでしょうか。ここでも、先に引用したベリーは、重要な示唆を与えてくれます。ベリーによれば、「個人主義は、現代の言葉の遣い方では、個人が独りで行動するさいの〈権利〉とみなされており、他の個人を無視するということで成り立っている」と言われます（同書、四二頁）。言い換えれば、現代の個人主義の原理を徹底すれば、必然的に、他のだれかがその自由を侵害され、迷惑を被っているということです。では、ベリーは「自由」の価値について、どう考えているのでしょうか。少し長くなりますが、引用しておきます。「自由の価値はその自由をいかに用いるかにかかっている。自由の価値というものは、おそらく自由だけにあるのではないし、確かに無制限な自由というものはないだろう。自由が乱用されうるということ、そして長い目でみれば、自由とはお互いに公平さをどう理解するかということにかかっているということこそ、自由について深く考える人々によって一般的に理解されてきたことである。ということは、われわれは他人の自由を減少させることによって、自己の自由を増大させてはならないということである」（同書、七九頁）。

個人主義的になった「自由」の考え方は、個人の消費にかぎらず、今や多くの分野に見られるものです。企業の経済活動においても、そのような自由に対する考え方が支配的です。企業は経済活動を行う法人として法律によって認められており、企業による利益の追求は、主として生産活動においては制限されるものの（有害な廃棄物を出さないなど）、商品として販売された財やサービスが他の個人に対してどのような結果をもたらすか、どのような影響を与えるかは、ほとんど問われることがありません。結論として、ベリーは、「現代の……自由の考え方は、あまりにも多くの場合、結果に対する無責任というものに還元されている」（同書、八〇頁）、と述べています。

パブリック（人を助ける）という概念

さて、私たち大人は、本当に子どもたちに何を教えなければならないのでしょうか。平和や非暴力を教えることも大切だし、暴力や戦争について教えることももちろん重要なことです。しかし、その前にもう少し考えてみる必要がありそうです。

個人的な経験ですが、小学生を対象にした道路の調査をしているときに、改めて気がついたことがあります。それは、子どもでも五年生や六年生になれば、どの道が危険で、どの交差点が危いかをまちがいなく知っているということです。子どもははっきりとその理由を知っており、ときには高校生と同じようなしっかりした字で、その理由を明確に書くことができます。それは、子どもたちが毎日経験しているからであり、見たり感じたりしているからです。このような意味での知識は、本で読んだり、誰かから聞いて知っているようなものではありません。情報だけから成り立つような知識ではなく、場所に根ざした知識、子どもたちが身近なものとしてよく知っている知識です。

大人が子どもに教えなければならない「知識」とは、まずもってこのような意味での、身近なものとしての知識ではないでしょうか。そのような身近なものとして、大人は子どもに、まず「生命」の大切さということを教える必要があると思います。そして、平和や非暴力、あるいは暴力について教えることの中心に、このような「生命」の大切さということがあると言えるのではないでしょうか。このような知識は、決して「情報」で置き換えることができるような知識ではありません。ですから、一度だけでなく、いろんな方面から繰り返し教える必要があると思います。

もう一つ、大人が子どもに教えなければならないのは、パブリックなものということです。

日本政策投資銀行の傍士銑太氏によると、一九八〇年代には、ヨーロッパの都市でも同じように自動車の数が増大し、町中に車があふれ、道路は渋滞し、中心市街地が空洞化するという現象が起こりました。しかしながら、人々はこのことに気がつきはじめ、九〇年代に入ると、ヨーロッパのいくつかの都市で公共交通機関や街のあり方を見直す運動が起こってきました。傍士氏によると、ドイツには「まち作り」の理念を表すキーワードとして、「パブリック（人を助ける）」、「連続性（わかりやすい）」、「市《いち》を作る（集う）」という、三点があるといいます。（宇沢弘文他編『都市のルネッサンスを求めて』第三章「都市をつなげる、人がつながる」、東京大学出版会、二〇〇三年、六三頁以下参照）

彼は、「パブリック」ということの意味を「人を助ける」ことと解釈していますが、これはすぐれた指摘だと思います。従来、日本では、パブリックということの意味は、いわゆる「公益」＝官（役所）と理解され、「私益」＝民間に対立させられてきたからです。しかし、これは、事業主体を中心にした見方であって、重要なことはどういう分野が「公」（パブリック）であるかということなのです。具体的に言うと、ドイツでは、パブリックなインフラ・ストラクチャー（これは宇沢弘文氏の「社会的共通資本」とも言い換えてよいでしょう）として、①中心市街地活性化、②景観、③地球環境、④地域交通、⑤教育、⑥地域の楽しみ（スポーツ・音楽・芸術などの文化）、⑦観光、⑧医療、の八つの分野があげられています。このような分野は、個人の自由にまかせておけばよいというものではありません。また個人的な努力だけで解決できるものでもありません。「パブリック（人を助ける）」という言葉には、そこに住む住民がお互いに共通のビジョンをもって、助け合っていく必要がある、という意味が込められているからです。このような意味での「パブリック（人を助ける）」ということを、子どもたちに教えていく必要があるのではないでしょうか。

　最後に、「市《いち》を作る（集う）」ということについて考えてみたいと思います。「市《いち》を作る（集う）」とは、文字通り人が集まることを意味します。「広場」という概念はヨーロッパではギリシアの昔からありますが、同じく日本においても「市《いち》」というものがあり、そこは人が集まる場所でした。神社の境内であれ、お寺であれ、学校であれ、図書館であれ、人々は集うことによって文化を形成してきたのです。

　建築家の岡部明子氏によると、「広場」（公共空間）たりうる条件として、次の三つが挙げられます。①基本的な用件で多くの人が集まること、②集まる人の多様性が担保されていること、③集まる人の間に、人的・知的ネットワークを育むことにつながっていることです（同書、第一章「公共空間を人の手に取り戻す」、二六～二七頁）。「集う」ということは、多様な人々が集まること、集まった人々の間で何らかのコミュニケーションがなされるということです。

　しかしながら、現代の文化の主流は、人が集うという面から見るなら、逆の方向に進んでいるように思えてなりません。クーラーの効いた部屋でファミコンゲームをする子どもたちを思い浮かべるなら、そのことは容易に想像できます。また、ショッピングセンターやテーマパークなどは、集まるための目的が限定されているために、多様な人々が集まることは期待できないし、集まった人々は目的が果たされれば去っていくように、そこから人々のコミュニケーションが生まれるとは考えにくいのではないでしょうか。こうして私たちは、再び、コミュニケーションの問題に出会うことになります。筆者がここで主張したかったのは、私たちの生活様式や生活のあり方からコミュニケーションを見直すことでした。安易に機械的な手段に頼ることは、コミュニケーションの意味を狭め、コミュニケーションのあり方を一面的で機械的なものにする危険性があるのではないでしょうか。コミュニケーションの基本的なあり方は、お互いに顔の見える関係にあるのではないかと思えるのです。

三国　千秋（みくに　ちあき）
北海道に生まれる。専門は哲学・倫理学。１９９０年から環境問題、特に熱帯林保護に関わる。現在は、「交通と環境」のテーマで、「自転車によるまちづくり」に取り組んでいる。環境グループ「地球の友・金沢」代表。

人の心が平和に値するまで真の平和は訪れない。　（シュリ・オーロビンド）

なぜ何の責任もない子どもにまで、そういう（巧妙な管理）ひどいことをするのか。それは、子どもはほうっておけば、自由というものにしぜんに目覚めてしまう。その子どもが、そのままおとなになられてしまったのでは、権力で支配できなくなるからだ。…つまり、未来の消費者＝欲望に一生しばりつけられる者への訓練を、子どもの段階でしてしまおうということでもあるのだ。

（羽仁五郎著『君の心が戦争を起こす』光文社、1982年、81頁）

心を清冽な泉の底に沈めよ。
そこから清く、すこやかで、やすらぎの渓流がほとばしり出る。やがて多くの湧水とつながり、大河となって大海を満たす。平和な心が世界を覆う。

（岩間浩　2003年12月吉日）

Message for Peace

手段としての愛

教育の多様性の会
古山　明男

子どもは、なんと愛を求めることでしょうか。注意を注いでほしい、相手をしてほしい、認めてほしい、頼らせてほしい、と。

しかし大人は、子どもが愛を求めることを利用して、子どもをかんたんに支配することができます。それには日常茶飯に叱責やけなしの言葉を投げつけます。

「あんたときたらドジなんだから」。

「ほら、またこぼす。だめでしょ」。

そして、愛には条件をつけて、小出しにすることです。

「まあ、きれいに書けたわね。えらい、えらい。いい子ねえ。もっと頑張るのよ」。

しかし、この方法では、子どもは、うるさく要求し、不機嫌で、ドジばかりします。親は、一層叱り、けなし、おだてます。悪循環が続きます。

多くの教育機関も、これと同じような悪循環をしています。多くの幼稚園、学校が、「子どもにどうやってこれをできるようにさせるか」に全力を注いでいます。教師たちは、子どもにいろいろなことを達成させなければならなくて、子どもの全体像をつかんでいません。教師たちは子どもをなんとか指示に従わせるため、愛情を、子どもを支配する手段にしてしまうのです。

学校で、子どもたちは、愛情飢餓状態になります。自分だけ先生を一人じめしてはいけないし、愛を求めてはいけないし、目立とうとしてはいけないのです。

子どもたちは、先生の言うとおりに学ばなければ、将来ちゃんとした人間になれないことを説かれます。それは、子どもたちが無能で野蛮であり、教師の言うことをきかなければ救済されないと言っているのです。そして、教師は「よくできました」を小出しにして、子どもたちを誘導していきます。目標達成を競わせることもします。

しかし、この手段は、子どもたちを修

羅場に落とします。

子どもたちがすさんできます。あるがままを認めてもらってはいないのです。自分を肯定できない子が多くなります。自己顕示の競い合いが起こります。気の弱い子どもたちは、自己表現を罪悪だと思うようになります。多くの子どもたちが、他の子どもをけなして、かろうじて自尊心を満たします。それは、いじめにも発展します。

しかし、子どもたちはやがて、あからさまに感情や欲求をぶつけることはしなくなります。子どもたちは年齢とともにいつしか「社会化」され、規範の枠の中でだけ、自己表現をするようになります。集団の雰囲気と大義名分に従ってだけ、自分の不満と暴力にはけ口を見つけるようになります。

大人には、集団の陰に隠れて自分の利己的欲求を満たす人たちがたくさんいます。彼らは、自分の本当の欲求に気がついていません。学校教育が、そのような人たちを生み出すことに加担しているのではないでしょうか。

大人になって、組織や権威やお金の力を利用して、利己的な欲求を満たすことができる人たちがいます。

ある子どもたちは、そのような立場になれるだけの、有能さと幸運を持っているかもしれません。あるいは努力でそのような立場を手に入れるかもしれません。そのような有利な立場になれるよう、親や教師は子どもを援助するでしょう。

しかし、それはこの社会のどこかで、暴力に訴えるしかない立場の人たちを生み出します。多くの子どもたちは、そのような立場になってしまうでしょう。彼らは追い詰められた、あるいは個人的な当たり散らしに走り、あるいは内面での恨みや怒りに走り、あるいは集団の高揚と大義名分の中に、抑えられたもののはけ口を見つけるかもしれません。

その集団は、あくなき利益追求の企業かもしれませんし、政治的・宗教的な集団であるかもしれませんし、互いに脅しあう国家かもしれません。

教育機関で、愛情を手段として使わないことが、とても大切なことに思えます。それは平和への最大の希望ではないでしょうか。これは、人間という複雑なものに働きかける途のうちでは、容易なことのほうに属すると思います。

古山　明男（ふるやま　あきお）
１９４９年千葉市生まれ。京都大学理学部卒業。出版社で雑誌編集に従事したのち、専門学校講師、私塾主宰。不登校児童生徒の援助、教育相談、補習、各種受験指導など、地域の需要に応じた活動を行う。

ガンディーの非暴力に寄せて

もうひとつの学びの場
平野　慶次

インドの聖者マハトマ・ガンディーの名前を知らない人は、ほとんどいないだろうと思います。そんな有名なガンディーについて、今更何を付け加えられるのだろうか、と思いながら、どうしても書きたいと思いました。それは、キング牧師の言葉にずっとと引っ掛かっていたからかもしれないです。『自由への大いなる歩み』（雪山慶正訳、岩波書店、一九五九年）の中に「恐らくガンディーは、イエスの愛の倫理を単なる個々の人間の相互関係から、強力で効果的な社会の力にまで大きく発展させた最初の人物である。私がここ何ヵ月もかけて求め続けてきた社会的な変革の方法で、『これだ』と思ったのは、ガンディーが強調しているこの愛と非暴力の方法であった」と書いています。

一九六八年キング牧師は暗殺されました。そのニュースが世界に流れた翌日、京都市の繁華街で「キング牧師の死を悼む」と書かれた薄い紙片を配り歩く夫婦がいました。四三歳と四〇歳の父と母でした。わたしが中学生のときです。このときの出来事がわたしの心の奥深くに染み込んでかれこれ三五年の歳月が経ち、二一世紀になったとたんに9・11同時多発テロが起こり、アフガニスタン攻撃があり、イラク攻撃があり、とずいぶん凄惨な出来事が頻発しています。このような出来事によって、心の奥深いところから、非暴力・非戦への渇望が、わたしをガンディーのところへ導いて来たように思います。

そんな必然性を感じながら、「人間は暴力から自由になれるのだろうか」という問いを立てました。この問いを地下水脈として、ガンディーと愛とインドの不思議について書こうと思います。ガンディーに思いを寄せるひとつの物語に過ぎないかもしれないことをはじめにお断りしておきます。

ガンディーの背景

ガンディーの生きてきた痕跡については、今更ここで語り直すことは何もないので伝記なり自叙伝なりを読んでいただきたいと思います。ここでは、ガンディーが生まれ育ったインドという背景について少し書いておきます。

インドというとガンディーが生まれた当時は、それまで東インド会社の通商による間接的統治でしたが、一八五七年に起こった「セポイの反乱」を翌年に鎮圧したイギリスの統治下にありました。藩王国と言われる大小さまざまな国の集まりでした。話されていた言語も多くあり、宗教もさまざまでした。代表的なのが、ヒンドゥー教とイスラム教でした。ガンディーは厳格なヒンドゥー教の家庭に生まれ、イギリスでキリスト教と出会い、どちらも互いに通じ合えることを学びました。イスラム教についても懸命に勉強したようです。少し本人の言葉を引用してみましょう。「あなたがたの聖書にあって、わたしたちヒンドゥー教の聖典にないものは、実際にはなにひとつないということと、よきヒンドゥー教徒であることは、よきキリスト者でもあるという結論に到達したのです」と。

> **キング牧師の死を悼む**
>
> 真の平和を祈りつづけた
> 師の為に心より祈りを捧げよう
> 黒人に限らず我々自身の中にある
> 差別観を一切捨てようではないか
> 「平和」を闘争の具とする輩よ
> 誠のヒューマニストの死を前に
> 深く内省せよ　真の隣人愛に立ち
> もどれ
> 重ねて願ふ　キング師の為に各位
> 一片の祈りを捧げられん事を………
> そして隣人愛に立ち戻れ!!
>
> 無名の一市民

ガンディーが大切にしていたヒンドゥー教の聖典のひとつが、ギーター（バガヴァッド・ギーター）でした。ギーターはヒンドゥー教の三大神の一人クリシュナが語る物語です。王位継承を巡る争いが通底しているお話しですが、正当な王位継承者のアルジェナになすべき戦をなせ、とクリシュナは語ります。武勇の誉れ高いアルジェナは弓の名人でしたが、戦に明け暮れる日々が嫌になり、どうして闘わねばならないのか、と問うのです。闘うことの意味を諭しながら、信仰の道をアルジェナに示すのです。その解釈はさまざまな意見があるようですが、ガンディーの日々を支えた聖典が戦の話であったという点は面白いと思います。非暴力を実践しようと日々思い迷いながら、ギーターを紐解く姿が思い浮かびそうです。

ヒンドゥー教

そもそも人間にとって宗教的な背景は、その人の人生観などに大きな影響力を持っていると思います。ガンディーの宗教はあくまでもヒンドゥー教でした。その教えの核心について、浅学ながら概観してみようと思います。

ヒンドゥー教で特徴的なこととして、まず指摘できることは、開祖がいないということと、「バイブル」や「コーラン」に相当するような絶対的な聖典がないことでしょう。「ヴェーダ」「ウパニシャッド」「パガヴァッド・ギーター」「ラーマーヤナ」「マハーバーラタ」「プラーナ」等々、聖典と言われるものは幾つもあります。それぞれに面白さを発見できると思いますが、ここではふれることはできませんので、ご興味のある方は文献にあたられることをお薦めします。

さて、ヒンドゥー教の核心とわたしが感じたのは、ブラフマン（梵）とアートマン（我）の教説です。ブラフマンとは、最高実在として万物に遍在する神のことで、アートマンとは、自己のことです。「ウパニシャッド」では、最高実在はすべての霊魂のなかに自己を顕現させるとして、梵我一如説を唱えます。八世紀にシャンカラという人が、「不二一元論」として、世界にはブラフマンしかなく、個々の内なるアートマンと同一であり、現象世界は幻影（マーヤー）であるとしています。

「パガバッド・ギーター」は、「ウパニシャッド」より数世紀後にできたようですが、霊魂の不滅が主張されます。無私の行為を理想とし、人間の義務が強調されます。その後、ジャイナ教や仏教が生まれ、その影響を強く受けたようです。ガンディーが大切にした「バクティ（信愛）の道」を強化したのは、このジャイナ教のようです。ヒンドゥー教では、神に至る三つの道を強調していますが、そのひとつが「バクティの道」ということです。その具体的な方法論としてガンディーが選んだのが、「アヒンサー（不殺生）」です。

後にガンディーの非暴力運動を言い表す「サッティヤグラハ」という言葉ありますが、この「サッティヤ」は「真理」を意味し、存在することを意味する「サット」からきています。真理の存在ですから、神を表す言葉です。さらに、真理が表す知識（真知）を「チット」、その真知あるところには「アーナンダ（歓喜）」がある、「サット」「チット」「アーナンダ」の三つの位相を統合したものを神と呼ぶのです。

神は、全知全能であり、万物に宿り、各人に異なった様態で現れると説きます。さらに、神に至る道は多数あると説きます。万物に宿りし神のそれぞれを呼称で呼ぶことで、汎神論的な要素を生みだしています。最高実在としてのブラフマンこそが絶対の存在としていますから、一神教的な感覚もあるようです。この点が、多様性を創り出す根っこのようです。

サッティヤグラハ

少しヒンドゥー教のところでふれましたが、ガンディーの非暴力運動について見てみましょう。運動は、アフリカで始まりました。当初「受動的抵抗」と言ってましたが、真理へと至る道を歩むうちに、より親和性の高い言葉を探し、その運動を「サッティヤグラハ」と呼ぶようになりました。ガンディーは、自らの人生を真理の実験とも呼んでいます。真理探究とは、まさに神への歩みそのものです。つまり、宗教者としての生を全うする人生だったということだろうと思うのです。バクティーの道を歩いたのです。その方法論がアヒンサー（不殺生）だったと言えるようです。

そもそもこのアヒンサーという考えは、万物に神が宿っており、神の顕現に他ならないとする梵我一如という考えに由来しています。菜食主義は、アヒンサーを発展させたひとつの形です。いのちあるもの、たとえハエ一匹でも殺さない、という宗教的信念です。

運動を展開するにあたり、抵抗しないことを徹底するあまり、殴りかかる相手の鉄拳や棍棒を避けてもいけない、という言い方もしています。有名な「塩の行進」の折りには、ガンディーの次男マニラールはその前列で殴打されていたと言われています。「だれかがあなたの右の頬を打つなら、左の頬をも向けなさい」（新共同訳聖書マタイ五章三九節）と復讐をしてはならないと教えるイエスの姿と重なってきます。

ガンディーの暴力

　さて、運動を徹底するガンディーですが、本当に暴力から自由になったのでしょうか、という疑問がふつふつと浮かんできます。ガンディーの非暴力運動を今の時代に読み返す作業では、この問いが大切なような気がします。

　ガンディーの長男、ハリラールがアルコール中毒となり、半ばのたれ死に同然の死に方をしたということは有名ですが、このことだけを取り上げて家庭内暴力を行使したというのでは、余りにも短絡的であろうと思います。ガンディーの伝記などを読むと面白いと思うのは、暴力を容認する発言があることです。

　どのようなときに暴力を容認しているのでしょうか。『わたしの非暴力』（森本達雄訳、みすず書房、一九七〇年）の冒頭に「剣の教義」という一文があります。その最初の書き出しが「卑怯か暴力かのどちらかを選ぶ以外に道がないならば、わたしは暴力をすすめるだろうと信じている」となっており、ガンディー自身が襲われた事件を例に、息子のはたすべき役割として暴力を容認するのです。

　卑怯か暴力かというのはある意味究極の選択と思います。ガンディーがとことん嫌がったことのひとつがこの「卑怯」という概念のようです。

　もうひとつガンディーの行動で気になることがあります。「ブラフマチャリア」（純潔）です。ガンディーが三七歳でこのブラフマチャリアの誓いを立てるのです。

　つまり永久に肉欲を断ち、厳しい禁欲生活を送ることを誓うのです。ガンディーは妻帯者ですから、当然パートナーのカストゥルバーイの同意が必要です。パートナーにも同様の誓いを立てさせることになるのですから。ところが、この誓いを立てるにあたり、カストゥルバーイと主だった同志を集めその意志を伝え、こころから賛同してもらえたと信じて実行に移るのです。

　夫婦のあり方ということについては、さまざまな議論がありそうですが、基本的には肉体関係を前提とした上での精神的な和合がひとつの理想ではないかと思います。昨今のセックスレス夫婦ということを考えても、性生活がはたす役割は、決してないがしろにすべきことではないと思います。それをほとんど一方的に禁じてしまうのですから、これがガンディーの行った暴力の最たるものではないか、との思いがよぎります。

愛について

肉欲と言いますと、ギリシア語のエロスという言葉が想起されますが、日本語では「愛」にあたる言葉です。この「愛」について少し考えてみたいと思います。

「あなたがたは敵を愛しなさい」（新共同訳聖書ルカ六章三五節）という聖書の有名な言葉があります。ご存知の方も多いと思います。ここで言う「愛する」ということが、キリスト教のいう「隣人愛」の一面でしょう。「友のために命を捨てること、これ以上に大きな愛はない」（新共同訳聖書ヨハネ一五章一三節）とも記述されています。これも「隣人愛」の側面を端的に表していると言えるでしょう。

さて、「愛」はギリシア語では四つの表現をされています。「アガペー」「フィリア」「ストルゲ」「エロス」です。この四つの言葉で愛の微妙なニュアンスを表現されます。中でも「アガペーの愛」と「エロスの愛」はしばしば対峙し論じられることが多い言葉です。ここでもこの二つの表現から考えたいと思います。

単純に想起しますと、「アガペーの愛」の生みだすもの、慈悲、寛容、忍耐、受容、謙譲、……「エロス」の生みだすもの、欲情、犯罪、傲慢、独占、暴力、……といったところだろうと思います。聖書では「隣人愛」を広く行うことを奨励しますが、「エロスの愛」を否定しているとも思えません。

ハビエル・ガラルダは、「一方で、アガペーを含まないエロスは差別をもたらす。他方では、エロスを含まないアガペーは個人性不足の冷たい平等になりうる。そこで純粋な隣人愛の中にエロスが注がれると、アガペーという思いやりは、個人的な愛に潤って成熟するわけである」（『アガペーの愛とエロスの愛』講談社現代新書、一九九五年）と書いています。つまり人間にとってエロスは必要であるということです。何事も極端はよくないということでしょう。

結局、バランスの取れた状態が望ましいということでしょうが、わたしたちはこのバランスをしばしば狂わせるようです。アガペー寄りにバランスを崩すこともあるでしょうが、逆にエロス寄りに崩すこともあります。わたしの実体験から言えば、後者の方が陥りやすいようです。この陥りやすい状況からしばしば人間は過ちを犯してきたと思います。有名なモーセの十戒には、「姦淫するなかれ」「人の妻を恋うるなかれ」とわかりやすい文言で肉欲に関する掟が綴られています。基本的な十ヵ条の掟の二つにまで書かれているのですから、人が犯しやすい過ちだったと思います。

詰まるところ人はエロス寄りに生きる傾向があると言えるでしょう。「愛がすべて」と言うときの印象は、美しい世界を想起しがちと思いますが、暴力すら愛から生まれるということが、このエロス寄りの愛の所為だと思えばすんなりと了解できるように思うのです。

無暴力を見る

肉欲をも徹底的に断ちながら、ガンディーは非暴力の実践の日々を重ねるのですが、いつもまだまだ自分はいたらない者だと自戒します。キング牧師の最初に引用した言葉からしても、決して誰にでもできるようなことではない行動を淡々と重ねているように思うのですが、単なる謙遜以上の真摯な反省を表明します。このことの意味をどう考えればよいのだろうか、とずいぶん思案しました。自己に内在する暴力性が完全に断ち切れないとの思いだろうか、とも思いました。

ここで少々話しは方向転換しますが、インド哲学に通底する実在論についてふれたいと思います。インド哲学は一言でこれがそうですなどと言えないのですが、神秘主義的な印象を抱く方が多いだろうと思います。これは大きな誤解です。非神秘主義と言える実在論も大きな潮流を形成してきました。

宮元啓一は「インドの実在論の根本主張を簡潔にいえば、すべては知られるものであり、かつ言語表現されるものである、また逆に、知られるもの、言語表現されるものは、すべて実在である、というものである」（『インド哲学七つの難問』講談社選書メチエ、二〇〇二年）と簡潔にまとめてくれています。この実在論にもさまざまな派が興りますし、それぞれに論争もします。大きな争点となったのは、「無」についてでした。詳細については書けませんが、とても面白い論争です。ぜひご一読されることをお薦めします。

端的に言いますと「無」をひとつの実在とみることです。つまり「ない」ということを紛れもないひとつの実相と知るのです。西洋には、まさに「ない」感覚です。数字の「ゼロ」を発明したのがインド人だというのも無理ないことだと思います。

ここで小見出しに「無暴力」と書いていたことを思い出して欲しいのですが、ガンディーは、極めてリアルに「無暴力の世界」を眺めていたのではないかと思うのです。そう考えると、限りない非暴力の実践家であるように思われながら、どこまでも謙遜以上の真摯な反省を繰り返すことの意味を理解できるように思うのです。

ガンディーの生き方に学ぼうと思いながら、この「無という実相」だと気づき納得したものの、ではどうすればよいのか、という問いが未解決で残ります。ただ、わたしの場合は、ガンディーですら無暴力を眺めながらも実現をはたしたという思いを抱けなかった、という点に勇気づけられました。

わたしたちは今

今の社会状況を眺めながら、ではわたしたちはどうすればよいのか、という問いを多くの方が抱かれたにもかかわらず、答えを見つけることがないままに過ごされているように思います。とりあえず「ピース」と冠したイベントや行進に参加しておこう、と考えた方も多いと思います。わたし自身、正直言って答えを見つけることができないでいます。とは言え、ただただ無力感に失望しているわけではないです。ガンディーから学び今の時代に読み解くには、と思い悩み過ごしているとき、ふとどこかからわたしの手許に転がり込んだヒントがありました。

そのヒントというのは「チャルカ」でした。「チャルカ」というのは、手で糸を紡ぐための道具、手紡ぎ車のことです。これを使って糸を作り、手織り機で「カーディー（手織りの綿布）」を作り、身にまとうのです。インドのイギリスからの真の独立を勝ち取るために思いついた「スワラージー（自治）」という運動から生まれたのですが、イギリス製の布を身に付けないことを決意したのが発端です。

外国製品の不買運動と言ってしまうと、いたずらにナショナリズムを高め、何とも薄っぺらに聞こえますが、ガンディーのスワラージーは奥深い思想に支えられています。今の日本には特に大切な要素があるように思います。

ガンディーは西洋の機械文明を徹底的に批判します。大量生産も否定します。近現代のシステム化された経済活動をも否定します。そのシステムに対するカウンターシステムが、このチャルカに込められたガンディーの思想だったと言えるようです。ガンディー主義者のアシュラム（道場）では、今も朝夕の祈りの時間にチャルカを持って集まり、祈りの言葉の代わりにチャルカを回しているとのことです。

戦後日本は目まぐるしいほどの経済的発展を遂げましたが、アメリカ型の消費を主軸とする経済システムはもはや疲弊し切っています。糸を紡ぐべし、などと言うつもりはないですが、ガンディーの自立の思想を学ぶ必要があると確信しています。

チャルカを巡る自立の思想について詳述はできませんが、地に足のついたヒューマンスケールの暮らしを立てながら、経済システムを再構築することがその核心と言ってよいでしょう。

暴力から自由に

わたしはこの原稿と向き合いながら、「はたして人間というのは暴力から自由になれるのだろうか」と自身に問い続けてきました。この問いへの答えは、あまりうれしくないのですが、「自由にはなれない」だと思うのです。とは言え、それでもよいと思えるようになったのは、インドという国の魅力のお陰のように思います。何が一体魅力と感じたのか、簡単に説明はできないのですが、懐の深さのようなものだろうと感じています。

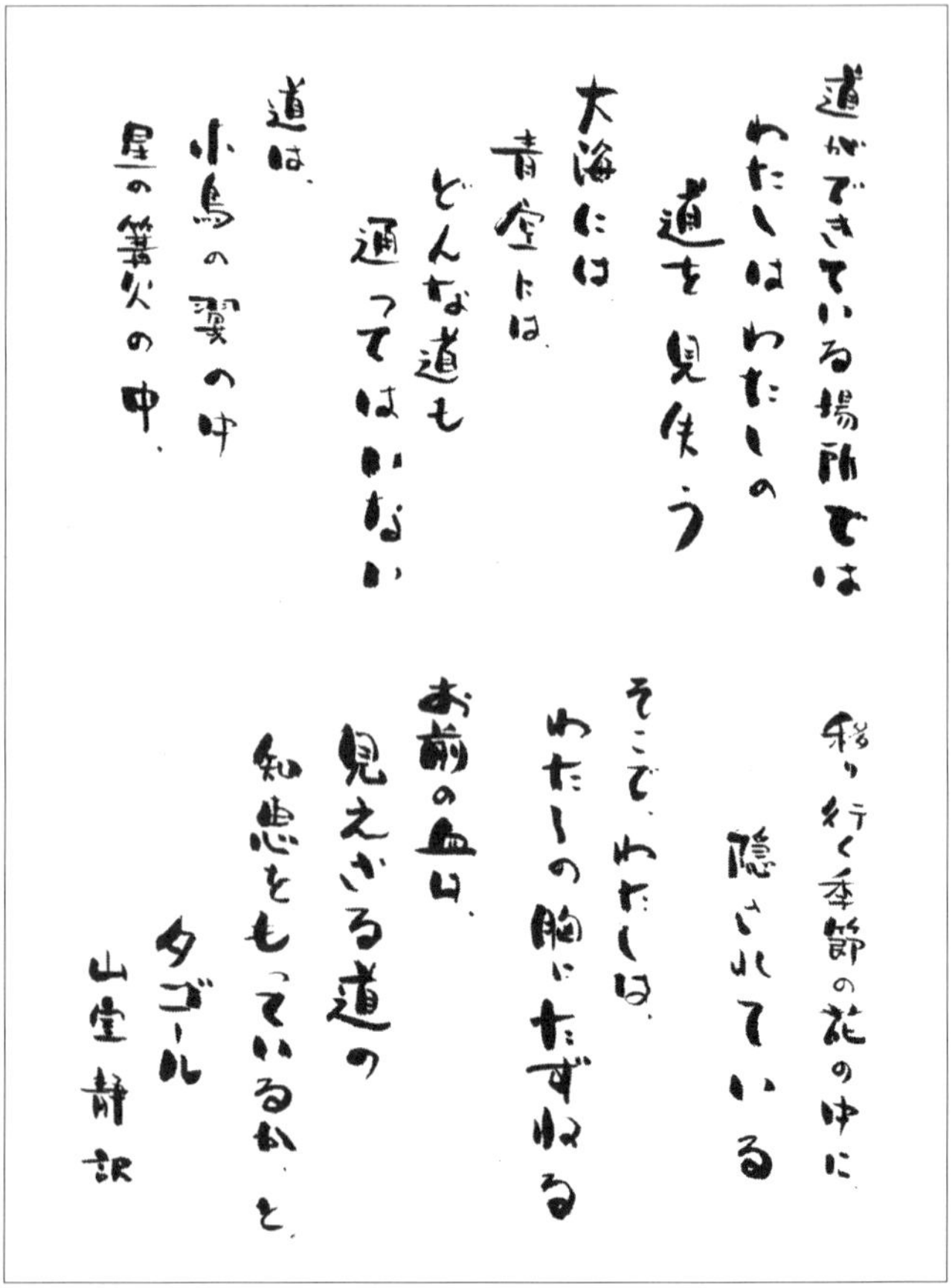
道ができている場所では
わたしはわたしの
道を見失う
大海には
青空には
どんな道も
通ってはいない
道は
小鳥の翼の中
星の篝火の中
移り行く季節の花の中に
隠されている
そこで、わたしは
わたしの胸にたずねる
お前の血は
見えざる道の
知恵をもっているか、と
タゴール
山室静訳

人間生きていると、さまざまな事情を抱えたり、多くの矛盾を抱えながら、歓喜したり、悲しんだり、目まぐるしく遷《うつ》ろうものと思います。西洋に代表される科学万能のような気分が強い現代では、しばしば自己矛盾は嫌われるように感じます。あなたは間違ってます、というメッセージがそこかしこにあふれているように感じます。しかし、少し考えればわかると思うのですが、西洋医学の世界ですらいまだにわからないことの方が多いようで、治せない病気も多くあります。わかることのみを積み上げる学校教育の姿勢にも同じ根を感じます。ところが、インドはそこが大きく違うと感じたのです。人口の多さだけが理由にはならない、受容的で多様な価値観があると感じました。

少々乱暴な言い方かもしれませんが、西洋では先輩の仕事を否定するところからさまざまな思想や哲学が築かれたのに対し、インドでは分派や傍系をいっぱい形成してきたと言えるように思います。ヒンドゥー教の聖典に絶対的なものがないことなども、その現れではないでしょうか。つまり、インドという国はカオスである、というのが適当なのかもしれません。平気で矛盾と付き合っている、そんなふうに感じたのです。

ガンディーもさまざまな人から矛盾の指摘を受けますが、全く動ずることなく、「わたしは物を書くときに、自分が前に言ったことを考えたことはない。……つじつまを合わせるのではなく、その時点において、自分にとって真理であると思われるところに 致させることです。その結果、わたしは真理から真理へと成長してきたと言えよう」（『わたしの非暴力』二三五「難問題」より）と応えています。

この言葉には目から鱗が落ちました。

ガンディーの真摯に反省する姿を思い浮かべながら、実現できなかった「無暴力の世界」に思いを馳せ、暴力の根っこにある「愛」をも暖めながら、どこまでも暴力から自由になりたいという決意を大切にし、自己の暴力性と自覚的に自律的に付き合うことを日々新たに誓い、更新していく、そんなエンドレスな日常を淡々と誠実に生きることを大切にしたいと思うのです。

意味のあることとの隙間を埋める一見意味のないことにも、誠実を尽くすこと、これが、ガンディーから学んだ最大のメッセージでした。

平野　慶次（ひらの　よしつぐ）
日本ホリスティック教育協会常任運営委員。現在休止中の「もうひとつの学びの場」を主宰。16歳から2歳までの7児の父であり、くらしの中から〈子ども時代〉のアライアンスを視野に入れ、新しい場づくりを模索中。

日々の暮らしと平和の礎
―語ること・黙ること・祈ること―

東京大学
西平　直

私の幸せが〈他者の不幸〉につながる―相克性

争い・戦い・憎み合い。遠い国の話ではありません。私たちの身近な光景です。試しに考えてみて下さい。〈私の幸せ〉が〈他人の不幸〉につながる場面。そう聞いたとき、何を思い出すか。

この「幸せ」や「不幸」の中身は何でも結構です。利益になる・都合がよい・自己満足を得る、ともかく私にとって〈幸い〉であることが、他人の（相手の・周囲の人の）「不幸（不利益・災い・負け）」につながってしまうような場面です。

たとえば「満員電車の座席がひとつあいたとき、自分が座ったら隣の人は座れなくなる」とか、入学試験ならば「自分が受かると誰かが落ちる」とか、あるいは「男と女の三角関係では、誰かが笑うと、誰かが泣く」とか。いろいろ思い浮かんでくると思います。それどころか、現実社会はすべてこうした関係ではないかと、そうお考えになる方もいるかもしれません。

こうした人間関係を「相克性」と呼んでおきます。「私の幸せ」と「他者の幸せ」とが両立せずに、相互の争いが避けられないような関係。つまり相手を喰うか、さもなければ自分が喰われるか。まさしく『蜘蛛の糸』（芥川龍之介）が描き出す人の心の真実です。自分が生きるためには相手を蹴落とさねばならない。誰かを蹴落として初めて自分の存在が保証される……。私たち人間の不可避的な悲劇なのかもしれません。

劇作家サムエル・ベケットは、その芝居に、こんな科白を用意しました。「世界の涙の量は決まっている。誰かが

泣きやめば、どこかで誰かが泣き始める……」。(『ゴドーを待ちながら』第一幕)

誰かは必ず泣かねばならない。今日私が笑っていられるのは、誰かがその代わりに泣いていてくれるからだ。そう言うのです。こうした相克的関係において、私たちのエゴイズムは浮き彫りになってしまいます。平静なときには隠れている私たちのエゴイズムが、剥き出しになる。相手を喰うか、それとも自分が喰われるか。

こうした相克的な関係が、私たち人間の、ひとつの真実を言い当てていることは、認めざるを得ません。

私の幸せが〈他人の幸せ〉につながる――相乗性

では、私たちにはそれ以外の可能性は残されていないのでしょうか。

たとえば、私の幸せが〈他人の幸せ〉につながる関係。私が喜べば喜ぶほど相手も喜んでくれる。あるいは、私が幸せであることによって相手もまた幸せになってしまう……。これこそ本当の「幸せ」なのかもしれません。

もしくは、順序を入れ替えて、〈他人の幸せ〉が私の幸せにつながる関係もあります。相手の喜びが私の喜びになる。あちらの喜ぶ顔を見ているだけでこちらもうれしくなる。そして、こちらがうれしくなるから、ますますあちらもうれしくなってゆく。

そうした幸せが相乗しあってゆく関係を「相乗性」と呼んでおきます。赤ちゃんの笑顔を見つめる母親の幸せは、そのひとつかもしれません。あるいは、いわゆる「ボランティア」から帰ってきた学生たちの体験報告も、そのひとつかもしれません。

それは、いわばエゴイズムがひっくり返る瞬間、エゴイズムが溶ける瞬間です。自分が幸せであるために、相手を蹴落とす必要がない。むしろ、相手がいてくれるからこそ、幸せが豊かになる。そして、そこから見るとき、エゴイズムの幸せは小さく見える。相手を蹴落とすことによって得られる幸せは、狭く感じられるのです(「〈私 "I"〉と〈他の私 "another I"〉」が、「私たち we」になる瞬間かもしれません)。

もし、私たちの生活がすべてこうした関係であるならば、心は平和です。世界も平和です。しかし現実はそうはならない。むしろこうした関係はめったにない。「ありがたい」関係なのです(「有り難い」、在ることが難しい)。だからこそ、ありがたい。「ありがとう。こちらこそ、ありがとう」といううれしくなる言葉のやり取りは、実は「めったにあり得ない貴重な関係が成り立ったことへの驚きと敬意を互いに確認しあっている」という、とても哲学的な会話なのです）。

相乗的な関係における〝私〟

さて、ここで二つの関係性（相乗的な関係と相克的な関係）を比べてみます。何が違うのでしょうか。

まず第一に「他者」の意味が違います。相克性における〈他者〉は、いってみれば「敵」です。私を脅かす敵。私を傷つける存在。しかし、実は同じだけ、〈私〉の方も、相手から見るとき、「敵」ということです。そして、両者が敵対しあっているわけですから、どちらも防衛的にならざるを得ません。相手を喰わなければ、自分が喰われてしまうのですから、防衛的になり、同時に攻撃的にならざるを得ないわけです。

それに対して、相乗性における〝他者〟は、私に幸せを与えてくれます。しかも、私に幸せを与えることによって、その人も幸せになってくれるのですから、ありがたいことです。その人がいなかったら、この「ありがたい」関係が成り立たないという意味で、ぜひとも一緒にいてほしい「相手（パートナー）」ということになります。

第二の違いは、実は「私自身」の違いです。同じ「自分」なのですが、相乗性における〝自分〟と、相克性における〈自分〉とでは、まったく違うのです。では、相乗的な関係の中にいる「私」とは、どういう私なのでしょうか。

まず防衛的ではありません。敵を前にして防衛的に身構えているのとは反対に、むしろ、柔らかく和んでいます。安心して相手に対して身を差し出しています。それは、正確には、相手と「反応しあっている」ということです。むしろ、互いに響き合っています（少しややこしく説明してみれば、「自分が相手に受け入れられているという安心感が、相手のうちにも同じ安心感を呼び起こし、それがまた私の側の安心感をさらに深めてくれる」という意味での相乗的な響き合いです）。

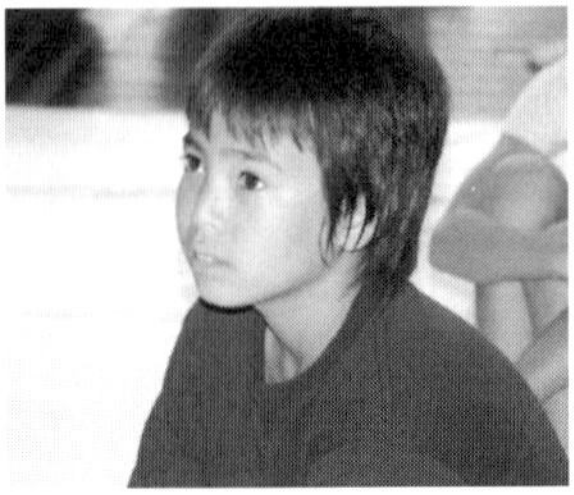

ところが、ここで、とても重要な分岐点に出会います。この〈響き合い〉は、〈相手にもたれかかること〉とは、違うのです。一人でいることができずに相手にべったり依存してしまうとき、響き合うことはできません。相手と親しくするといっても、〈依存すること〉と、〈響き合うこと〉は、まったく違うのです。

相乗性は、相手のために尽くすことではありません。一方的に相手に合わせることでもありません。互いにもたれ合うことではないのです。

響き合う（相乗的な）関係は、実は、「一人でいることができる」ときに初めて成り立つ関係なのです。あるいは、一人でいることができるときに、その「自分を明け渡す」瞬間にのみ成り立つと言うべきかもしれません。一人で立つことのできる人が、あえて（喜んで）身を投げ出し、相手を支え（あるいは相手に支えられる）というその動きのなかに、初めて「響き合い」の一瞬が生まれるのです。

ですから、響き合う（相乗的な）関係は、防衛的に閉じていても成り立ちませんが、同じだけ、ひたすら相手に合わせて待っていても成り立たないのです（〈一人で立てるからこそ、互いに支え合う〉という、逆説的にしか表現されない関係なのです）。

一人でいること、そして、響き合うこと

それでは、こうした響き合う（相乗的な）関係のために、私たちはどのような準備をしていればよいのでしょうか。むろん、響き合う関係は、相手がいて初めて成り立つことですから、自分一人が準備したからといって、必ず成り立つわけではありません。しかし、そうした準備がなければ、せっかくの機会を生かせませんから、やはり日頃の準備（トレーニング）はぜひとも必要です。では何が大切なのでしょうか。

第一は、語ること、言葉を大切にすることです。

自分の殻を閉じてしまわずに、言葉を交わしあうこと。そのための工夫です。しかし、その工夫には、二つの逆説が含まれます。ひとつは、聴くことができて、初めて語り合うことができるという点。聴く準備がないと、言葉を大切にすることができないのです。

もうひとつは、〈言葉によっては伝えることができない部分〉をはっきり認めるとき、はじめて言葉を大切にすることができるという逆説です。言葉によってすべての思いが伝わるわけではない。だからこそ、逆に、言葉にできるところは可能な限りていねいに言葉で伝える工夫をする。

そうした意味を含めて言葉を大切にすることが、まずひとつです。

第二は、黙ること、そして、一人でいることです。黙ることができて、初めて聴くことが可能です。同様に、一人でいることができて、初めて、他者と出会うことが可能になります。いつもべったりと一緒にいたら、出会うことができません。そして、出会うことができなければ、響き合うことができません。

しかし、一人でいることは、そう簡単ではありません。それは「気晴らし」とはまるで逆方向、むしろ、自分で自分自身と向き合うという、大変な労力を要する仕事です。すぐに誰かとおしゃべりしたくなる。その中で沈黙を守ることは、響き合う関係を作り出すための、とても大切なトレーニングになると思います。

第三は、祈ることです。この場合の「祈り」は宗教的な意味ではありません。むしろ「心の用い方」といった広い意味です。たとえば「願い続ける」という心の用い方。状況がいかに困難であっても、希望を失うことなく願い続ける。それは大切な準備になります。

あるいは「忘れる」という祈りもあります。忘れるための祈り。忘れたいのに忘れられない。忘れたいと思えば思うほど、気になってしまう。そうしたときにこそ、祈るという営みを、人類はその長い歴史の中で工夫してきたのだと思います。

そして、この祈りの中には「受け入れる」とか「明け渡す」ということも含まれます。もはや願うこともない。あるがまま。なすがまま。運命の導きに身を明け渡し、神の御心の我が身になることを求める、いわば「安心立命」「則天去私」という言葉によって語り継がれてきた心境です。

語ること（言葉を大切にすること）、黙ること（一人でいること）、そして、祈ること（心の用い方を工夫すること）。これらは、なんら特別な営みではありません。私たちが日々の生活の中でできることです。しかしそれこそが、響き合う（相乗的な）関係を用意する大切なトレーニングだと思います。あるいは、そうした日々の準備もないまま、突然、心の平和を語り、世界の平和を訴えても、そうした言葉は軽く浮いてしまうと思うのです。

かのマハトマ・ガンディーは、私たちにこんな言葉を残しました。

「Live simple, so that others can live simple.
シンプルに生きなさい。そうすれば、周りの皆がシンプルに生きられるから」。

では、この「シンプル」とはどういうことなのでしょうか。「簡素に」なのか、「単純に（思い煩うことなく）」なのか、それとも、「さらりと」ということなのか……。

もしかすると、それは「平和に」ということだったのかもしれません。

「（まず、あなたが）平和に暮らしなさい。そうすれば、皆が平和になれるから」。

私たちの日々の生活こそが、平和の実践の場なのだと思います。

追記：右の小文は、「心の平和・世界の平和」というテーマのもと、小さな集まりで語ったものです。その後、ご意見・ご批判などいただきました。蛇足を承知で一言だけ補足。

この話は、個人主義・心理主義にすぎない。平和のためには、もっと社会的に（政治に・制度に・運動に）目を開く必要がある。よくわかります。しかし、正直に言えば、平和について「語る」ことに、私は希望が持てずにいるのです。どうせ何を語っても…という諦めに押しつぶされそうなのです。そうした私が、にもかかわらず、ギリギリのところで踏みとどまるとしたら、どこで何が言えるか。それを確認したかったのだと思います。そうした「諦め」との戦い。その戦いを日々の暮らしの中で続けること、それを私は自分自身に、課題として、示したかったのだと思います。

西平　直（にしひら　ただし）
専攻は教育人間学、宗教心理学。著書に『エリクソンの人間学』『魂のライフサイクル』『シュタイナー入門』など。現在、東京大学大学院教育学研究科助教授。ライアーに挑戦中。

芸術表現の根源
―ピースフルな心と破壊の衝動―

大妻女子大学
金田　卓也

美しさを求める心

道端の名もない草が白い小さな小さな花を咲かせています。

小鳥のさえずりが歌声のように聞こえてきます。

夕暮れの太陽が流れる雲を真っ赤に染めています。

美しいものと出会うとき、私たちの心は穏やかで、限りなくピースフルなものになります。それとも、穏やかな心があるとき、美しさを見出すことができるといった方がよいのでしょうか。

人間の内なる暴力性を鋭く見つめたクリシュナムルティは、朝起きたときの空の色が変化していく微妙な美しさに気づく人はごくわずかだとして、次のように述べています。

「君たちの精神と心が開放されており、君たちがおびえておらず、もはや暴力的でないときにのみ、君たちはそれに気づくことができる。……そして、人間の精神にそのような状態を引き起こすことが教育の一部なのだ」。（J・クリシュナムルティ著、大野純一訳『英知の教育』春秋社、一九八八年、六二～六三頁）

確かに、怒ったり、いらいらしたりしているときには、道端の花の美しさにも気がつかず、小鳥がさえずっていることさえ耳に入ってこないかもしれません。もちろん、なにが美しいか、なにを美しいと感じるかということは、一人ひとりで異なります。しかし、花を見たり、小鳥の鳴く声を聞いたとき、美しいという言葉でしか表すことのできない、というより、言葉では表現できないある種の感動の気持ちというものをだれでも経験するのではないかと思います。そして、美しいものと出会ったとき、自然と口が動いてハミングしていることも珍しくありません。

ベビーベッドの上に吊るされた飾りがゆっくりと動くのを、赤ちゃんは、にっこりと微笑みながらじっと見ています。このように、幼い赤ちゃんを見ていても、きらきら光るものやきれいな色のついたものを好んで見ていることに気がつきます。もう一度考えてみましょう。美しいものと出会うとき、私たちの心は穏やかで、限りなくピースフルなものになるといえるのではないでしょうか。反対に、穏やかな心があるとき、美しさを見出すことができるのでしょうか。その答えは簡単にいうことはできないかもしれませんが、美しさに感動する心というものは、ピースフルな心の状態と深く結びついていることだけは確かなことだと思います。

そうした美しいものとの出会いから心に感動が生まれ、絵を描いたり、歌を唄ったりという芸術的な表現が始まるといえます。無心に絵を描いているとき、全身でリズムをとりながら歌を唄っているとき、子どもたちはとても穏やかな表情を見せてくれます。子どもたちが楽しそうに歌を唄ったり、踊ったりしているのを見るとき、ほんとうに平

東洋の芸道「書」はピースフルな心から生まれる　大東文化大学書道学科学生作品
竹下沙織・藤原純子・荒井茉莉・大坪奈央・今枝直・浜屋祐介・松永忍・柳下あゆみ・竹内香代・小澤綾子・堀田佳代・久保田彩子・北里朴大・北岡園江・谷中寿江（右上から下へ）

和でいいなあと実感することができるのではないでしょうか。毎日の生活が平和な状態でなければ、子どもたちは楽しく唄ったり、踊ったりすることもできません。毎日、テロや爆撃の続く不安の中、子どもたちは楽しく唄ったり、踊ったりすることはできないでしょう。しかし、そうした極限状況の中でも子どもたちは歌を唄うことを忘れないかもしれません。なぜなら、どんなに苦しい状況にあっても、歌を唄うとき、ほんのひとときであっても恐怖と苦痛から解放されるからなのです。

表現がピースフルな心の状態と結びついている一方、文学作品はもちろんのこと、ゴヤの『巨人』やピカソの『ゲルニカ』など絵画においても、戦争の残虐さや愚かさが中心テーマになった芸術作品は少なくありません。戦争までもひとつのエンターテイメントにしてしまうハリウッド映画は別にして、最近の映画においても、ナチス支配下のポーランドにおけるユダヤ人ピアニストを描いたロマン・ポランスキー監督『戦場のピアニスト』や内戦下のアフガニスタンの女性たちを描いたモフセン・マフマルバフ監督『カンダハール』のような戦争の悲惨さを描いた作品が生まれています。ドストエフスキーの例を出すまでもなく、たとえ、戦争を直接テーマにしていなくとも、古今東西のほとんどの文学作品というものが、何らかの形で人間の暴力や殺戮といった人間の悪と深くかかわっているといえるかもしれません。もちろん、戦意高揚のために描かれた作品や戦いそのものがコンバットゲームのような感覚で描かれた暴力肯定的なものもないとはいえませんが、文学も絵画も映画も、芸術表現というものは人間の内面を直視し、悪や暴力性を浮かび上がらせ、その愚かさを喚起するというはたらきをもっています。

今、この瞬間も、アフガニスタンやカンボジアのように、世界中には飢えに耐え、地雷の恐怖に怯える数多くの子どもたちが存在します。テロや爆撃の恐怖に怯える子どもたちを前にして、芸術について語ることなど無意味だという人もいるかもしれません。しかし、芸術というものが人間の心の奥深いレベルと切り離して考えられない以上、人間の本質に深くかかわる平和の問題というものに対しても、芸術はなにか重要な手がかりを与えてくれるように思われます。

芸術表現の闇

芸術表現と平和について考えるということは、「みんなで楽しく絵を描いたり、歌を唄えば、平和な世界が実現できる」ということを意味するわけではありません。子どもたちは楽しく絵を描くことがある一方、体調が悪いときばかりではなく、自分の身の回りで嫌なことが起こったときなど、おどろおどろしいまでの絵を描くこともあります。

子どもたちの描く絵というものは、心の中を映し出す鏡のようなものだといわれています。私も、花を描いていた背景を真っ黒に塗りつぶしてしまった不登校の女の子の絵を忘れることはできません。それだけ、芸術的表現というものが心の奥深い部分と結びついていることを示しています。アリス・ミラーは心の傷が絵画的表現に表れ、またその表現的行為によって癒されることを指摘しています。（アリス・ミラー著、中川吉晴訳『子どもの絵　成人女性の絵画が語るある子ども時代』現代企画室、一九九二年）

ナチスを率いたアドルフ・ヒトラーは絵が大変好きで若いときには画家を目指していたことはよく知られています。またユダヤ人をガス室送りにしたナチスの親衛隊の将校がワーグナーの名曲にひたすら耳を傾けていたというような話を聞いたことがあります。こうしたエピソードは美術や音楽によって平和な心が養われるということに反することになるのでしょうか。美術や音楽という芸術表現が平和で穏やかな心とつながることと共に、芸術表現が暴力性や権力意識といった人間の心の闇の部分とどのように結びついているかということについても、充分に吟味する必要があるといえます。

破壊的衝動

美術にしても音楽にしても、芸術家と呼ばれる人たちは、なにか憑かれたような強い衝動によってそれぞれの作品を創り出しています。画家の岡本太郎は「芸術は爆発だ」といいました。「創造は破壊である」とよくいわれるように、新しいものを生み出すためには、それまでにできあがっている殻を破る、つまり従来のものを壊す必要があります。その意味では、創造的エネルギーと破壊的エネルギーというものは表裏一体のところがあるのです。ヒンドゥー教では、創造の神ブラフマーと破壊の神シヴァ、そして維持の神ヴィシュヌの三位一体として世界がとらえられています。興味深いことに、破壊の神シヴァは踊りの神ナトラージでもあるのです。

幼い子どもたちを見ていても、創造的な活動の中に破壊的な衝動というものを見出すことができます。砂場で砂遊びに熱中し、いっしょうけんめい砂の山を築いたかと思うと、その山を思いっきり壊して再び砂の山を作り続けると

いった光景はよく目にします。同じようなことは積み木遊びの中にも見られます。ひたすら積み上げて作り上げた積み木のお城をいとも簡単に壊してしまい、また積み木遊びを続ける子どもたちの姿を見かけることがあります。このような例を見ても、子どもたちが遊びの中で壊すときに、ある種の喜びを感じていることは否定できないと思います。

弱くなったとき、辛くなったとき、淋しくなったとき、人は芸術的な表現を求めます。それは魂の叫びだともいえます。なぜなら、心の奥深いところから、弱くない、辛くない、淋しくない状態を求めているからなのです。暴力的なまでの激しいリズムと攻撃的なメッセージをもつロック音楽は、孤独な現代社会を生きる多くの若者の心をとらえて放しません。弱くて、辛くて、淋しいこの今を変えるには、この今を破壊しなければならない……、ロックのリズムは激しくなり、その歌詞はより攻撃的になっていきます。新しい世界への変革と現状の破壊は一枚のコインの裏表です。新しいものを創造する芸術がその根源において破壊的なエネルギーをもっているからこそ、弱い人、辛い人、淋しい人の心を震わせることができるのです。

ヒトラーは十代のとき画家を志望しながらも、父親に強く反対されていました。父親の死によってその呪縛は解かれるのですが、二度にわたるウィーンの美術学校の絵画科の入学試験に失敗し、画家になるという夢を断念することになります。こうした青年時代に味わった芸術的創造への意欲がはたされなかったことに対しての挫折感が、後の残虐な行為の遠因になったともいわれています。一九九七年に神戸で起きた殺人事件の、当時一四歳であった加害者の少年の犯行ノートには宙に浮いた仏様の頭とナチスの鉤十字の形を模したようなイメージが描かれています。この少年はヒトラーに傾倒し、サルヴァドール・ダリの画集をお守りのように持っていたといいます。そのダリはサディスティックな感情を表現に結びつけた画家としても知られています。（勅使河原純著『暴力と芸術　ヒトラー、ダリ、カラヴァッジォの生涯』フィルムアート社、二〇〇三年、二四二～二四六頁）

芸術表現と平和の問題を考えるとき、私たちの心にある内なる暴力性につながる芸術的創造の衝動と共に存在する破壊的なエネルギーについても押さえておく必要があるでしょう。

音楽と暴力性

アフリカの伝統的な音楽に見られるような激しい太鼓のリズムは闘争的な本能をかきたてることがあります。ベートーヴェンやモーツァルトの作曲した「トルコ行進曲」のルーツはオスマン・トルコの軍隊行進曲にありますが、マーチという言葉は行進と共に進軍や行軍という意味をもっています。軍隊の中に軍楽隊というものが存在しているように、音楽が軍隊の統率のために積極的に用いられた例はかなり古い時代から世界各地で見られました。このようにすべての音楽が人間の心をピースフルにするわけではなく、反対に音楽によって攻撃性が助長されたり、音楽が戦争のために用いられたりする場合もあるわけです。

今日の若者の多くが好むロック音楽も激しいリズムが特徴のひとつであり、ふだんの日常生活におけるフラストレーションから生まれる怒りや反抗をそうしたロックのリズムに重ね合わせることができるので、それが大きな魅力となっています。ロック音楽に象徴されるように、若い世代はより暴力的ともいえる激しい音楽を求める傾向にあります。それだけ、日常のストレスとフラストレーションが溜まっており、そのはけ口を求めているということもできます。

芸術家のエゴ

ほとんどの宗教がピースフルな心を獲得するためには、自分が自分がという欲の根源にあるエゴを捨てる必要のあることを教えています。しかしながら、芸術とかかわるとき、エゴが消える方向に向うのではなくて、自己表現という名のもとに表現にかかわるエゴを増大させている場合をしばしば見受けます。他人と異なる新しい作品を作り出すために競争となってしまうと、ピースフルな心の状態と正反対になってしまいます。はたして、エゴをまったく捨て去ったかなたに芸術的創造は存在するのでしょうか。禅僧が描く墨絵のようなものなのでしょうか。その答えは簡単に出すことができません。柳宗悦が称えた無名の職人たちの作り出す民芸には、無心から生まれる美というものが存在していました。そこには平和への祈りと同じひたむきな心が存在していたに違いありません。しかし、現在では、無名の焼き物よりも箱書きのついた工芸作家の陶芸作品の方に目が向けられるようになってしまいました。エゴが強く出てしまうと、表現者の心はピースフルなものから離れてしまうことは事実だといえます。一方、子どもたちは、大人のように、それが芸術作品であるかどうかを気にかけたり、あるいは自分がアーチストであるという意識を持ったりするわけではありません。それだけ、子どもたちの表現はエゴから遠いものだといえるでしょう。

権力の集中と美意識

ヴェネチアで華麗な壁画と彫刻の施された教会建築を見たとき、造形的美しさよりも、その背後にある強い信仰心と共にこの地上に永遠の天国を再現しようと巨万の財力を注ぎ込んだ権力者の夢の虚しさというものに気づかざるを得ませんでした。ピラミッドにせよ、人類の美術遺産といわれるものの多くが権力者の死後の世界までも現世の栄光が継続することを願った結果のものであったといえます。美術的にすばらしいものが完成するまでには、一方的な信仰心と権力者によって多くの人々が犠牲になったことも事実でしょう。

ナチスの栄光を映像の美の中に表現しようとした女性監督レニー・リーフェンシュタールの『信念の勝利』や『意志の勝利』といった一連のドキュメンタリー映画を見ると、整然と並ぶナチス党員の姿にある種のファシズム的な美意識というものを見出すことができます。ヒトラーはワーグナーの曲を巧みに用いて党大会をより荘厳でドラマチックなものに演出しました。そうした劇的な荘厳さに対して思わず感動してしまうという、私たち自身の心の中にもファシズム的な美意識というものが存在していることは認めないわけにはいきません。オペラに感動する心と、荘厳さに陶酔し理性的な判断を失い、大量殺人に加担してしまう非情な心とはまったく別のものなのでしょうか。この問いは私たちの心の闇の深さというものをのぞかせてくれます。子どもたちの目には、権力の象徴としての美というものは、いったいどう映っているのでしょうか。

芸術のもつ癒しの力

これまで見てきたように、芸術表現というものは必ずしもピースフルな心と結びつくとは限らず、ときには、破壊的衝動、闘争本能、エゴの拡大、権力志向といったピースフルとは反対のエネルギーが働いていることがわかります。別な言い方をすれば破壊的衝動やエゴの拡大があるからこそ、芸術が生まれるのだともいえるのです。いずれにしても、芸術の根源には、暴力性につながる破壊的で闘争的なエネルギーが渦巻いているという事実に目を背けることはできません。芸術がそうした人間の心のネガティヴな部分とも深くかかわっているからこそ、内なる暴力の問題にもつながるその芸術の闇の部分をしっかり見据えることによって、ピースフルな光が見えてくるともいえるのではないでしょうか。

人間の本来的にもっている破壊への暴力的な衝動というものを芸術に昇華させるという意味もそこにあるといえます。芸術的な表現ばかりではなく、古代ギリシアのオリンピック競技の例のように、人間の闘争的本能をスポーツという形に昇華させることもできます。世界各地に残る伝統的な祭りの多くも、人々のあふれるばかりのエネルギーを

ドイツの学生のドローイング
「ハーモニー、リラクゼーション、内なる平和」(13年生)

踊りや山車に向けているものも少なくありません。

若い世代がなぜロック音楽を好むかというと、激しいロックのリズムに身を委ねることによって心の中に溜まっている怒りやフラストレーションを外に出すという、一種のカタルシスの作用がそこにあるからです。カタルシスという言葉は昇華と同義で使われる場合もありますが、排泄という意味をもっています。つまり、心の中に溜め込まれたものを吐き出して、すっきりさせるところから、カタルシスは魂の浄化とも呼ばれるのです。それは、また芸術のもつ癒しの力ともいいかえることができるでしょう。強い刺激の連続は単に感覚を麻痺させることになりかねませんが、若い世代は日常におけるフラストレーションが続く限り、暴力的なサウンドであってもカタルシス的作用をもつロックのような音楽に惹かれていくのです。九〇年代の若者たちの心をとらえたグランジ・バンド「ニルヴァーナ」とはサンスクリットで悟りの境地である「涅槃」、つまり究極のピースフル状態を意味しています。このバンド名が象徴しているように、ロックの暴力的なまでの激しいサウンドに込められた破壊への衝動というものは、心の奥深いところでピースフルなものを求めているから生まれるものなのかもしれません。

暴力がいたるところで蔓延している現代社会においては、暴力によって傷ついた心をピースフルなものに回復していくために、この芸術のもつ癒しの力に大きく期待してもよいかもしれません。ドイツ人医師サミュエル・ハーネマンによって体系化されたオルタナティヴな医療ホメオパシーは「毒をもって毒を制する」という意味で、病気の症状と同様な症状の原因となるようなごく微量の物質を体内に入れて、病気を治そうとするものですが、ホメオパシーのように、ある意味では毒をもっているともいえる芸術とかかわることによって、内なる暴力の根源がピースフルなものへと癒されていく可能性は大いにあるように思います。

若い人たちの間で人気のあるヒップ・ホップは暴力的ともいえる激しい言葉とリズムが特徴です。メジャー化した現在のヒップ・ホップには暴力性を強調しすぎるものもありますが、その出発点は必ずしも暴力を肯定するものではありませんでした。このヒップ・ホップは七〇年代のニューヨークのブロンクスのストリートにたむろするアフリカ系やヒスパニック系の若者たちの間で生まれたものです。けんかなどの絶えないすさんだ生活の中での彼らの暴力的なネガティヴなエネルギーをヒップ・ホップの音楽と踊りという自己表現を通して、ポジティヴなものに向けていこうとしたのです。ヒップ・ホップの名付け親といわれるアフリカ・バムバーターは、ヒップ・ホップを通して「平和」「愛」「尊敬」「自由」といったことを学んで欲しいと願っていました。このヒップ・ホップも暴力的なネガティヴなエネルギーを音楽とダンスという表現活動を通して昇華させようとした試みであったといってよいでしょう。

平和と芸術の教育

教育における子どもたちの芸術活動の重要性を主張し、戦後の日本の芸術教育にも大きな影響を与えた英国の詩人・批評家ハーバート・リードは来日したとき、「芸術を通しての教育は平和への教育である（Education through art is education for peace.）」という言葉を残しています。芸術教育による理想的な社会の実現を目指したリードの教育理念は一見、オプティミスティックに見えますが、その背景には第一次世界大戦に兵士として参加して戦争の過酷な現実と直面した彼自身の人間の憎悪と暴力への絶望感があり、芸術を通しての教育へ最後の希望を託したのです。リードは子どもたちの教育における芸術活動の重要性を強調しました（ハーバート・リード著、宮脇理・岩崎清・直江俊雄訳『芸術による教育』二〇〇一年、フィルムアート社）。もちろん、平和な世界を実現していく上で、芸術は万能の特効薬ではありません。しかし、芸術表現というものが、子どもたちのピースフルな心を育てていく上で大きな力をもっていることは確かだといえます。

「大人はなかなか人前で唄うことができません。それは下手に唄って笑われてしまったら恥ずかしいといったエゴが邪魔するからに他なりません。知らない人の前で唄うということはエゴから自由になることを意味しています。子どもが人前で平気で唄うことができるのはエゴがないからなのです」。（シュリ・シュリ・ラビシャンカール）

ピースフルな心というのは、エゴのない心といってよいでしょう。歌を唄うとき、踊りを踊るとき、絵を描くとき……芸術的な表現活動に夢中になっているとき、子どもたちの存在そのものがピースフルになります。それは、私たち大人がいちばん学ばなければならないことなのかもしれません。

Interweaving
――On The Road――

The world is shaking
my heart is aching
As children are weeping
weeping for our mother earth.

If in time we all gathered together
with full of passion, free will, and never-ending dreams
... then it would happen a miracle

Each individual shining as a slightly different color,
Sharing our thoughts and heart
As if weaving by each threads
To make a beautiful cloth of wind
Flying to someone in need of its embrace,
its heart and soul, to the edge of east or west,
even to the thin red line ...

Difference become richness
Let us reach our hands to our neighbours,
To those who need courage,
To those who are called enemies,
To enemies who live in our mind,
To forgive the one who has done wrong...

So that we all could know
The taste of laughter,
The color of joyfulness,
The power of love.

You are one.
You are many.
And you are anyone.

I just want to be one of the threads
to interweave our deeds of life !

シュタイナー子どもクラス
近藤　真紀子

つむぎあい…人生の交差点にて

世界が　ぶるぶる震えている
こころが　ちくちく痛む
泣いている　たくさんの子どもたちが
泣いている　母なる大地に想いをよせて

もしも　わたしたちが　集うなら
情熱と　自由なる意志と
大いなる夢を　持ちよったとき
きっと　何かが　かわりはじめるだろう

個性は　それぞれ　さまざまな色に輝き
みなで　想いやこころを　わかちあう
そう、まるで　一枚の大きな更紗を
ひとりひとりが　つむぎあうように　風にのって
魂の抱擁をとどける　いつでも　どこへでも
たとえ　戦火の最前線でも

違いは　豊かさを拓く
こころの手を　すぐそばにいる人へ
勇気を渇望している人へ
とどけよう　敵とよばれる人へこそ
こころに棲みつく敵たちへこそ

そしていつか　共にわかちあえるだろう
笑いあえる　心の感動を
歓びあえる　時の豊かさを
生きとし生けるもの　愛の力を

人はみな　世界にたったひとり
そして、だれもが　大きな輪の中の一人
だから、だれもが「誰か」になる

だからただ
互いの人生をつむぎあう一本の糸に
わたしはなりたい

近藤　真紀子（こんどう　まきこ）
１９７２年愛知県生まれ。アメリカ、インドの障害者施設やキャンプヒル共同体でのボランティア生活を経て、ニュージーランドでシュタイナー教育を学ぶ。現在、関東の子どもクラスでェポック授業を実践中。

キッズゲルニカ
平和をテーマにした総合的な学習

山梨県甲西町立甲西中学校では、一年生のときから総合的な学習の時間に平和学習に取り組んできました。三年生のときには、キッズゲルニカという国際プロジェクトに参加し、その壁画制作ばかりではなく、詩の朗読や歌の発表をふくめた形で平和への願いを表現しました。地雷処理機の製作をしている山梨日立建機の雨宮清社長の話を聞いたり、アウシュビッツの獄中で制作された版画を展示している小淵沢町にあるフィリア美術館を見学するなど、さまざまな形で生徒自身が平和についての意味を深めていきました。

「平和」というひとつの言葉がまさか自分達三年生をこんなに大きく成長させるとは思ってもいませんでした。世の中はとてもおもしろい。だって皆で力を合わせればなんだってできてしまうんですから。しかし、今までの人間の過ちは力を合わせる方向が間違っていたのです。それを逆に考えれば、つまり「平和」の方向に力を導くことができれば確実に平和になるということです。皆の力を合わせればなんだってできる、それがこの取り組みの中で本当に実感できました。

（三年　男子）

資料提供／甲西中学校

神奈川県川崎市立向丘中学校独自の「芸術総合」という考え方は、総合的な学習の時間に芸術教科の活動を通して平和についての考え方をみんなで深めようとする学習です。一週間ごとに交互に音楽の活動、美術の活動ともに共同で取り組みました。一年生から三年生までの三学年一クラスずつが一緒に学習し、子どもたちは自らリーダーを中心に主体的な取り組みをしてきました。音楽の活動では自分たちが歌う歌詞の内容を調べ、深く味わう体験をしました。心に訴えてくる詩を国語の先生とともに考え、その上で深みのある合唱を作り上げました。美術の活動では、ピカソが戦争への怒りを込め平和のメッセージを託した作品と同じ大きさの絵を三枚創りあげました。

私は今まで、平和ということをあまり考えていなくて「平和」と聞くと戦争がない世の中、事件がない世の中ということばが浮かんできました。芸術総合の授業を通して平和についてよく考えてみると「平和」とは、戦争や事件とはまったく関係ないということではもちろんないけれど、平和イコール戦争、事件がないことではないと思います。つまり、本当の平和とは「人の心がどれだけきれいで明るいか」とか「どれだけ周りの人に目を向け、考えられるのか」ということではないでしょうか。

（三年　女子）

資料提供／向丘中学校

イタリア　2001年

フランス　2003年

世界の平和を願う

キッズゲルニカ

―国際子ども平和壁画プロジェクト―

ピカソのゲルニカと同じサイズの巨大なキャンバス（3.5m×7.8m）に世界各地の子どもたちが「平和」への願いを描く。

30ヵ国以上に広がり、総合的な学習としても注目を集めている。

www.kids-guernica.org

ネパール　2000年

オーストリア　2003年

ピースバザール／日本　2003年

地球は私たちのキャンバス

バリのワークショップ／インドネシア　2001年

チャイヤプームのワークショップ／タイ　2002年

立命館大学開催のワークショップ／日本　2004年

私が会ったことがないあなたも幸せでありますように！
――14才　日本

山梨県甲西町立甲西中学校／日本　2003年

ハトゥイニ／ベラルーシ　2003年

どうして人は　意地悪になるの？
もし　自分よりちっぽけだというだけの理由で
誰かを蹴ったりすると
その後いつかどこかで
その人が自分より大きくなって
あなたを蹴り返すかもしれません
そうなればあなたも傷つくのです

——8才　アメリカ

マウバラ／東ティモール　2003年

参加した子どもたちは独立前、長い間ジャングルの中で身を潜めていなければなりませんでした。

東京東久留米市／日本　2003年

ゲルニカ／スペイン　2003年

お茶の水女子大学附属小学校／日本　2003年

カルカッタ／インド　2003年

障害を持った子どもたちが、力を合わせて制作しました。

Ⅱ部

平和の文化をきずく

〇《ゼロ》歳からの平和教育

ホリスティック教育実践研究所
金　香百合

ピースフルな子どもたち―それは人間的で幸せな日々を生きる子どもたちのことです。そして、すべての子どもたちが人間的で幸せな子ども時代を生きていて欲しいと私は願います。その毎日の積み重ねの中で、子どもたちの心の中に〈平和を愛する小さなともしび〉がともされていくことを願います。そうした子ども時代を保障することは大人たちの大切な役割だとも思います。

平和を愛する心、それはいったいどういうものなのでしょうか、そしてどのようにして育まれるのでしょうか。一方で人間は、自分の内外に向かう破壊欲求や暴力性というものも持っています。それらはどうして生じるものなのでしょうか。

人間は平和で穏やかな関係や環境を求め、創りだしていこうとするパワーももちながら、なぜ今の社会には暴力があふれているのでしょうか。

本稿では、生まれたときから始まる（いえ、実際には生まれる前から始まっているのですが）「〇《ゼロ》歳からの平和教育」について考えていきます。

それは、子どものもつさまざまな可能性を「平和の文化」創造に向けて育み統合していくことを願っている親・教師や子どもを取り巻くすべての大人たちへの提案でもあります。

子どもの自尊感情とエンパワメント
～自尊感情栄養理論～

一、自尊感情とは?

平和教育の原点に、私は子どもの自尊感情を育むことが重要だと考えます。自尊感情とは、自分を大切に思う感情のことです。さらにいうと、人とのつながりの中で、自分を肯定できる、他者を肯定できる、自他尊重の感情であると私はみています。これに対して、自分だけを尊重するのは自己中心感情で、区別が必要です。

人間はつながりや関係性の中で生きていることが大事で、そこでの体験から育まれる自尊感情が不可欠なのです。自尊感情が高いときには、「私OK、あなたOK」で、人との関係を対等に尊重しながら創る傾向が強くなります。反対に、自尊感情が低いときには、相手の地位や肩書き、財力、年齢、性別などによって、自分が「上」のときには威張ったり、反対に「下」のときには隷属したりする傾向が強くなります。

自尊感情の高い人々の特徴をいくつか挙げると次のようになります。

- 前向きで好奇心旺盛
- 人との関係が対等で、差別や偏見が少ない
- コミュニケーション能力が高い
- 変化に強く、変化を信じ、変化を自ら創りだそうとする
- 違いを受け入れ、違いから学ぼうとする
- 周囲にふりまわされたり、迎合することが少なく、自分の頭で合理的に考える
- 問題解決的な思考や行動をする
- 忍耐強く、集中力がある
- ジェンダー（男らしさや女らしさ）についてのとらわれが少ない
- 自分と他者をあるがままに受容しており、楽しみ変化しながら生きている

こうした特徴をもつので、自尊感情が高い人は自他を尊重しながら平和で協調的な関係を創りだすことができます。また問題やトラブルに直面しても、違いを受け入れ、合理的に考えながら忍耐強く解決をはかっていこうとするのです。

平和で協調的な関係を創りだす土台は、自他を尊重することのできる、この自尊感情によって作られます。

では自尊感情は、どのようにしたら育むことができるのでしょうか。それを私が考案した自尊感情栄養理論で説明したいと思います。

二、からだの栄養とこころの栄養

自尊感情を育むためには、ふたつの栄養が必要です。まずはからだの栄養。それは、「食べること」、「寝ること」、「からだを動かすこと」、からなっています。

食べるとは、人間的なものを、人間的な時間に、感謝や

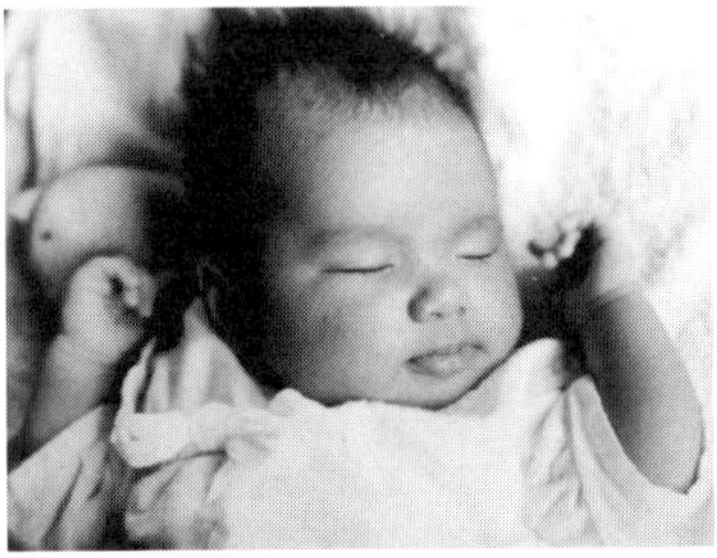

喜びをもって笑顔で食べていることです。日本でも養育放棄などでまともな食事を与えられていない子どもがふえています。世界的にみれば、貧困と飢えの中で生きている子どもたちのなんと多いことでしょうか。

　寝ること。それは安心して、安全な場所で眠ることができることです。これは基本的人権でもあります。ところが日本でも海外でも安心安全な「家」を与えられず、あるいは奪われている子どもがたくさんいます。

　動くこと。それは人間に与えられた肉体が適切な全身運動によって鍛えられ、ますますいきいきと周囲の世界とかかわり、いろいろなものを生み出していく肉体的健康が継続していることです。ところが車社会の中で、便利すぎるものに囲まれて、からだを動かすことのめっきり少なくなった先進国では子どもにまで生活習慣病がみられるようになり、その一方で海外では幼少の子どもたちが労働者や兵士として酷使され、幼くしていのちを失っていく現実があります。

　からだの栄養は、物質的に豊かな日本でもいろいろな意味でバランスを崩しています。食べることにおいては「孤食・固食・小食」が広がっています。今やみんながばらばらにひとりで、できあいの同じようなファーストフードを食べ、お菓子は食べても肝心の食事はほとんどとらないような状況になっています。寝ることもうまくはいっていません。現代社会はどんどん夜型になり人間の睡眠時間を短くしてきました。質のよい睡眠がとれないとき、脳はいらいらし暴力的になっていきます。また便利になりすぎた暮らしの中で、人間は適度にからだを動かすことがめっきり減ってしまいました。テレビゲームやインターネットの画面ばかりをみるような生活では、ずっと同じ姿勢で視神経などを極端に使います。そのために子どもでも肩こりや疲労感を訴えることが多くなります。そしてもちろん「食べる・寝る・動く」ことはどれもつながっています。ですから、からだを動かさないでテレビゲームばかりしていると、食欲もわかないし、脳が過剰に疲労してぐっすりよい睡眠もとれずに夜更かしばかりが続く……といった生活習慣に陥りやすくなります。しかもこういう生活が続くと、からだが細胞や筋肉のレベルからむしばまれてきます。子どもたちの姿勢の悪さや身体能力の衰えはこういう毎日の結果として当然起こることです。からだがいつも疲労していてすっきりとせず、自分の思うように動かない状態になっていることは自尊感情を低くしていきます。

次にはこころの栄養です。こころの栄養とは、大切にされている、関心を持ってもらっている、聴いてもらっている、ほめられる、認められる、信じてもらう、感謝される、あるがままを受容されている、といったものです。周囲の人々から、こういう栄養をもらっていることが、必要ですが、現代社会では、こころの栄養も、大変不足しています。

日本の子どもが体験する人間関係は今や、こころの栄養を与えるどころか、逆に子どもからどんどんと奪っていくようなことが起こっています。いつも追い立てられ、比べられ、説教され、しかられることの多い毎日だからです。家族やいろいろな人々との対話もめっきりとなくなり、子どもたちは話を聴いてくれる人をもたなくなりました。家でもどこでもテレビやビデオやテレビゲームなどにみんながエネルギーを吸い取られていて、かかわりあう時間、対話する時間、聴いてもらう時間がなくなりました。不相応に多額なおこずかいを与えられ、ブランドの洋服を着せられて、まるでペットのように扱われることはモノには恵まれていても、こころの栄養にはならないのです。むしろ自己中心感情をどんどん増大させて、「自分だけＯＫ」という感覚にさせていくものです。ほめられたり、認められたりすることも、学校での成績という領域だけが突出しすぎています。子どものよさをいろいろな場面でみることがなくなり、成績の数字でのみその子をランクづけするようなことが起こっています。自分の存在、それ自体を価値あるものとして無条件に受け入れてもらう受容体験をほとんど実感することなく子どもたちは生きています。当然の結果として、こころの栄養不足が起こります。自分を肯定的にとらえることができずに、否定的にとらえ、劣等感に縛られていくことがおこります。こうしてこころの栄養不足からも自尊感情はもちろん低められていきます。

人間の自尊感情を育むためには、からだの栄養とこころの栄養のふたつが必要でした。適切に食べ、眠り、動いてからだの栄養が足りていること。そして周囲との関係の中で大切にされ、見守られ、対話の中で聴いてもらい、ほめられ、信じてもらい、受容されていること。これらがバランスよく実現している毎日の中では、大切にされている体験の中で自分が好きという感覚を育み、他者とのかかわりや対話を通して、あなたが好きという感覚が育まれていく。これが「私ＯＫ、あなたＯＫ」の自尊感情なのです。

このからだの栄養と、こころの栄養が、適切に満たされている環境のなかで、生きていると、からだもこころも温まり、自尊感情が高くなっていきます。そうすると次に起こるのはエンパワメントです。

三、エンパワー

エンパワーとはパワーが中から出てくる状態を言います。人間に内在するさまざまな可能性が、心身を暖められて、芽生え花開いていく状態をエンパワーと言います。名詞形になるとエンパワメントと言います。

他者や世界とのかかわりを通して、自分の中にあったさまざまな力が次々と引き出されている状態です。

子ども時代から、からだの栄養と、こころの栄養に満たされて、自尊感情が高まり、内在する可能性が次々にあふれ出てくる、そういう状態になれば、なんとすばらしいことでしょう。

エンパワーしている子どもたちは問題に遭遇しても、その問題に自ら主体としてかかわり、解決に向けて行動し、そのプロセスを通して学び強められていきます。たとえば、いじめの問題に直面しても、傍観せず、無視せず、かかわっていこうとするエネルギーをもちます。そしてそれがどんな結果になっても、そのことから何かを学びとっていくのです。

教育の本来の目的は、子どものもつ可能性をこうして支援することにあると思います。しかし、残念なことにわれわれの社会に起こっているのはおびただしい栄養不足です。

栄養不足から引き出される暴力
～自尊感情暴力理論～

人間の内在するパワーの中には暴力もあります。栄養不足が長らく続くような環境に置かれると、さまざまな形で暴力性が出てきます。その暴力は、人に向かうものと、自分に向かうものの二つがあります。

一、人に向かう暴力

暴力というとすぐに思い浮かぶのは殴る、蹴る、といった肉体的暴力のことでしょう。しかし、それだけでなく、ことばの暴力、精神的暴力、性暴力、経済的暴力、社会的暴力など、さまざまな暴力があります。食べていない、寝ていない、周囲から大切にされておらず、孤独で、などのさまざまな栄養不足の蓄積から、人に向かう暴力がでることはさまざまなところで起こっています。程度の差はありますが、誰の日常にも起こりうることです。

二、自分に向かう暴力

暴力は、人に向かうだけではありません。自分に向かうときも多々あります。たとえば自分に向かう肉体的な暴力は、具体的には、自殺、自傷行為、さまざまな依存症、摂食障害のようなものがあります。ことばの暴力とは、自己否定的なことばを頻繁に使うことです。精神的暴力を自分に向けるときには、うつ病や対人恐怖症、ひきこもりなどがあります。

こうした暴力には、いくつかの特徴があり、①連鎖する、②弱い方に向かう、③拡大するのが特徴です。典型的には、大人から子どもへ、教師から生徒たちへ、夫から妻へ、妻から子どもたちへ、子どもたちからさらに低年齢の子どもたちへ、と弱い方に拡大しながら連鎖していきます。さらに暴力は、いったん始まると、習慣化しやすく、しかも深刻化していくので、できるだけ早期に止めることが大事です。

三、その他の破壊欲求

一、二、でみてきた暴力とは、権力格差がある関係の中で弱い方に向けて出されるもののことです。しかし、弱者が権力のある側に対して出す力は、私はこれを暴力とは呼ばず、「抵抗」あるいは「正当防衛」と考えています。

また、破壊欲求が芸術の創造や社会変革に向かうときにはこれもまた暴力とよばれるものとは違うと思います。

こう考えると、人間の内在する力が、弱い者に向けて暴発していくのが暴力であり、強者に向けられるときや創造活動に向けられるときには違うものになります。

すなわち人間に内在する力がどのような方向で出ていくのか、がポイントになるといえます。人間のもつ力はどちらにも向かう可能性をもっているからです。そのとき、原体験と情報はその方向に大きな影響を与えます。暴力的な体験と情報を多く持っているときには、その方向に力は向きやすくなります。反対に創造的体験や情報に影響を受けているときには文化創造活動や自己変革・社会変革にその力が向いていくことになります。

現代社会がますます暴力的になる理由

今、私たちの社会では、家庭でも、職場でも地域でも学校でもあらゆるところで暴力が連鎖拡大していきます。それは、どういう原因によるものでしょうか。私は、二〇世紀の工業化社会の浸透が、大きな原因だとみています。一九世紀末の産業革命によってもたらされた工業化社会では、「早くできること、同じようにできること、効率よくできること、たくさんできること、きちんとできること、失敗しないこと」という価値観のもとで、物質的繁栄を享受することが幸せだと考えられました。そうした考えを経済至上主義といいます。

二〇世紀の日本では、この価値観が徐々に浸透していきました。そして特に、高度経済成長期には、この考えに加速度がついてきました。三〇年から四〇年たった今、私たちはすべてのことをこの価値観でみるようになってしまいました。とりわけ、人間をみる価値観までがこれになっていってしまったことは、大変危険なことでした。たとえば、子どもたちは、朝から晩まで、このメッセージで追い立てられながら生活しています。早く起きなさい、早く用意しなさい、早く食べなさい、早くきちんとしなさい、ちゃんとしなさい、たくさん勉強して、たくさん塾に行って、たくさん友達を作って、たくさんいろんなことをして、そしてみんなと同じように、出過ぎることもなく、遅れることもなく、寄り道もせず、みんなと同じようにやっていくこと、すべてのことに効率よく生きること、子どもにお金がかかっているので、それに見合うような結果を出すことを求められています。そしてさらには、失敗することは恥ずかしいこと、だめなこと、愚かなことというメッセージも強く働いています。

しかし、工業化社会以前の日本では、自然との共存の中で、早くなくてよい、ゆっくりがよい、すべてにときがある、と人々は考え、きちきち過ぎることなく、物事を柔軟に寛容にとらえることを大切にする価値観と文化がありました。たくさんではなく、少しで満ち足りること、満足することをよしとし、人間はそれぞれ違っていて同じようにはいかないということを知っており、効率ばかりを求めてこざかしく生きることを恥ずかしいとする価値観がありました。さらには、失敗から学ぶ、失敗してもそこから何度でも立ち上がることを人生ととらえてきたものでした。

残念なことに、経済至上主義は、こうした価値観を激変させました。その結果、すべての人間関係は、競争的になり、比較や評価がいつもついてまわり、その一方で、もはや子どもの成長に必要な、仲間も、空間も、時間も根こそぎ奪われていったのでした。

子どもたちは、友と呼べる関係をもたず、すべてはライバルだとうそぶきます。安心してのびのび遊べる自然空間は、あっという間に駐車場やマンションになっていきました。さらに塾通いなどに忙しく追い立てられる毎日の中で、ゆっくりと子ども時代を生きることさえ、奪われてきました。

さらに加えて、経済至上主義は、子どもを消費者として狙い撃ちにし、物欲を過剰に刺激し続ける環境が始まりました。子どもたちは、創る喜びを奪われる一方で、消費し、使い捨てていく刹那的な消費主義に翻弄させられていきつつあります。こうしたことの結果、子どもたちが友人たちとの人間関係よりもポケットゲームや携帯電話やインターネットなどの機械に依存していく関係が起こっています。

ここで起こっているのは、人間とかかわり合うこと、食べること、眠ること、動くこと、といったごく当たり前な人間的な暮らし方から、日常的にあわただしく追われ、人ともかかわることを避け、ゲームや機械に埋没していく子どもたちの中で、どんどん自己中心感情が肥大し、自分の物欲を充足させることだけに強い関心が働くようになってしまうという状態です。

生物の〈ヒト〉は〈人と人との間〉で人間的なかかわりや体験を重ねて〈人間〉になっていくものです。ところが、生まれたときから、抱き上げてももらわず、笑顔を向けられることもなく、子ども同士のふれあいもほとんどないままに機械的なものに囲まれている生活をしていくことがおこっています。そのうえに、コマーシャリズムによって消費欲だけが肥大していきます。その結果、ゲーム機を買うお金ほしさから級友たちを平気で殺戮していくような短絡的で自分本位な事件がつぎつぎにおこっています。

さらにはメディアによる情報の氾濫が、暴力についてのヒントやきっかけにもなっていることに注目しておく必要があります。メディアを読み解く力、メディアリテラシーが、子どもたちにある程度育まれていないうちから、おびただしい暴力的な言動が子どもの目や耳にとびこんできます。子どもたちはそうした情報を家族や友達との対話によって検証していくこともなく、鵜呑みにしていくようなことが起こっています。

ピースフルなこころを育てるためにできること

これまで、自尊感情とエンパワー、そして暴力、その背景にあるいきすぎた工業化社会の弊害を見てきました。こんな時代に、ピースフルな子どもたちを育むために、大人の私たちは、何をし、何をしない方がよいのでしょうか。

一、積極的にすること

・人間関係

便利なモノが人間関係を阻害しやすくなっています。だからこそあえて、人と人とがかかわり合うような生活の仕組みを創っていくことを意識的にしていく必要があります。多様な人間関係がこころを豊かに育てます。

・基本的な生活を大切にする

からだの栄養でもある食べること、寝ること、からだを動かすことを軸にして、バランスやリズムを大事にした生活をていねいに、シンプルに重ねる。

・対話

子どもと、こころを開いて、話したり聴いたりする。目を合わせて聴くことは大切なことです。テレビを消して、携帯電話をおいて、あたたかいまなざしを向けて対話する時間を創りだすこと。

・生活体験―便利な暮らしに慣れすぎない

便利な道具は、高齢者や障害者のためには大変有効ですが、その必要のない子どもたちにまで、むやみに与えることは危険です。子どもたちの運動能力をはじめとして、さまざまな能力がそのために低下させられていきます。

・体験

テレビゲームやインターネットなどの仮想体験よりも、子どもが心身を使って、体験する暮らしが重要です。

・自然とつながる

都会であれ、田舎であれ、今、自然とつながって生活している実感を持つことが難しくなっています。さまざまな工夫によって、人間が自然の一部であることを知るようなことも大切です。

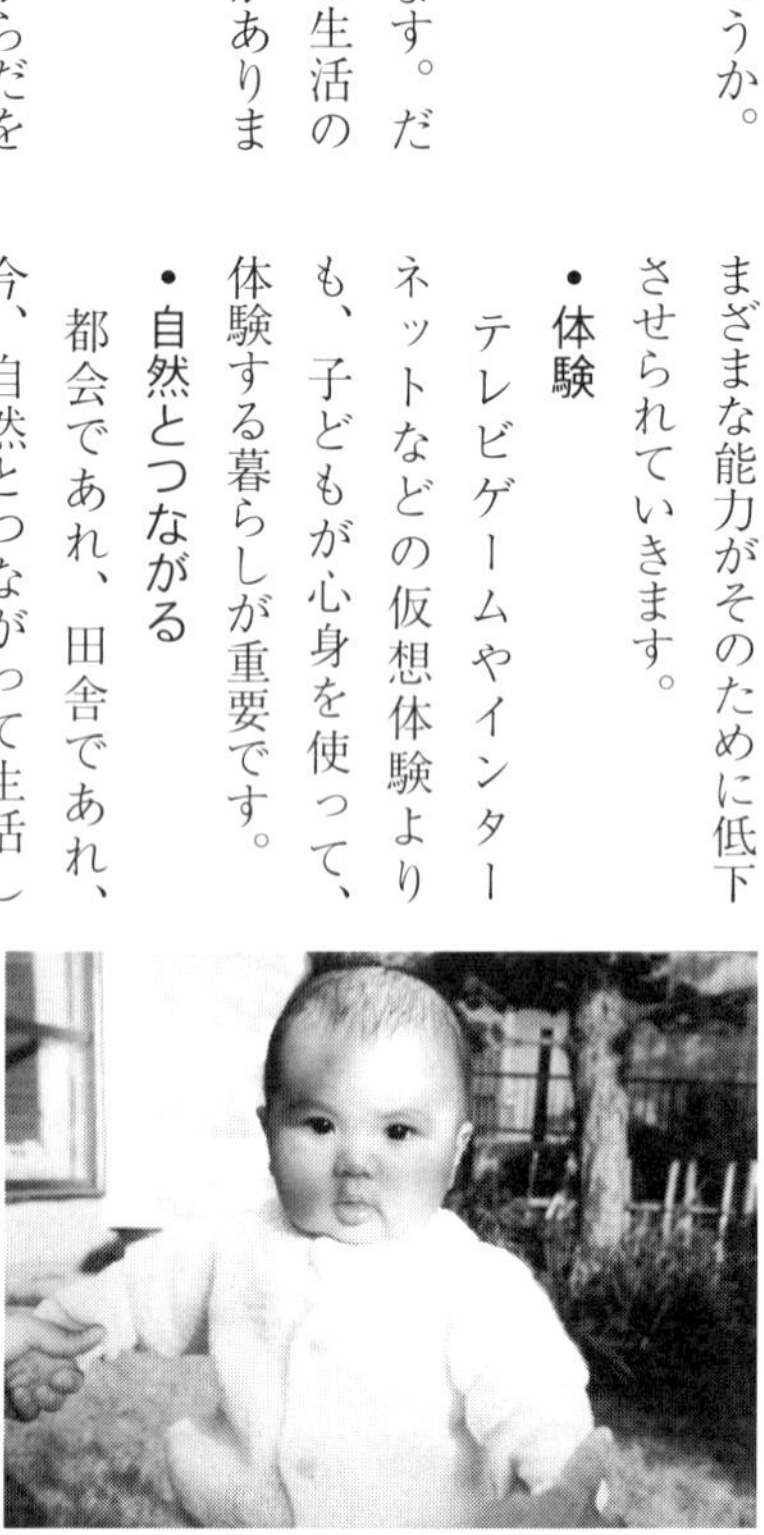

・仲間

子ども同士の人間関係に、友達、仲間、と呼べる関係をつくるよう応援する。

・大いなるものの存在を感じ取る

傲慢にならず、自然や人間とのつながりや調和の中で、感謝と満足をもって生きること。自己中心的な傲慢さではなく、生かされている自分を、謙虚さを、子どもの頃から生活体験を通して伝えていく。祈りと感謝の日々。

二、注意をすること

・早く早くと急がせない

・モノとのつき合い方、与え方を考える

モノを持たせるときには慎重にする。テレビゲームや携帯電話、インターネットなどのモノを安易に与えすぎるので注意が必要です。仮にそうしたモノを子どもに与えるときには、道具教育ともいうべき使い方の十分な説明や、モノを使うにあたっての親との約束、などを明確にしてからにします。

・比べない

他者と比べない、唯一無二の存在としてのその子をみつめ、受け入れる。

成長段階に合わせて

・〇歳から乳幼児

この時期は、人間に対する基本的信頼感が育まれる大切な時期です。保護者などとの対面する関係を大切にします。スキンシップや目を見て話しかけることが基本です。食べること、眠ること、動くことの基本的欲求をうまくかなえてあげてください。この時期に愛されて生きることはのちのちの土台となっていきます。

・乳幼児

子どもたち同士が出会ったりかかわったりすることができるように配慮します。

かかわりあうこと、ふれあうことを積極的に応援してください。けんかする、あやまる、許す体験のくりかえしのなかで人間関係を学びとっていきます。

また周囲に動物などの生き物や土、木や花、山や川といった自然の環境があって、日常的にそれらとふれあえるような生活環境があることがのぞまれます。たとえ都会に暮らしても、いろいろな方法で自然との接触を実感できるような工夫があるとよいでしょう。ペットの世話をすることや草花の手入れをすること、日本の四季の行事を大切にしてみることも自然を実感させてくれます。

また、ジェンダーの刷り込みは思いがけないほど低年齢から始まっていることが研究されています。男らしさ・女らしさにとらわれない価値観を育てることが子どもの可能性を全方位的にのばしていきます。さらに、健康教育や性教育についても早い時期から自然な対話や体験の中で育むことがよいでしょう。自分のいのちを大切にすることは自分のからだもこころも受け入れることから始まります。やがてはそれが、他者のいのちやからだやこころを大切にすることへと発展していきます。平和を愛する小さなともしびはこの頃にしっかりと根付いていくのです。

• 小学生

五感をフルに使って、自然の中で、友達関係の中で遊ぶことが必要です。また、おてつだいを通して、家族の一員である自覚や責任感が形成されていきます。全身をつかって生きること、生活することの時期です。信頼する家族や友達関係の中で、ほめられたり認められたりする経験をすることも大切です。またいじめや暴力、犯罪などから自分を守るための知識や体験学習も重要です。そして友達と連帯することをとおして問題を解決していくことができることも学習していきたいものです。CAPプログラム（子どものための暴力から自分を守るための体験学習）なども有効でしょう。

• 思春期

思春期には心身の成長変化が著しく、そのためにこころにもからだにもさまざまな葛藤が起こり、自尊感情が低くなりやすい。加えて受験競争が待ち受けており、その熾烈な競争の中で過剰なストレスを経験してくることがおこります。

だからこそあえて学校の成績以外のものに目をむけて、子どもの自信や可能性を育てることが重要になってきます。ボランティア活動などの体験によって、自分の小さな世界以外の世界に出会うことも重要です。同質集団にだけいると自己否定が起こりやすいですが、多様で異質な集団体験が自分の個性や価値を発見させてくれることになります。また思春期の葛藤を上手に乗り越え、その体験を力にしていくために、コミュニケーショントレーニングや自分の感情と上手につきあうトレーニングなども有効です。私自身は中学高校生に対して「自分を好きになるワークショップ」を実施して、その有効性を確認しています。このワークショップでは自分を好きになることが他者を好きになることにつながり、世界を好きになることにまで広がっていきます。自他を肯定し、この世界を肯定的にとらえ、変化を信じてそのために行動していく力を引き出すものです。

• 青年期

大人になっていくこの時期にはコミュニテイに本格的に参加参画しながら、自分の力を発揮していくことを体験する時期です。社会や地域ではジェンダー不平等がまだまだいたるところに存在しますから、そうした制度やシステム変革にも青年たちの力は重要です。この時期には政治や国際問題に関心を深め、さまざまな事柄に自分の意見をもち、さらにそうした意見を対話や調査分析によって検証していくような科学的思考が育っていきます。フィールドワーク（現場体験）やワークキャンプなどからだを動かしながら、仲間と共に考え、価値形成をしていくことが必要です。

「地球規模で考え、足元の地域から活動する」という言葉に象徴されるように、グローバルな視点と地に足のついた行動がバランスよく統合されているような生き方が本格的に形成されていくのがこの頃です。

まとめ

〇《ゼロ》歳から始まる平和教育ではライフサイクル論のように、その時期にはじまる基本的体験はその後もずっと生涯にわたって続いていくものです。けっしてその時期だけで終了してしまうものではありません。つまりその時期それぞれのあたらしい課題に出会って、さらにこれまでの基本的体験の上に重ねられていくものなのです。

こうして自分自身がピースフルに満たされ、ピースフルな関係や環境形成に向けて行動する一人ひとりの人間が立ち現れてくるのです。

ピースフルな子ども時代を創り出すために、大人たちは、何をどうすればいいのでしょうか。〇《ゼロ》歳から始まっている、抱かれたり、見つめてもらったり、やさしくほほえんでもらったり、ミルクをもらったり、おむつをかえてもらったり、機嫌をとってもらったりするような小さなかかわりあいのなかから、平和教育はすでに始まっています。

脳科学者の中には、「脳は〈愛依存症〉である」と言う人もいます。人間の脳は愛によって生きるのです。

ピースフルな子どもたち、その脳に愛情体験がたくさん刻み込まれることは大人たちの責任なのだと痛感します。すべての子ども時代がピースフルでありますように、心から願いつつ、今日も小さな一歩を重ねていきましょう。

金　香百合（きむ　かゆり）
日本ホリスティック教育協会副代表。大阪生まれの在日コリアン3世。大阪女子大学大学院（社会人間学専攻）修了。「自尊感情とエンパワー」を軸に、人間と社会の多様な問題に実践家（ファシリテーター）として関わっている。近年は、DVや虐待などの暴力に被害者・加害者の両面から取り組んでいる。

自然の中での平和構築《ピース・メイキング》キャンプの夢

ワークショップ企画プロデューサー　中野　民夫

平和のための「私の夢」をひとつ

暴力と疑いや恐れの連鎖で相変わらず世界に武力紛争が絶えませんが、無力感に陥《おちい》る代わりに、私なりの夢をひとつ。

世界最大の紛争を解決するために、日本は独自の特殊性を活かし、対米追従外交を改めて、中立的な立場での仲介役を引き受けることになりました。叡智を集めての検討の結果、自然の中でのキャンプに対立の当事者双方のリーダー二人を招くことに。ここではその当事者のお二人を、仮にアメリカのブッシュさんとイラクのフセインさん、とでもしておきましょう。

さて、場所は世界遺産の屋久島です。一緒に深い森を歩いたり、黒潮の海で泳いだり、温泉につかったりしながら、ゆっくりとお互いの理解を深め、紛争解決に向けてのビジョンを共有するワークショップです。それも四季それぞれの季節に四回にわたって実施することになりました。

このピース・メイキング・キャンプの企画とファシリテーターの大役を仰せつかった私は、三泊四日で初夏に開かれる第一回のプログラムの概略を次のように考えてみました。

第一日：共有する場の空気を味わう

できることならお二人には船旅でゆっくりと島に渡ってきて欲しいのですが、なかなかその時間はとれないでしょうね。鹿児島から小さなプロペラ機で、桜島を眺め、黒潮の海を越えて島に渡ってもらいましょう。

空港からまずは春田浜という美しい海岸まで直行し、そこで正式に二人が面会し握手をして開会します。それぞれのお仲間も数名までは参加を認めましょうか。二人だけで向き合うより、グループの方が気が楽ですしね。まずは、この一〇人ほどの参加者全員で、この貴重な数日を共にできることになったさまざまな縁を思い起こし、関係者一同で感謝したいと思います。それぞれの神様への祈りや感謝の仕方が違うのは、もちろん尊重します。

そして、初めにこのワークショップの目的とグランドルールを確認しておきましょう。

◆目的：紛争の平和的な解決のために、当事者同士がしっかりと相互理解を深め、どちらも納得できる共通のビジョンを得て、具体的な解決策を探る。

第一回の今回は、まずはお互いが今のような信念を持つに至った生い立ちや背景の理解を深め、継続的なコミュニケーションの土台となる信頼関係を築く。

◆グランドルール三原則

①傾聴：互いに理解しあうことが目的なので、相手の話はさえぎることなく傾聴すること。反論するために聞くのではなく、理解するために聴く。相手の思いや考えをそのまま受け止め、共感的に理解することを心がける。

②素直：このような機会はめったにないので、駆け引きに終始して真意を隠すよりも、率直に正直に話す方が話は早い。ここで話されたことは、ここだけの話にしておくので、お互い立場や役割を離れて、個人的な思いを、素直に心の底から話そう。

③楽しむ：クリエイティブな発想を引き出すには、楽しい雰囲気が欠かせない。堅く難しく考えるよりも、気楽に楽しくやろう。深い森、美しい水の流れ、大きな海、おいしい焼酎や魚、そして温泉なども楽しもう。

この目的とグランドルールを確認してサインをしたら、話を始める前に一同で手をつないで輪になって立ち、海の風を感じてみます。潮風とまばゆい太陽を感じ、波の音を聞きながら、そのまましばらく目をつぶってみましょう。

しばらく「呼吸」に意識を向けてみます。鼻から外に出ていっている息に気づき、吐き終わる最後までただ見送ってみましょう。すっかり吐き終わったら、今度は、鼻から入り始め、肺と胸やおなかを膨らませながら体内へと入っていく息に気づき、ただ感じてみます。呼吸を長くしようとか深くしようとかコントロールするのではなく、ただいつも無意識のうちに繰り返している呼吸そのままに意識を向け、しばらく寄り添ってみます。こうしてしばらく繰り返していると、いつのまにか、心も身体も落ち着いてくるようです。生まれて「オギャー」と泣いてから、最期に息を引き取るまで、いつもいのちと共にある呼吸ですが、なかなかていねいに感じてみることはないですよね。

また、自分や隣りの人の脈をとりながら、心臓の鼓動を感じあってみるのもいいでしょう。この鼓動のドキドキがどこからつながってきているのか、母や先祖たちへの思いを起こし、さらには海の中での最初の生命の誕生まで遡ってみてもいいかもしれません。

こうして、お互いの奇跡ともいえる貴重ないのちを感じながら、共有する土地の空気で心身を満たしていきます。しばらく場に馴染んだら、参加者それぞれが「どんなキャンプにしたいか」という期待を、一人ずつ口にしてみましょう。また、不安も話し、今どんな気持ちでお互いがその場にいるかを共有しておきます。

導入にあたる初日は、オープニングの後は楽しく観光。亜熱帯特有のガジュマルのジャングルで遊んだり、大きな千尋《せんぴろ》の滝を見たりしながら、尾之間の方へ移動していきます。いろいろなものを見ながら、それぞれが、どんなものを「美しい」と感じるのか、お互いの感性を知りながら過ごせるといいですね。

暗くなる頃には、尾之間温泉の熱いお湯を浴び、霊峰モッチョム岳の麓の森に佇むドーム型の山荘へと移動し、海の幸を活かしたごちそうと、島の芋焼酎を堪能してもらいましょう。

第二日：森を歩き、子ども時代のことを語り合う

朝は早起きして、大海原から昇る朝日を拝みましょう。朝日に対するそれぞれの文化の違いなども紹介し合います。そして、この日は、屋久杉の森を味わいに山に入ります。

歩き出す前に、少し「歩く瞑想」について練習しておきましょう。目的地に向かって歩くのではなく、ただ歩くことを楽しむために歩く。しかも、私たちを支えてくれている大地にやさしくキスして愛をお返しするかのように、一歩一歩ゆっくりていねいに歩きます。あちこち思いが乱れないように、一歩の間の呼吸を数えながら歩くのもいいでしょう。

車で屋久杉ランドか白谷雲水峡まで入り、緑に苔むし更新を重ねる悠久たる森の仕組みを実感しながら、三〜四時間はゆっくりと歩きましょうか。雨の多い屋久島ですので、雨具の用意もしっかりしておきましょう。装備さえしっかりしていれば、雨の森もいいものです。

この日は、樹齢数千年の屋久杉の根元で、お互いの子どもの頃の話をしましょう。「どんなことが好きな子どもだったの？」「お気に入りの場所は？」「どんな友達とどんなことをして遊んだの？」「親や親戚や祖父母はどんな人たちだった？」など、それぞれの生い立ちや、子どもの頃の素の自分について、語り合い、理解を深めていきましょう。

夜は焚き火を囲み、武器の代わりに楽器を手に、それぞれの好きな歌を歌ったり、できれば一緒に踊ったりしたいですね。

第三日：海でリラックスし、浜辺で夢を語り合う

この日は、黒潮の海を楽しみます。自然の入り江に守られた栗生浜の海に、心も身体も安心してゆっくり楽しめるように、少しずつステップを踏みながら入っていきましょう。膝を抱いてプランクトンのようにただ波間に揺られてみたり、両手両足をだらりと広げてクラゲのように浮いてみたり、大の字になってプカプカ水面に浮いてみたり。細長いフロートがあれば、それを枕にして二人並んで海面で

お昼寝というのも最高ですよ。

そして、会議室など室内ではなく、砂浜にごろごろ横になりながら、それぞれリーダーとして実現したい「夢」について語り合いましょうか。ビーチで拾った貝殻や流木で、それぞれちょっとしたアートを作って、イメージを表現しあってもいいですね。

夜は、焚き火でバーベキュー。歌などはもちろん、マシュマロ焼きなど、焚き火を楽しむそれぞれの文化の名物を紹介しあいましょう。

第四日：ミニビジョンクエストで次のステップを探る

最後の日は、このキャンプで培った相互理解や信頼関係をもとに、次の平和構築への具体的なステップを構想します。

まずは、ネイティブ・アメリカンの伝統に習い、夜明け前からしばらく自然の中で一人になって過ごし、ビジョンを得る時間を持ってみましょう。頭で考えたり、探すというより、自然の営みから、ふとしたヒントが浮かび上がってくるのを捕まえましょう。きっと母なる地球がいいアイデアを授けてくれるでしょう。

そのビジョンをTシャツにアクリル絵の具で描いてみます。それをかつての対立相手にプレゼントして、今後の平和構築に向けての「思いの交換」をして、第一回のキャンプを締めくくっていきます。

さて、第二回以降はどんなふうに展開していくか、楽しみですね。それぞれの大義のために、戦争をしていたのでは永遠に平和は訪れません。平和に至るための道は、その道程そのものが平和に満ちたものでなければならないのでしょう。そして、私たちみんなを育む自然のことも忘れてはなりません。

平和を目指す多様な試みの中で、こんな自然の中でのキャンプがあってもいいのではないかと、ちょっとした遊び心と本気の気持ちで、つい夢想してしまうのです。

中野　民夫（なかの　たみお）
ワークショップ企画プロデューサー＆会社員。１９５７年東京生まれ。東京大学文学部卒。人と人、人と自然などをつなぎなおす様々なワークショップを実践。著書に『ワークショップ』『ファシリテーション革命』（共に岩波書店）等。

肉体的苦痛、ひいては死の恐怖が待ち受けている戦場で、兵士たちがもっとも恐れていることは、精神が荒廃し人間らしさを喪失し、人間にたいする信頼を失うことである。（大島孝一著『戦争のなかの青年』岩波ジュニア新書、1985年、31頁）

世界平和というのは、世界中の人々の心が平和で幸せになったとき実現するのです。変革はひとりひとりの心の中から始められなければなりません。森が枯れたとき、それを生き返らせるには一本一本の木に水をやらなければなりません。世界平和をのぞむなら、まず自分の心から始めなければ。自分自身が安らかであってこそ、世界に平和を作り出せるのです。（ゴエンカ）

（ウィリアム・ハート著、太田陽太郎訳『ゴエンカ氏のヴィパッサナー瞑想入門』春秋社、1999年、39頁）

うつし世は夢、夜の夢こそまこと。（探偵小説作家江戸川乱歩の座右の銘）

平和を育む〈子ども時代〉

〈子ども時代〉のためのアライアンス　佐藤　雅史

未来のビジョンを担う子どもたち

私は時々、こんなことを考えることがあります。次の時代に、真の意味で文化と呼べるものを私たちが築いていくために、なにか指標となるべきものがあるとすれば、それは子どもという存在ではないか。子どもをもつ大人なら誰しも、子どもたちがより自由に、より健康に、喜びと世界への愛をもって成長していくことを願っていると思います。「子どもたちのために社会に求められるものは何か」という問いほど、私たちが生きる社会の矛盾点を明らかにし、私たちが努力すべき方向性を示してくれるものはないでしょう。私たちが子どもという存在を深く理解すればするほど、私たちは未来のリファレンスとも言えるものを手に入れることができるのではないかと思います。

平和という言葉が語られるとき、真っ先に目に浮かぶのは輝く瞳をもった子どもたちの姿です。平和のためのムーブメントでは、いつも子どもたちが主役です。この夏、私が参加している〈子ども時代〉のためのアライアンスの仲間たちが開いたキッズゲルニカも、そんなイベントのひとつでした。東京の最奥、檜原村で大勢の大人と子どもが合宿をし、巨大キャンバスに平和をテーマにした絵を描きました。お台場で開かれたピースバザールの会場で天井から下げられたその作品を見たとき、なんと力強く明るい色が輝いているのかと思いました。こんな素晴らしい感性をもった子どもたちがいるからこそ、平和への祈りは光を強めていけるのです。「この子どもたちの生命が、子どもたちと家族とのきずなが、子どもたちの未来への希望が失われることのない社会を実現したい」。子どもたちの存在はそんな未来のビジョンを、平和を願う人々の心に送り続けているのです。

平和というのは、大変大きな内容を含む言葉だと私は思います。戦争や暴力がただ表面的にないことで平和だとは言えないように、平和には一人ひとりの人間の生き方や社会全体のあり方が問われるような面があるからです。人が調和のとれた内面世界をもち、外の世界に対しても調和的にかかわり、しかもその人の個性や才能に応じて自分を成長させていけること――もしもそれを平和と呼ぶならば、平和の教育とはそのまま教育の理想のことであり、教育とはそのまま平和の教育だと言い替えることができるかもしれません。子どもたちの裡《うち》に平和な心が育っていくこと、これは私たちにとっていまもっとも重要な課題ではないかと私は思います。

国を愛する心、平和を愛する心

平和という言葉は、学校教育の現場ではある緊張感をもって語られてきた言葉でもあります。授業のなかで平和をいかに取り扱うかという問題は、イデオロギー的な対立のかたちをとって長く日本の教育を翻弄してきました。教材における戦争の歴史の表現方法、平和教育の是非論をめぐって、それらが教育における中心的な問題であるかのように考えられてきました。「日本の国を愛する心を育てたい」「平和を愛する心を育てたい」という、本来は矛盾しないはずのふたつの理想が子どもたちを奪い合うという出来事のなかに、「平和のための戦争」という矛盾が顔をのぞかせているように思います。

人間は生まれたときには空の器のようなものであり、その器に水を注ぐように知識が注がれていくことによって、知性を備えた人間となっていく。愛国心という水を注げば愛国心が、平和という水を注げば平和を愛する心が育つ。ここではそんな素朴な人間観が信じられているように見えます。教育の現場で「何を」教えるのかということがことさらに問題にされるのは、このような人間観が信じられてきたからではないでしょうか。

しかし、子どもが成長していくということには、もっともっと奥深い内実と具体性があるはずです。子どもが世界とつながっていくプロセスには、実際、いくつもの段階があります。子どもが概念や知識から学ぶものは、子どもが世界から学ぶもののうち、ほんのわずかな部分でしかありません。とくに幼い子どもであれば、その学びは、大人の学びとはまったく異なるかたちの営みをとります。

感覚体験がモラルの土台をつくる

幼児は、非常に開かれた感覚を通して事物に接しています。味、歯ごたえ、肌ざわり、色彩、音色、暖かさ、におい、子どものもつあらゆる感覚が、世界をまるごと受け取ろうとしているかのようです。子どもが目新しい果物に触るとき、その手はまるでおいしいものを味わう舌のように、果物の表面をなめていきます。木の床をはい回るときも、畳の上で転げ回るときも、子どもはその感触を体中で味わっています。水道からしたたる滴を小さな手で受ける子どもの表情をみてください。感覚そのものが喜びなのです。

子どもはそうした感覚の営みから、事物のなかにある質を学び取ります。暖かさ、冷たさ、柔らかな感触、ざらついた感触、おだやかさ、騒々しさ、子どもはそうしたさまざまな質を受け入れます。体が自由に動かせるようになれば、これらの感覚のなかに運動感覚や平衡感覚が加わります。それらの感覚は、大人になってたくさんの物事を判断するようになったときに、その判断の根拠を支えるバランス感覚の土台となるものです。

ドイツの小児科医ミヒャエラ・グレックラー[注1]さんは、二〇〇三年の来日の際、子ども時代に偏食を克服することは、文化の多様性に対して開かれた心を育てることにつながると語りました。たとえば、きらいな食べ物がある子には、ほんのひとつまみ口に入れられるところから始めて、少しずつでもおいしく食べられるようにしていくことが、とてもよい経験となります。さまざまな味覚を受け入れ楽しめること、そして自分が苦手とする味覚への反感を克服できたという達成感が、社会のなかで異質なものと出会ったときに、それを拒絶するか受け入れようとするかの傾向の違いとなって現れてくるというのです。

練り上げられた知識や概念に道徳的な判断力の基盤があるのではなく、むしろベーシックな感覚体験のなかにその土台があるという事実は、私たちの平和への取り組みを根本から変容させるインパクトをもっているのではないでしょうか。

言葉は暴力を克服する

子どもは感覚体験を通して世界を受け入れていくと同時に、自らを世界に対して表現していく能力として言葉を学んでいきます。言葉がまだ未発達な幼児には、ぶったり噛んだりと、暴力的なやり方で他者にかかわっていくことがよく見られます。幼児の場合、それは相手を傷つける意図からではなく、多くの場合、相手への深い関心から行われる行為です。幼児期の暴力は、自分の寄せる思いを伝えたい、自分に注目してほしい、というメッセージがかたちを変えたものなのです。やがて言葉が自由になってくるに従い、そのような暴力性は収まっていくものです。

言葉は人間の思考活動を支える道具でもあります。実際、幼児の発達の順序は、思考に先立って言葉が習得され、その後で考える力が発達していくというプロセスをたどります。言葉がなければ考えることは不可能です。音声言語をもたない聾者は、ジェスチャーを使った身体言語を使って物事を考えます。聾の子どもたちは、夢をみているとき手話で寝言を言うのだそうです。どんなかたちであれ、言葉という働きがなければ考えることはできません。音声言語であれ、内面化したジェスチャーの言語であれ、なんらかの言語能力を十分に獲得できなければ、理性的な内面活動は発展できないのです。

このように、言葉はふたつの意味で、人間のなかの暴力性を克服するために、大変重要な役割をもっています。ひとつは自己の存在を世界と結びつけるために、もうひとつは自らの内面世界を秩序づけていくために。——これは冒頭に書いた平和の理念そのものです！　先のグレックラー医師によれば、思春期に犯罪を犯した子どもたちのある調査では、ほとんどのケースで言語能力がとても未発達な段階にとどまっていたと言います。

イメージは世界と私を結びつける

言葉を獲得し、言葉を通して物事を理解できる年齢になると、子どもたちは知的な学びを通してより広い世界に接していくことになります。学齢期の子どもたちは、言葉を使って、より積極的に世界に結びついていくことができます。ここで大切なのは、言葉によって呼び起こされるイメージとそれに結びついた感情です。

学齢期の子どもたちは、イメージを通して物事を理解しています。語られた言葉を子どもたちは常に生き生きとしたイメージとして受け取ります。子どもたちはそのイメージを内面に働かせ、そこからわき起こってくる感情によってそれを味わいます。つまり、思春期前の子どもたちは、感情を通して世界を理解しているのです。理屈を抜きにしても、子どもはお話が大好きです。とくに長く伝承されてきた物語には、子どもがイメージするにふさわしい大づかみで色彩豊かな映像があふれています。子どもは静かに耳を傾けながら、活発に心の裡を働かせます。そのようなイメージ豊かな物語が授業には必要なのです。「学校の授業のような」と揶揄されるような、散文的で説明的な言葉には生きたイメージが欠けています。それでは子どもは枯れはててしまいます。イメージのない言葉は、子どもと世界の間にはだかる壁のようなものです。

平和にとってもっとも恐ろしいものは何でしょうか。それは、無関心や虚無感ではないでしょうか。無関心、虚無感とは、自分が全体性から切り離されている、という感情です。自分が世界のあらゆる人、あらゆるものとつながっており、お互いに支え合って生きていると真に感じられたとき、そこに平和が生まれます。それを社会的なものに限定して捉える必要はありません。

たとえば、私たちが暮らしている郷土の山からとれる石灰岩の化学的組成は、私たちの体のなかにある骨組織と類似のものです。私たちの身体はいわば鉱物によって支えられているのです。石灰岩は、もともとは太古の時代の小さな生物に由来します。固く死んだ岩石がかつて生命をもっていたのです。そのことはまた、この大地がかつて海だったことを意味しています。その石灰岩を焼き砕いたものは、水と反応して固まる性質をもち、セメントと呼ばれます。石灰岩は工場で加工されてセメントとなり、商品として出荷され、それは私たちの街の経済の基盤となります。それが可能なのは商取引のシステムが間にあるからです。そこには人々のニーズと生産者とをバランスよく結びつける洞察力が関与します。

このような有機的な連鎖を知識として学ぶだけではなく、リアルなイメージとして受けとることができ、そのイメージのなかに生き生きとした感情を浸透させることができたなら、子どもたちは世界に対してもはや無関心ではいられません。家族への愛情が郷土への愛情につながり、郷土への愛情は日本の国と民族を愛する気持ちへと高まり、その愛情は愛国心を越えて普遍的な人間愛へと飛翔し、さらには人間を越えた神々しいものや、偉大な自然、とるにたらない小さな存在、弱き者や病んだ者への愛にまで広がっていくでしょう。「私は世界と共に生きている」。この生き生きとした世界感情が、やがて思春期を通過して明晰な理性と結びつくとき、その子はどんな人生を歩もうとするでしょうか。そして、子どもたちが社会に足を踏み出す地点まで、子どもたちの歩みを守り支える柱こそ、周囲の大人の愛情に満ちた眼差しであることは言うまでもありません。

〈子ども時代〉は平和な未来のリファレンス

こうしてみると、いかに多くの事柄が子どもの成長を支え、大人になったときの価値観の土台をかたちづくるかに気づかされるのではないでしょうか。私たちは、こうした子どもたちの「成長のためのステージ」をすべてひっくるめて、〈子ども時代〉と呼んでいます。子どもの成長には、大人の生活とはまったく質の違う空間と時間が必要なのです。いま、この〈子ども時代〉は危機に瀕しています。大人中心に回る生活、早期の知識偏重教育、食文化の荒廃、物の氾濫、土・水・空気・緑の喪失、無秩序な街の景観、都市騒音、メディア社会、性情報の氾濫、拝金主義によるモラルの低下、多様性を認めない教育、さまざまな要因による社会不安、等々。これらすべてが、これまで見てきたような子どもの感覚的な学びを妨げ、子どもの落ち着きのなさや暴力性を少なからず助長しているのです。

私たちはそんな時代にあって、豊かな〈子ども時代〉を守り育てていくことに配慮できる社会づくりのために、人々が手を携えることを呼びかけています。子どもたちの成長に配慮できる社会は、未来の文化構築のためのリファレンスを手にしています。なぜなら、〈子ども時代〉という揺るがしてはならない普遍的な人間性がそこに示されているからです。文化というものは、人間性の上に築かれるべきものだからです。そして、そのリファレンスにはこう書かれています――「平和は繊細さのなかに宿る」と。

注1　ミヒャエラ・グレックラー：〈子ども時代〉のためのアライアンス呼びかけ人のひとりで、二〇〇三年三月に来日。一九四六年ドイツ・シュトゥットガルト生まれ。ヘルデッケ共同体病院、小児科外来に勤務。またヴィッテン・ルドルフ・シュタイナー学校の校医を務める。一九八八年以降、スイス・ドルナッハのゲーテアヌム、精神科学自由大学の医学部門代表に就任、現在に至る。W・ゲーベル氏との共著『小児科診療室』は広く一般家庭に読まれるロングセラー。

佐藤　雅史（さとう　まさし）
１９６１年東京生まれ、横浜在住。横浜近郊で幼児と母親の育ちの場「竹の子の会」に関わっている。フォーラム・スリー発行の人智学ニュースレター『オープンフォーラム』編集者として、〈子ども時代〉のためのアライアンス、教育の多様性の会のスタートに立ち会う。http://www.forum3.com
〈子ども時代〉のためのアライアンス　http://www.forum3.com/projects/afc/　TEL 090-5124-3502（佐藤）　FAX 045-547-6615

Message for Peace

平和のつくり手になろう

立命館大学非常勤講師
池尾　靖志

多くの人たちは、世界が平和になることを望んでいます。一九八〇年代まで続いた冷戦の時代は終わり、全面核戦争の危険が遠のくと、やっと世界は平和になるとの期待感が生まれました。このことは、各国に、自衛目的以外の武器使用を禁じるとともに、国際の平和と安全が脅かされた場合には、国連を中心とした集団安全保障体制によって対処するというルールが、国連設立以来、やっと機能するのではないかという点とも結びついていました。

しかし、一九九〇年代以降の世界の動きは、こうした期待を裏切るものでした。確かに、一九九〇年に起きた、クウェートに対するイラクの軍事侵攻の際には、国連の安保理決議にもとづき、多国籍軍が結集され、イラクの軍事侵攻に対処する動きが見られました。ただし、このことは、同時に、アメリカを中心とする世界秩序をつくりたいという、アメリカの思惑にも合致するものでした。ソマリアでは、国連の平和維持活動（PKO）では、殺された米兵が引きずり回されるシーンがテレビで報じられると、アメリカはソマリアから撤退することを決めました。この後、ルワンダでは、少数民族であるツチ族が、多数を占めるフツ族によって大量に殺戮されますが、アメリカなどの反対によって、国連の平和維持活動は出遅れました。他方で、二〇〇一年九月に起きた、アメリカの同時多発テロ以降、アメリカは、テロ組織の温床とされたアフガニスタンや、大量破壊兵器を隠し持っているとされたイラクなど、アメリカの安全保障を脅かす国々に対して、先制攻撃を行うようになりました。

「平和」とは何か

ここで、改めて、「平和」とは何かを考えてみましょう。「平和」という言葉は、実は、いろんなところで使われます。たとえば、友達どうしの平和、家庭の中での平和、学校の平和、社会の平和、などなど。私たちは、こうした「平和」という言葉を、ときに、争いやもめごとのない状態を意味するものとして使います。確かに、こうした、争いのない状態というのは、一見平和かもしれません。しかし、けんかをした友達どうしが、言い争いをし、殴り合いのけんかをした後、お互いに口もきかないような状態になったとします。こうした状態は、殴り合いのけんかが終わったからと言って、「平和」だといえるのでしょうか。

人と人とが出会うところには、ときに、自分の言いたいことと、相手の言いたいことが食い違う結果、言い争いが起きます。だからといって、人と言い争いになるのがいやだという理由から、引っ込み思案になってしまうのも考えものです。いくら仲のいい友達どうしでも、言い争いをしてしまうことはあります。しかし、仲のいい友達どうしであれば、言い争いやけんかをしても、仲直りすることとは比較的容易です。日頃からの友情や信頼関係があるからです。このように、「平和」とは、もしも、言い争いやけんかをしても、その後、仲直りすることがしやすいように、日頃から信頼関係を育んでおくことだと考えることはできないでしょうか。

ただし、このことは、社会が複雑になればなるほど、話は難しくなります。知らず知らずのうちに人を傷つけてしまっていることもあるし、誰が苦しんでいるのか、よくわからないことだってあります。世界には、貧困や飢えで苦しんでいる人もいるし、最初に書いたように、今なお戦火のつづく地域では、多くの人たちが犠牲になっています。環境破壊によって、住む場所がなくなる人だっています。こうした人たちの存在は、私たちがよくよく注意して世界を見回してみないと理解することができません。また、

こうした人たちと私たちとは、一見、何のつながりもないように見えて、実は、私たちと深いつながりを持っている人たちかもしれません。だから、私たちは、理解することが困難な問題に対しても、目を背けることなく、「見続けること」が大切です。

強いものが勝ちという考え方を変えよう

社会を見回すと、「言ったもの勝ち」「強いものの勝ち」といった考え方が、一見まかり通っているような気もします。マンガの「ドラえもん」でも、ジャイアンは強くて、スネ夫君やのび太君を支配しているように見えます。また、国際社会においても、アメリカが世界に君臨しているように見えます。しかし、そうした社会であればあるほど、立場の弱い人たちが「苦しい」という声を発することなく、犠牲を強いられています。

　こうした広い視野に立ったとき、「平和」とは、立場の弱い人たちが、「苦しい」という声を発することができる状態だと捉えることができるでしょう。また、本当に苦しい人たちが声をあげ続けることができないのであれば、代わりに、声を発してあげる人のいることも重要でしょう。「ドラえもん」では、こうした役割を演じているのは誰でしょうか。国際社会においては、たとえば、ＮＧＯといわれる非政府組織や、最近では、インターネットを通じて、ふつうの人たちが、国境を超えて連絡を取り合い、「社会のしくみのここがおかしい」と声をあげることができるようになりました。このように、以前であれば、社会は複雑で、自分たちは何もできないとあきらめてしまいがちでしたが、最近では、自分たちにも何かできるのではないか、少なくとも、おかしいことを「おかしい！」と言うことはできるのではないかと考える人たちも増えてきました。

　確かに、世界は、まだまだ「平和」とはいえない状態にあるのかもしれません。しかし、世界が平和になることを望むのであれば、自分たちが平和を「つくりあげる」。こうした時期にきています。

池尾　靖志（いけお　やすし）
１９６８年生まれ。現在、立命館大学、神戸女学院大学、京都精華大学非常勤講師。編著書に『平和学をはじめる』など。
http://www.asahi-net.or.jp/~iz8y-iko/

平和を描く—キッズゲルニカ
—国際子ども平和壁画プロジェクト—

キッズゲルニカ
星野　圭子・伊藤　恵里子・三浦　由紀子

パブロ・ピカソが残虐な無差別爆撃に抗議して巨大な作品「ゲルニカ」を発表してから何十年もの歳月が経った現在も世界は暴力と悲しみにあふれています。キッズゲルニカ（KIDS' GUERNICA）というのは、ピカソのゲルニカと同じサイズ（三・五m×七・八m）の巨大なキャンバスに、世界各地の子どもたちの手によって、「平和」をテーマに絵を描く国際子ども平和壁画プロジェクトです。第二次世界大戦終結五〇周年の一九九五年に始まって以来これまでに世界各地三〇ヵ国でワークショップが開かれ、六五点以上の作品が生まれています。同じく「平和」をテーマにしていても表現方法はそれぞれの地域で異なっていますが、どの作品にも参加した子どもたちの平和への強い願いが込められています。二〇〇〇年にはネパールで、二〇〇一年から二〇〇二年にかけてはイタリアで大きなキッズゲルニカの国際展覧会が開かれ、二〇〇三年にはフランスとオーストリアで展覧会が開催されました。

キッズゲルニカは平和壁画プロジェクトといっても実際の壁に絵を描くわけではありません。かつてのベルリンの壁に代表されるように、壁というものは、人と人、そして心と心を隔ててしまうものの象徴ともいえます。しかし、風を含んで軽やかに舞うキッズゲルニカの巨大なキャンバスは、壁のように見えても、実は暖簾のようにこちら側とその向こう側とを自由に行き来できるというメタファーをもっています。

みんなで協力しあう　共同制作

キッズゲルニカの平和の絵というものは個人的な作品ではなく、巨大なキャンバスにお互い力を合わせて制作するという共同制作から生まれます。一人ひとりの自己表現を保障しながら、全体として統一されたイメージを構成していくためには、参加した子どもたち同士の話しあいと協力が不可欠だといえます。子どもたちが何十人も入ることのできる大きなキャンバスの作品を完成させるためには多くの時間がかかります。ときには数日間でき上がったものもありますが、東久留米の小学校の木版による作品のように、卒業してからもずっと制作が続けられ完成までに足け三年もかかったものもあります。キャンバスの大きさと完成までの長い時間というものは、参加した子どもたちにひとつのものを成し遂げたという達成感と自信を与えてくれます。キッズゲルニカにおいては、共同制作こそ平和な世界へ向けてみんなで協力しあうことのシンボルでもあるのです。

プロセスそのものが平和のメッセージ

キッズゲルニカはあらかじめ決められた予定のコースを進むものではありません。プロジェクトの進行そのものがひとつの作品のように自由でクリエイティヴなものです。子どもも大人もプロジェクトにかかわることよって平和の意味を深く考え、協力しあってひとつの作品を完成させるというプロセスそのものが大きな意味をもっています。母親も父親も教師も、このプロジェクトにかかわることによって、平和への思いをより深め、そして、大人が平和の問題に深くかかわるとき、その思いは参加する子どもたちの心にも反映されてくるのです。

キッズゲルニカでは「自分たちのできることを、無理なく楽しく」ということをポリシーのひとつにしてきました。現実の厳しい世界情勢の中で、「楽しく」という言い方は批判を受けるかもしれませんが、キッズゲルニカでは、まず参加するひとりとりのピースフルな心を大切にしています。反対に、世界の平和を主張していても、活動をしている本人の心がピースフルでなかったり、組織内で緊張があったりするということが少なからずあります。私たち自身の中に穏やかでピースフルな心がなくては、世界平和について考えることもできないでしょう。

平和について頭だけで考えるのではなく、夢中になって絵を描いている子どもたちのように、リラックスして「無理なく、楽しく」やることから、私たち自身の中にピースフルな心が生まれてくるように思います。ワークショップのプロセスにおいて、作品の良し悪しを心配したり、完成を目指して不安になる必要はありません。表現において、これがダメだというような決まりはありませんし、一度で完成しなければ、また別の機会に続ければいいのです。それくらいのフレキシビリティがないと、硬直化した現実の世界を救えないのではないかと考えています。

夢見る力　イマジネーション

憎悪からは憎しみしか生まれず、平和な世界を実現するためには、政治的・社会的改革と共に、私たち一人ひとりが平和な心をもつことが必要だということはいうまでもありません。子どもたちの芸術活動の中に存在する想像力は、子どもたちの心の内面を豊かにしてくれます。芸術作品というものは、人間の想像力、イマジネーションから生まれるといってもよいでしょう。キッズゲルニカは平和な世界をイメージすることでもあるのです。このキッズゲルニカ・プロジェクトが始まったとき、いったい誰がこんな短期間に世界各地で数多くの作品が生まれると想像したでしょうか。そして、その作品が美しいアルプスの山の上で展示されるとは誰も想像できなかったに違いありません。そうした夢を共有するところにキッズゲルニカの大きな意義があります。平和な世界をイメージする力、夢見る力なしには、平和な世界をきずくこともできないのではないでしょうか。

異なる文化を理解する

同じく「平和」を中心テーマにしていても、子どもたち一人ひとりの顔が決して同じでないように、異なる社会的・文化的背景の中で生まれた一つひとつの絵は異なる平和のイメージを表現しています。

たとえば、イスラエルとパレスチナの子どもたちによる作品には平和を妨げるものとしてのテロの悲しみが直接的に表現されています。一方、バリ島の作品では、日常生活の中ののどかな田園風景そのものが平和のイメージとして描かれています。また、「手をつなぐ子どもたち」や「白い鳩」や「虹」といった共通する平和のイメージも多くの絵に見ることができます。このように、各国で制作されたそれぞれの絵の中には共通点と違いを見つけることができ、キッズゲルニカは異文化理解としても重要な意味をもっています。こうした表現の多様性こそ、私たち人類の豊かさだといえます。その多様性を理解し、認め合うことは世界平和への第一歩だといえるでしょう。このようにキッズゲルニカはそれぞれの社会的・文化的背景の多様さというものを知る貴重な機会を提供してくれるのです。

イスラエルとパレスチナの子どもたちによる共同制作

イスラエルとパレスチナの子どもたちによる共同制作（2001年）

二〇〇一年にはイタリア・クロンプラッツで行われた展覧会において、イスラエルとパレスチナ双方から招かれた女の子たちによってキッズゲルニカの作品が描かれました。いまだ平和の訪れていないイスラエルとパレスチナにおいて、共同作業のワークショップを開くことは、現実には困難でした。作品は怯え暮らす自分を表現している左側部分と、銃撃戦に巻き込まれて息子が撃たれてしまった父親の悲痛な訴えを表した右側部分、そして両国の子どもが「平和になるように」という言葉と共に描かれた太陽が表現されている真中部分の三つの構成でできています。イスラエルとパレスチナで暮らす彼女たちの日常を描いたその絵は、私たちには想像もし難い生活を送っていることをリアルに感じさせます。そして、悲しい日常に挟まれて描かれた「平和になるように」と描かれた太陽からは、双方の子どもたちが願う強いメッセージが伝わってきます。イスラエルとパレスチナの厳しい現実の中、お互いに平和を求め、共同作業を通して、一枚の絵を完成させたというこの事実こそ、平和の実現を願うキッズゲルニカの精神をよく示しているといえます。

ボスニア＝ヘルツェゴビナのワークショップ

ボスニア＝ヘルツェゴビナのワークショップで描かれた作品もとても印象的です。自分たちの国でも戦争が行なわれた体験をもつボスニア＝ヘルツェゴビナの子どもたちが絵の中心に描いたのは、美しい地球を支えている大きな貝でした。象徴的に描かれたこの貝はどこか特定の国や場所を表しているのではなく、美しい地球は自分たちが守っていく努力をしなければ、その平和を保つことができないということを表現しています。その周りに描かれた一

ボスニア＝ヘルツェゴビナ（2001年）

つひとつの絵には子どもたちの考えが示されており、エジプトのピラミッドやパリのエッフェル塔の絵には、地球上の人たちが音楽や芸術、科学を通して理解を深めていけたらよいのにという強い願いが込められています。また、きちんとした洋服を着ないで手をつないでいる子どもたちの姿は、戦争中のボスニア＝ヘルツェゴビナで生き抜いた子どもたちのように、世界の恵まれない状況にいる子どもたちを表しています。これらの絵を支えている土台は子どもたちの手形です。そこには未来は子どもたちの中にあり、戦争のないお互いを理解しあえる姿を切に願う意味が込められているのです。戦争を知っている国の子どもであっても、そこで表現されたものは憎しみではなく未来に向けたものでした。その大切なことを大人が忘れようとしている今、この絵の持つ意味はとても大きいといえます。

東京・檜原村のワークショップ

このワークショップは「〈子ども時代〉のためのアライアンス」というメーリングリストで出会ったお母さんたちが企画し、実現しました。東京都檜原村にある昭和五〇年代まで山の中の小学校として使われていた青童舎という宿泊施設に、都内に住む親子が集まり、三泊四日の合宿によって行われました。

制作された絵にはキャンバスを横断するように大きな川が流れ、上流には美しい山が、下流の先にはいろいろな魚が泳ぐ海の様子が描かれました。またその周りには、たくさんの虫や蝶が飛び交うお花畑やいろいろな動物がすむ森、人々の集まる大地などが描かれ、すべては絵の中央上部に輝く大きな太陽によって照らされているかのようです。

この作品は小学生を中心に〇《ゼロ》歳から高校一年生までの

子どもたちによって制作されましたが、絵の制作に取りかかる前に、その親たちによってさまざまな平和を考えるワークが行われました。「平和ってどういうこと?」「どうして戦争するの?」親と子が一緒になって考えました。そこには、親たちの「子どもに平和についてもっと考えてもらいたい」という強い思いが込められていました。制作に入ると、子どもたちは待っていましたといわんばかりにキャンバスに集中し、色を重ねていきました。絵を描いているときの子どもたちの楽しそうな表情、穏やかな表情は忘れることができません。その楽しい気持ちや穏やかな心というものは、平和な心とつながっているように思います。絵を制作する中で、子どもたち一人ひとりの心に平和な世界が生まれていきました。また制作中には子ども同士のぶつかり合いも見られましたが、話しあってひとつずつ解決しているようでした。大人が心配するよりも、子どもたちは絵を描くというプロセスにおいて、平和を感じていたように思います。制作の最後は、ひとり一筆は入れるということで親たちも一緒に絵を描きました。そこには、大人（元子ども）の楽しそうで穏やかな表情がたくさんありました。

日本　檜原合宿（2003年）

このワークショップは、大人と子どもの共同制作というスタイルが目に見える形であらわれました。大人が子どもに平和を伝えたいということで企画されたものでしたが、大人も子どもたちからたくさんのことを学ぶことができたように思います。親子や家族の関係が取りざたされる昨今、親子、家族、地域で「平和」をテーマにして大人と子どもが一緒にひとつの共同作業をするという、このようなワークショップが新しい人間関係をきずいていく上で、大切なきっかけになるのではないでしょうか。

平和の願いを込めた展覧会

ヒマラヤの国、ネパールの首都カトマンドゥではキッズゲルニカ最初の大規模な国際展覧会が開かれました。市の中央にある広場を会場にした野外展覧会場に世界各地で描かれたキッズゲルニカの作品が一同に集められました。

二〇〇一年には、イタリアの南チロル地方にあるアルプスのスキー・リゾート地、クロンプラッツでキッズゲルニカの展覧会が開かれました。二〇〇〇mを超える高地の厳しい風と雪から保護するために作品の表面には特殊な樹脂加工が施され、とても頑強な木製のフレームも取り付けられました。山上の会場にはテロ事件以降初めて送られてきた米国のキッズゲルニカの作品も展示されました。アルプスの静寂の中、純白の雪面の上で輝く作品を前に、人間の醜い憎悪も暴力もすべて純化されてしまいそうです。各国の作品を前に国の違いを超えて楽しそうに雪の上で遊ぶ子どもたちの光景こそ、キッズゲルニカ・プロジェクトの目指す世界だといえます。

二〇〇三年には、フランスの中部、パリから約四〇〇km南に下ったリモージュの近郊にある小さな村オラドゥール・スュル・グラヌにあるメモリアル館（虐殺祈念館）においてキッズゲルニカの展覧会が開かれました。この村は第二次世界大戦中にナチス親衛隊による虐殺の悲劇のあった土地で、かつての悲劇を忘れないように、人々が生き埋めにされた井戸、人々と一緒に焼かれた教会、村長の車、学校や民家の台所など破壊された村の様子が、現在も当時のままで残されています。この展覧会には、かつて戦争があった国々、第二次世界大戦下ナチスにより虐殺が行われた地域、さらに原爆が投下された広島、そして地域紛争・民族紛争が続いている国々からの作品が選ばれました。会場の中に展示された絵は、フランス（オラドゥール）、スペイン（ゲルニカ）、チェコ（リディツェ）、ベラルーシ（ハトゥイニ）、ギリシャ（カラブリタ）からのものでした。ヨーロッパの作品は色鮮やかでデザインにも凝っているように感じられましたが、チェコの作品では近年見舞われた洪水のイメージが取り入れられており、身近に迫った災害を描くことで、過去の悲しい歴史だけでなく現在の自分たちの平和について考えたこともうかがえました。また会場の外には、ネパール、スリランカ、カンボジア、インド、ボスニア＝ヘルツェゴビナ、アルジェリア、エチオピア、広島の子どもたちをはじめ、作品を出品している国の子どもたちの絵が展示されました。オープニングにはオラドゥール村の子どもたちも招かれました。オープニングの前日に行なわれた食事会では各国の子どもたちが一緒に夕食をとり、楽しい時間を過ごしました。日本語に興味を持ち名前を漢字で書いてくれとせがむゲルニカの子どもたちや、カメラを向けると恥ずかしそうにしながらも微笑んでくれたハトゥイニの子どもたち、まったく英語を話せないのにどうにかして自分たちのことを伝えようとしてくれたオラドゥール村の子どもたち、大人びて見えても純粋にオラドゥール村の悲劇に耳を傾けていたカラブリタの子どもたち、言葉は通じなくてもお互いの国のことを知ろうとしていたそうした子どもたちの様子を見ていると、キッズゲルニカが目指す平和な世界が実現しているように感じられました。

東京　ピースバザール

二〇〇三年の夏休みには、東京で、「平和を願う・平和を描く・平和を歌う」をテーマにキッズゲルニカの絵を展示するピースバザールが開催されました。さまざまな人々が出会い、にぎわう場としてのエネルギーあふれるアジアのバザールの雑踏をイメージしてこのイベントが企画されました。

スタッフ全員がボランティア参加で、上から指示を出すというトップダウンではなく、一人ひとりがアイデアを出しながら準備を進めました。参加者全員で新しいキッズゲルニカの作品を完成させたい、キッズゲルニカだけではなく、世界の平和のためにいろいろな活動をしているNGO、NPOについても子どもたちに知ってもらいたいなど、企画をいろいろと考えました。平和の合唱やダンスなどステージ企画のアイデアもたくさん出てきました。キッズゲルニカの「自分たちのできることを無理なく楽しくやろう」というポリシーに従い、企画と準備のプロセスも、とても楽しくピースフルなものになりました。キッズゲルニカ・プロジェクトでは、どんなときでも、参加者みんなが楽しくなければ、活動は広がらないし、続かないと思っています。会期中はさまざまな年齢の子どもたちと、元キッズの大人たちも大勢集まり、ピースバザールは、たくさんの方々の協力のおかげで大成功となりました。
　一九九六年にカトマンドゥのワークショップに参加した子どもたちは大学生になり、二〇〇〇年に開かれた展覧会をボランティアでサポートしてくれました。小学生のときにキッズゲルニカに参加してくれた東久留米のメンバーは高校生となり、今度は地域でのワークショップを自分たちの力で開きました。このように、参加した子どもたちの心の中に平和を願う強い気持ちが確実に根づいています。百年後……平和を祝福するために過去の何百という作品を集めたキッズゲルニカの記念展が開かれるのでしょうか。あるいは、ぼろぼろになったキッズゲルニカのキャンバスが暴力から逃れた難民たちのキャンプのテントに使われているかもしれません。平和な世界が実現できるまでキッズゲルニカの最終ゴールはないのです。子どもたちの作品にあふれた豊かなイマジネーションと創造力が平和な世界の実現へ向けての大きな力になることを願っています。

（美育文化協会『美育文化七月号』二〇〇二年所載のキッズゲルニカ代表金田卓也の報告に加筆・修正しました）

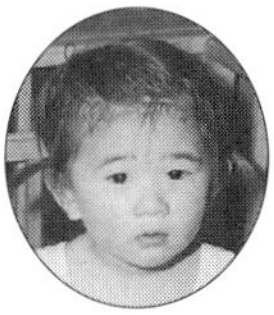

星野　圭子（ほしの　けいこ）
１９６２年東京生まれ。２０００年12月、大学卒業以来14年勤めた会社を辞め、キッズゲルニカのネパール展覧会にボランティアスタッフとして参加。以来、サポートメンバーとして活動中。

伊藤　恵里子（いとう　えりこ）
１９８０年秋田生まれ。大学在学中よりキッズゲルニカの活動にかかわり、フランス展などに参加、ピースバザールの企画、運営に携わった。現在は大妻女子大学大学院で児童学を専攻し、子どもの共同制作を研究テーマにしている。

三浦　由紀子（みうら　ゆきこ）
１９８０年東京生まれ。大学在学中よりキッズゲルニカの活動にかかわり、フランス展・檜原村ワークショップなどに参加、ピースバザールの企画、運営に携わった。イタリアで行なわれた平和を考えるイベントにも参加。

Message for Peace

キッズゲルニカ・檜原合宿

peace tree
持留　ヨハナ
秋元　香里

〈子ども時代〉のためのアライアンス（二三六頁参照）の呼びかけで集まった母親たちが、二〇〇三年夏、自然豊かな東京の檜原村の元・小学校の校舎で「キッズゲルニカ合宿」を企画。一五家族五四人とボランティアで、制作、遊び、炊事、散歩など、三泊四日生活を共にしました。

ヨ：「戦争はいけない」子どもの頃からあたりまえって思ってたけど、9・11事件以来、そうでもない雰囲気になってるよね。そんな中で、子どもにどうやって平和を伝えたらいいの？って、切実よね。

香：世間がきな臭くなってから、当時五年生の娘が戦争の本を読んでは「こうならないようにしなくっちゃ」って言うのよ。これは一緒に一歩、踏み出さなくてはって、思ったわ。

ヨ：戦争がいい、って誰も思ってないのに、口をつぐんでしまうのはなぜなのかしら。

香：独裁者やテロリストを許せない、という大義名分。資源の分配や経済や宗教の問題。「いろいろあるから、仕方ない」って言い聞かされる上に「そんなのんきなこと言って、あなたの生活が脅かされたらどうするの？」って言われて…。

ヨ：口をつぐんでしまう…。「おそれ」なのよね。だから、ふれない。考えない。でもやっぱり、子どもに「戦争も仕方ない」って、言いたくない、よね。男の子生んだ瞬間「兵隊にとられたくない」って、閃いたのよ。産後の昂奮とぼろぼろの身体で、なんでこんなときに、そんなこと？って自分でも意外だった。この感覚、結構、本能に近いのかも。

香：いいのよ。これからは、女子どもの

時代で！　世の中の問題を私たちが解決できなくても、都合や論理に巻かれることなく、感じたことを表現していいと思うわ。女子どもとして、アフガンやイラク、パレスチナやイスラエルに思いを馳せること、できるでしょ？「空爆でおっぱい出ないんじゃないかな」とか「洗濯物干せないよね」とかね。

ヨ：共感と想像力。同じいのちがそこにあることを思えば平和な方がいいに決まってる。じゃあ、どうやって平和をつくる？っていうクリエイティブな親子&人間関係をはじめよう、と始まった合宿でした。

香：この「どうやって」を、合宿の準備でいろいろ話したわよね。大きく言うと「必要な覆《おお》い」「心の平和」「対話できる力や環境」。まず「覆い」は年齢によってちがうけれど、小さい子は、暴力があふれかえっているゲームやテレビの報道から守りたい。

ヨ：「現実から遠ざけるのも」って言うけど、やられたら痛い、悲しい、ってことに慣れっこになって「心が動かなくなる」方がこわいよね。

香：そして、いろいろ外から入ってくるようになる前に「心の平和」をしっかり育てておく。

ヨ：自然との一体感、美しいものに対する感動、思いやり、共感意識。自分さえよければ、じゃなく、調和の中に生きている体験。「ほんとのことがわかる」感覚は、「心の平和」を素地に育つよね。

香：「私には幸せに生きる権利がある」「友だちにも、遠い国の人にも幸せに生きる権利がある」それが脅かされること

に「ノー」と言っていい、と知って欲しい。

ヨ：世間がどう、でなく、自分の価値判断をしていいんだって、そう思えるだけで生きていく自信につながるものね。

香：瞑想的に自分を見つめる視点も必要よね。遠くの戦争は「よくない」といいながら、自分の身近では不平不満、いじめ、無視、無関心ばかりってこと、よくあるでしょう？

ヨ：「私は平和を望んでるのに、戦争する人が悪い」とかね。自分の心の動きの中に「戦争の芽」をみつける内省は欠かせない。そして、問題を対話でのりこえていく心構えと技術。対決するのでなくね。コスタリカの平和文化教育（二七二頁参照）にそのあたりのヒントがありそう。

香：キッズゲルニカの合宿でも、いろいろ起きて、その一つひとつが平和のワークだったわよね。

ヨ：今、ここで起きていることを「ないこと」にしない。柔軟さ、臨機応変。それぞれの得意なところで力を出しあって、問題を解決していく機知。平和をつくるって、ジャズっぽい！

持留　ヨハナエリザベート（もちとめ　よはなえりざべーと）
４歳、１歳の息子たちの母。いのちの営みを実感できる場所で、家族で暮らすのがかねてからの夢。Ｗｅｂサイトのデザイン事務所自営という家業を活かし、２００３年晩秋に山梨の民家に引っ越し、半農半Ｗｅｂ生活を開始。

秋元　香里（あきもと　かおり）
小２小６の娘の母。これからの子どもを育てる豊かなヒントをシュタイナー教育に感じ、賢治の学校、フォーラムスリーに積極的に参加。女性や母親がもっと世界に目を向けるためのメディアの必要を感じている。

自分の無意識の底にひそむ、怒りや憎しみの根源をはっきり見きわめることから、平和は生まれる。　（手塚郁恵）

紛争を回避するのは政治の仕事ですし、平和を建設するのは教育の仕事です。平和を建設するための教育というものは、学校や授業の枠の中に限定されるものではありません。それは、宇宙的な拡がりをもつ一大作業です。

（P.オスワルト・G.シュルツ－ベネシュ編、小笠原道雄・高祖敏明訳『モンテッソーリ　平和と教育　平和を実現するための教育の意義』エンデルレ書店、2001年、39頁）

戦争は人の心の中で生まれるものであるから、人の心の中に平和のとりでを築かなければならない。　（ユネスコ憲章前文）

よーく見てみて！　平らという字、天秤の形してるでしょ？　私のむこうに、必ず誰かがいる。そして、バランスよく釣り合っている。私とあなたの間に、深い根っこがおりている。そして和、という字。稲とひたすらまあるい、わっか。

（持留ヨハナエリザベート）

静けさを奏でる

―耳をすまして聴くこと―

南沢シュタイナー子ども園　吉良　創

人が音楽を奏でる

音楽は「時間」の芸術と言われます。そして音楽は時間のプロセスでもあります。この「時間の芸術」は、人間が歌ったり、楽器を奏でている間だけ、音の波として、空気の振動を介してこの地上に響きます。そして、人が歌ったり楽器を弾くのをやめたとき、音楽はなくなります。言われてみると当たり前のことです。しかし私たちが現代社会において「音楽を聴く」というとき、コンサートに行くことや誰かの演奏や歌を直接聴くことを思うことは少なくなっているのではないでしょうか。「音楽を聴く」ということはかなり多くの場合は「CDをかける」こと、「ラジオのスイッチを入れること」であるのです。人間が演奏したものを録音したり、人間がコンピューターなどを使って製造した音を、機械的に再生したものを、「音楽」として聴いているのです。

音楽の源は、音として響く前のものとしては、宇宙の中にあったり、心の奥にあったりするのだと思います。そしてそれが人間を通して音として、音楽として地上の空間に響くものなのです。「人が音楽を奏でる」「人が歌う」「音楽を奏でるのは、人間である」というとても当たり前のことが、いつの間にか忘れ去られているのが現代社会です。

その時、その場で、直接人間が奏でたのでないスピーカーから発せられる音に、主体的に向かい合うことができるようになるのは、およそ九歳くらいからでないかと思います。子どもの成長発達のプロセスにおいて、その頃になると、まわりの世界を自分と切り離された外の世界と感じ、それに対して自分という内なる世界が向かい合うということが始まります。主観と客観が分離し、今まで一心同体のような関係であったお母さんも、他人として向かい合う関係になっていきます。

その頃からの子どもは、外からの感覚印象に向かい合ってそれに対して自分の内面にあるものを結びつけるということが少しずつできるようになっていきます。大人がCDで音楽を聴くとき、その演奏者がどんな人であるか、いつ録音されたものか、どのような意味をその曲が持っているか、あるいはその曲を自分が今までの人生の中でどのようなときに聴いたかなどといった、いろいろなことを、スピーカーから出てくる音に対して結びつけようとします。追体験と言ってもいいかもしれません。

もちろんこれは音だけの問題ではなく、映像を含めたすべてのメディアに共通のことだと思います。

人間であることを学ぶ乳幼児期

九歳より前の子どもの場合、年齢が低ければ低いほど、外からの感覚印象に向かい合うことはできません。外からの感覚印象と子どもは、一体となるような結びつきをします。そしてその印象を取捨選択する「わたし」というフィルターはまだ大人のようには発達しておらず、そのものと直接結びつくあり方で体験していきます。幼児期の子どもの行動の源は、感覚を通して直接出会うものと一体となって結びつくことから発する「まね」をする行為です。「模倣」することが乳幼児期の子どもの、この時期ならではの行動です。立って歩くことも、母国語を話すことも、まわりに立って歩く人間がいて、その言葉を話している人間がいて、それをまねしていこうという衝動があるから、それを身につけることができるのです。まわりに狼しかいなければ、人間は狼のように四足で走り、吠えることができる存在になり、東京に住んでいても、両親が九州弁を話していたら、それを話すようになるのです。そのように、乳幼児期の子どもは、外に対して開かれた存在として、外からの直接の感覚印象や体験をとおして、ものごとと一体化することによってその本質と出会い、「人間であること」を身につけていきます。

乳幼児期の子どもの最も大切な課題は、「人間であること」を学んでいくことです。動物と違って、人間は最初から自動的に人間になれるのではないのです。そして「人間であることは」機械やメディアからは学べません。「人間であること」は「人間」を通してのみ学ぶことができるのです。

「人間であること」の中でとても大切なものの一つは「聴く」能力です。聴くことを通して私たちは、ものごとの本質と結びつくことができます。しかし私たちの通常の生活を支配している感覚は視覚です。見ることを通してたくさんの情報がもたらされます。しかし視覚は騙されやすい感覚でもあります。たとえば、視覚的には本物の木のように見えるプリント木目の家具も、叩いて音を聴くとその材質が無垢の木でないことがすぐにわかります。音によって、そのものの本質が開示するのです。人間の場合も、その人の声や話し方、歌い方、楽器の弾き方は、その人間の本質を、見た目以上にあらわしていることはよくあることです。

このように聴く力は、ものごとの「本質と出会う能力」であり、ものごとを「理解する能力の基盤」となります。人のことを聴くことができるということは、その人に向かい合い、その人の考えや思いや意志に「耳をすます」ことであり、それはその人を理解しようとすることです。聴くという能力は、まわりにいる人間やものごとに耳をすませることだけでなく、その前提として「自分自身に耳をすます」ことでもあります。それは、心の中に静けさを創り出すことであり、宗教的、倫理的な領域ととても深く結びついているのだと思います。

この聴く力は、現代人の私たちがもっとも必要としている能力であると私は思います。しかしこの大切な力は、現代人の私たちにおいて、多くの場合、麻痺してしまっています。あるいはその力を育てることなしに、大人になってしまった人が多いのではないのでしょうか。そして耳をすまして聴く時間や場所がない生活が、当たり前になってしまっています。

幼児期に「人間であることを学ぶ」というとき、その中でとても大切なことの一つは、この聴く力を育てることに他なりません。「耳をすまして聴く」ことが本当に大切なのです。

二つの聴き方

二つの質の違う聴き方があります。繁華街を歩いているときにいろいろな店からそれぞれの音楽や言葉がスピーカーから大音響で響いてきます。そのときの音の聴き方が一つの聴き方です。保育室の中で突然大きな音でCDがかかったり、大きな音でピアノが響く場合の聴き方と同じです。突然近くで鳴りだした携帯電話の着メロの音を聴いている場合です。

この聴き方の場合、音は外から一方的にやってきて、聴く当事者は聴こうという意志をまったく持っていないのに、大きな音は聴こえてくるのです。聴こえてくるというよりも、音の攻撃を受けるといった方がよいかもしれません。音は大きいけれども、聴くという行為はとても受身的で、本人の聴こうという意志は必要としません。

もう一つの聴き方は、きれいな小さな音が響いた場合です。鳥のさえずりに耳を傾けたり、風でゆれる木の葉の音を聴いたり、保育室できれいな鉄琴の音や、ライアーの音が響いた場合です。音は小さいけれども、その聴く行為は能動的であり、本人の聴こうという意志がはっきりあり、

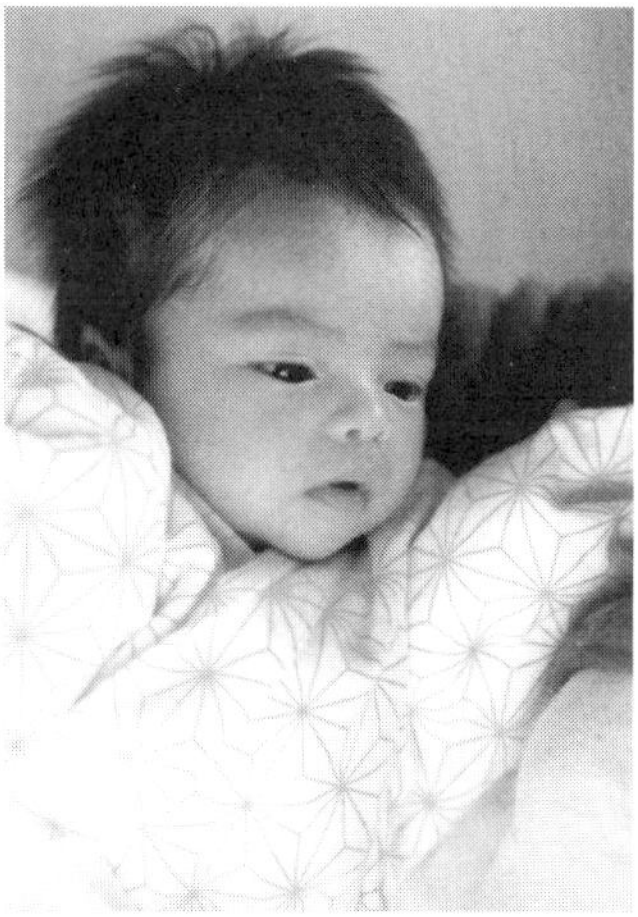

「耳をすまして聴く」行為です。

耳をすまし聴く場合、その前提となるのは自分の中に「静けさ」があることです。自分の中が静かでないと、耳をすますことができないのです。それは、自分の中に聴いた音を響かせる空間を作り出すこととも言えるでしょう。そして耳をすまして聴くということは、自分自身に対しても耳をすますことになります。

幼児の外の世界と内の世界は、まだはっきりと分かれていません。ですから大人と同じような意味で、内的な静けさを作ることはできません。大人は、まわりがどんなに騒がしくても、自分の内側に静けさを作り出すことができます。もちろんそのための精神的な力は必要としますが。では、幼児が内的に静かになれるために必要なことは、どんなことでしょうか。

答えはとても簡単です。子どものまわりの世界に静けさがあればいいのです。子どもの生活している空間に静けさがあれば、子どもは耳をすまして聴く前提としての静けさを内的に作り出したことになります。逆に子どもの生活している空間が騒がしければ、内的静けさを作ることは当然できません。

大騒ぎをしている子どもたちに、彼らよりも大きな声

で、「静かにしなさい！」と怒鳴っている先生の姿があります。これはとても矛盾した行為です。「静かに」といっている声が「静か」でないのですから。うるさい子どもの近くに行って、耳元で小さな声で「しずかにしよう」といったら、たいていの子どもは内的な静けさを持ち始めます。

子どもの生活する空間に「静けさ」があって、その中で小さなきれいな音が響いたら、子どもたちは耳をすまして聴くことを、始めることができるのです。しかし大切なのは、幼児の耳をすまして聴くという行為は、大人が耳をすませて聴こうとするときのように意識的な意志をともなっていないということです。幼児は無意識な意志の力で聴こうとするのです。幼児が無意識にまわりにいる大人の行為を模倣していくのと同じです。

静けさを奏でる楽器　ライアー

キンダーハープ、ライアーといった竪琴は、大きな音のする楽器ではありません。また、音の広がり方も他の楽器と違っています。オーケストラでソロをする楽器のように、直接まっすぐ響いていくのでなく、まわりから聴こえてくるような音の広がり方をします。そしてその音の広がりは、生、ライブでしか体験できません。録音されたり、アンプやスピーカーで拡声してしまうと、本来のライアーの響きは失われてしまうのです。

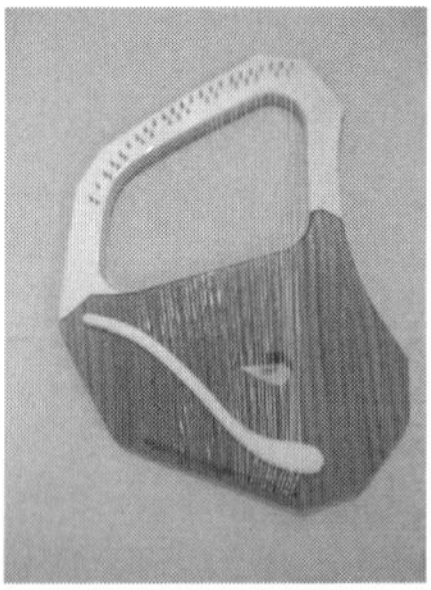

ソロソプラノライアー

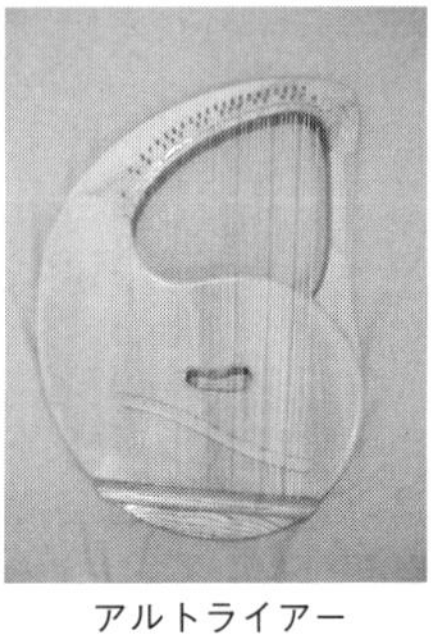

アルトライアー

ライアーは現代人が、意識的に音や音楽に向かい合うときに他の楽器以上に力を持っています。それはただ弾くだけでなく、聴くこと、耳をすまして聴くことがライアーを演奏する上でも、聴く上でもとても大切だからです。

ライアーのコンサートで実際に演奏しているときに面白い体験をしたことがあります。最初の二、三曲は弾いていて何かうまく響いていかないような感じを持っていましたが、次の曲の途中で急に、ライアーの音が響いていくことを実感できました。コンサートの後に共演者にそのことを伝えると、彼女も同じことを感じていたのに驚きました。

そのことに興味を持ったので、コンサートを聴きに来てくださった何人かの方に、ライアーの音の聴こえ方、響き方はどうだったかを質問してみました。すると、最初はライアーの音が小さいのでそれに慣れるのに時間がかかり、会場の外から聴こえる車の音なども気になったが、何曲目からはライアーの音がはっきりと聴こえるようになり、最初よりずっと響いて聴こえた、というようなコメントを何人もの方からいただきました。そして、ライアーが響き始めたのは、演奏者が感じたのとほぼ同じ時点であったのです。

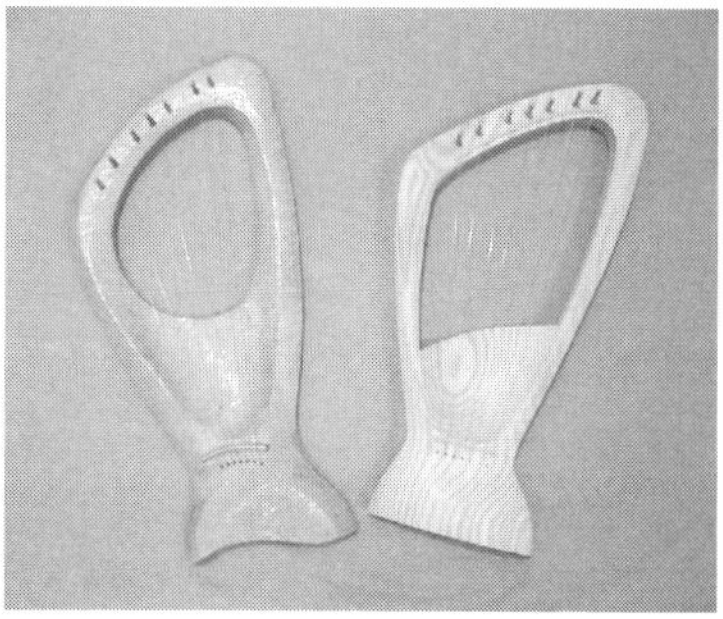

キンダーハープ

　その時点とは、聴き手がライアーの音に慣れて、耳をすまして聴くということができ始めた時点であり、耳をすまして聴くということによって、物質的な空間でない空間が広がり、そこにライアーの響きが広がっていったのだと思います。聴き手一人ひとりが耳をすまして聴くことによって創りだした内的静けさの空間に、ライアーはその本質を響かせること、開示することができたのです。

　ライアーはこのように、私たちに耳をすまして聴くということを要求します。そして子どもたちがこのような聴く体験をするために、うってつけの楽器です。

耳をすまして聴くことが創りだす平和

　音や音楽だけではなく、自然の中の音、動物の鳴き声、そして人間の言葉も、私たちが耳をすまして聴く対象になります。特に他の人の言葉に耳をすますこと、これはとても大切なことで、これができないと話し合いをしているつもりであっても、お互いに自分の意見を一方的に述べているだけになってしまいます。自分と違う人の言葉に意見に考えに耳をすますことが、話し合いにおいてはその基盤になるべきものだと思います。

　そして、現代社会の中で私たち現代人は多くの場合、夫婦間で、親子間で、教師と親の間で、市民と役所の間で、若者と年寄りの間で、男と女の間で、上司と部下の間で、民族と民族の間で、国と国の間で、お互いに「自分が正しいこと」と「相手が間違っていること」だけを主張して、相手の考えに耳をすませようとはしていません。このような現象の背景には、耳をすまして聴く能力が低下してしまったことがあるのではないかと私は思います。

　耳をすまして聴くことによって、その人の考えに向かい合い、その本質と出合うことができ、感情に振り回されない少し意識的なレベルで、その考え方と出会うことができます。そして、その考え方に対して、ただ自分の意見を主張したり、相手を非難するのでない、それと違った自分の考えを発言することが可能になるのではないかと思います。そのような対話を、私たちは日常の生活の中でしていきたいものです。

心の中の静けさがない平和はありえないと思います。私たちの内面に静けさを創りだすことは、外の世界に静けさを創りだすことにつながっていきます。そして内的静けさを生みだすためには、私たちはとても多くの意識的な意志の力を必要とします。それでも、なかなかうまくいかないものです。心の中に静けさを創りだせる人間が増えるためには、心の中に静けさを創りだせる人間を育てることが、遠回りですが一番よい道でないかと思います。これが教育の課題だと思います。耳をすまして聴くことを小さいときから当たり前にしていった子どもは、そうでない場合に比べて、心の中の静けさを創りだすことができるでしょう。その心の静けさによって私たちは、偏見や先入観や、さまざまなイデオロギーから自由な一人の個としての人間として、他の人たちに耳をすますことができるのです。

この耳をすまして聴く能力の育成を阻んでいるのは、スピーカーから流れる偽物の音であり、モニターに映し出される偽りの像であり、私たちの口から発せられる、その人の本性と一致していない口先だけの言葉です。これらは「人間であること」を学ぼうとしている子どもたち、特に乳幼児期の子どもたちには、必要ないものです。メディアを通した間接的な体験ではなく、直接の感覚体験が大切なのです。そしてその人間と結びついた表面的でない意味ある行為が子どもの生活する環境にあることが、必要なのです。CDで聴く童謡やビデオで見るお話ではなく、お母さんが歌う歌やお話を子どもたちは求めているのです。

本当に意味のある行為をしている人間がまわりにいる

こと。その人たちが自分自身の行為への愛を持っていること。こんなことを子どもが感じることできたら、その人間は戦争をしたり、他の人を傷つけたりすることをしないのではないかと思います。まわりにいる人間が平和な人間であったら、乳幼児はそれを体の奥深くまでしみこませることができます。そしてそれは平和というものを無意識に感じ取る感覚になっていくのではないかと思います。それは同時に、平和でないということを、当たり前に感じ取る能力にもなるのではないでしょうか。

子どもたちに、「耳をすまして聴きなさい」という必要はまったくありません。耳をすまして聴く価値のある人間が、子どものまわりに当たり前に存在していること。そしてその人間による耳をすまして聴くべき音や音楽や言葉がそこにあること。そのことが子どもが自分の意志で耳をすまして聴こうとするきっかけになるのです。

すべての人が耳をすまして聴くことができたら、きっと平和の響きが聴こえてくるのだと思います。

参考文献

吉良創著『シュタイナー教育の音と音楽　静けさのおおいの中で』（学研、二〇〇二年）
吉良創著『シュタイナー教育　おもちゃと遊び』（学研、二〇〇一年）

吉良　創（きら　はじめ）
１９６２年生まれ。自由学園卒業。ドイツへ留学しシュタイナー幼児教育、音楽教育を学ぶ。南沢シュタイナー子ども園教師。ライアー演奏活動、指導もしている。著書『シュタイナー教育のまなざし』他２冊（共に学研）。
南沢シュタイナー子ども園　〒２０３－００２３　東京都東久留米市南沢３－16－63　E-mail Steinerkodomoen@aol.com
ライアー響会　TEL/FAX 0424-69-7885　E-mail Leierkyokai@aol.com

平和創造力とarts of peace

京都造形芸術大学
鎌田　東二

「平成」を「兵制」の世としないために

一六年前、元号が「平成」に変わったとき、「平成の世」は「平和に成る世」ではなく、「兵制の世」となり、世は乱れて乱世になると直感しました。そのとき本気で、「これから『大中世』が始まる」と思ったのです。これからさまざまな場所で波乱や破壊や崩壊が進行すると直感したのです。かつて、喜納昌吉氏との対談を中心にまとめた本『霊性のネットワーク』（青弓社、一九九九年）を出版したときにも、そんな思いを持った経緯を書いたことがあります。その予感が現実になってきたというのが最近の実感です。

竹下登総理大臣の下で元号の変更を国民に告げた当時の小渕恵三官房長官は、その後内閣総理大臣となりましたが、首相在任中に死去するという悲愴な結末を遂げました。

実は、「平」の字で始まる元号を持つ時代が日本史には二度あります。一度目は平安末期の「平治（一一五九年）」、二度目は「平成（一九八九年—現在）」です。皮肉なことに、「平和」を希求し願って命名されたであろう元号を持つそのどちらの時代も、現実には「平和に治まる」ことも「平和に成る」こともなく、ついには、「兵治」と「兵制」の世になってしまいました。「平治」も「平成」も平和から遠い時代になってしまったのです。

天台座主慈円は、『愚管抄』の中で、「保元元年七月二日、鳥羽院ウセサセ給テ後、日本国ノ乱逆ト云コトハヲコリテ後ムサノ世ニナリニケルナリ」（『愚管抄』）と「武者の世」の到来を概嘆しましたが、この鳥羽法皇の死去と共に起こった保元の乱（一一五六年）とは、①院と朝廷すなわち天皇家内の対立、②藤原摂関家内の対立、③平氏および源氏の武家棟梁家内の対立という、三層の対立の絡み合いの中で起こりました。これによって親子・兄弟・叔父甥が血で血を洗う戦いをし、肉親殺しを実行したのです。

この保元の乱で、源義朝は平清盛と同様、後白河天皇方につきました。しかし、義朝の父為義も弟の為朝も崇徳上皇方につき、親子は敵味方にわかれました。結果は、崇徳上皇方が破れ、為義は義朝の手で斬首刑となったのです。

この保元の乱の戦後処理や報奨をめぐって、義朝は後白河天皇が自分を冷遇し、平清盛を厚遇したことを恨みに思い、三年後に平治の乱が起こります。義朝は清盛が熊野詣でに出かけた留守をねらって、乱を起こし、敗れたのです。

わたしの家の先祖鎌田正清は源義朝の乳兄弟として育った一の家臣でしたが、義朝と共に敗走し、尾張の国知多半島にある正清の妻の実家に身を寄せます。けれどもそこで、正清は正月に義父の平忠致（長田忠致ともいう）に酒を飲まされてだまし討ちに会い、斬り殺されて死んでしまいます。そのとき、義朝は風呂場で丸裸になっていたところを急襲され、太刀を持って反撃もできぬまま無念のうちに斬り殺されたので、後に、寺の一角に義朝の鎮魂供養のための剣塚が作られ、参拝者の剣の奉納が行なわれてきました。その剣塚の近くに、鎌田正清と自害してはてた正清の妻の墓が建っています。

わたしの家では、平治の乱に際して先祖の鎌田正清が酒を飲まされて死んだという故事により、年の暮れから正月三日間は酒類をすべて家の外に出します。わたしは今年五二歳ですが、いまだに正月にお屠蘇も酒も飲んだことがありません。この二〇年近く正月は断食し、鎮魂と平和を祈ります。わたしが「平和」を希求し、「平治」や「平成」という元号にこだわってきたことには、こうしたわが家の出来事や歴史がかかわっているのです。

「平成」の世になった一九八九年六月四日、北京で天安門事件が起こりました。同年一一月九日ベルリンの壁が崩壊。翌一九九〇年七月二五日、イラクがクウェートを侵攻、さらに翌一九九一年一月一七日、アメリカを中心とする多国籍軍がイラクを攻撃し、湾岸戦争が始まります。このイラク問題の背後にはパレスチナ問題があります。それが中東問題の発端であり核心です。そして、二〇〇一年九月一一日、米同時多発テロが勃発、アメリカはその後、アフガニスタンのタリバン政権とイラクのフセイン政権を攻撃し崩壊に追い込みます。

ここではハンチントンの言う「文明の衝突」が起こって

いるように見えます。あるいは、ブッシュ大統領が失言したように、新たな「十字軍戦争」が起こり始めたようにも見えます。この現代の二度目の「中世」を生き抜くには、相当な知恵と力が必要です。そして、戦争を回避し、「平和」を実現していくためには人類の生存と進化をかけた闘いが起こってくるでしょう。今、そのような人類史の分岐点にわたしたちは位置しているのです。「平成」の世を「兵制」の世としないためにわたしたちに何ができるのでしょうか。

平和とは「戦争のない状態」ではなく、「一人ひとりの創造力が発揮できる状態」

このような世界史的事態の中、「平和」という言葉が死語に近づき、観念的で空疎な概念になりつつある現状において、わたしたちはどのような「平和」を構想し、創造していくことができるのでしょうか。

わたしは「平和」とは単に戦争のない状態を言うのではなく、一人ひとりの生き生きとした創造力が発揮され、それが社会的な活力や調和を生み出している状態、あるいはその方向に向かって前進している状態であると考えます。

「平和」には消極的平和と積極的平和があります。消極的平和とは戦争のない状態を言います。それに対して、積極的平和とは社会が創造的な活性化を実現している状態を言います。

インド・ニューデリーに住む最高裁判所弁護士ムクル・ヴァルマ氏の歌う神々への讃歌とコラボレートする

沖縄のシンガーソングライターで平和活動家の喜納昌吉氏は、「戦争よりも祭りを」「すべての武器を楽器に」「すべての基地を花園に」「すべての人の心に花を」と訴えました。これは積極的平和の状態へのベクトルを示す、実にわかりやすく的確なスローガンであると思います。いかに楽天的と思われようと、わたしはこの喜納昌吉氏のビジョンを支持します。これは第二次世界大戦後の日本が保ってきた「平和憲法」の精神の大衆的表現であるとさえ思うのです。

チベット仏教の指導者ダライ・ラマは、わたしたちがみな“universal responsibility”を負っていると述べていますが、その通りだと思います。その「普遍的・宇宙的責任」をはたすためにはどうしたらいいのでしょうか。それには、まず第一に、わたしたちがわたしたち自身の弱さや欠陥や問題の所在をよく自己認識しなければならないと思います。自己を知る＝統《すべ》ること、これがすべての根本です。それは、古代ギリシャのデルフォイの神殿に掲げられた「汝自身を知れ」という格言の課題実現でもあります。第二に、この認識が自己の創造性の発現と結びつかなければならないと考えます。それが「祭り」であり、「花を咲かす」ということです。それは利己的欲望を包み込み、昇華する公共的・利他的欲望なのです。欲望を否定するのではなく、欲望を変容させることが大切です。戦争や暴力を祭りや芸術に変容させることが。

アニメーション映画の原作者であり監督でもある河森正治氏は、宮沢賢治をモデルにした『ＫＥＮＪＩの春』や『超時空要塞マクロス』や『地球少女アルジュナ』などの作品で知られますが、これらの作品には一貫して芸術やスピリチュアリティ（霊性）の重要性が表現されています。人気アニメの「ガンダム」シリーズが、最終的に武力で問題解決を図ろうとするのに対して、荒唐無稽なようですが、「マクロス」シリーズでは「歌」でその解決が図られます。歌の力によって戦いから平和へと人々の心の変容を生み出す、という設定なのです。主人公は歌います。戦いを超えていくために。戦いを鎮めていくために。

歌の力、芸術の力をこの作品は平和創造力として称えているのです。わたしはそれを“arts of peace”（平和のワザヲギ、平和作りの諸技法）の実践であると考えています。それはまさに喜納昌吉氏の主張する「すべての武器を楽器に」という精神の具現化ではないでしょうか。

二一世紀の「平和」の課題としての「多様の中の統一的調和の形成」と「八百万交響楽（ヤオヨロズ・シンフォニー）の演奏」

平和創造力とは、別のいい方をすれば、「シンフォニー」を作曲し、演奏する力であると言えます。なぜなら、生命は多様である中でバランスが保たれているときに、自らの安全と安心と喜びを感受するからです。多様性の中に調和がもたらされること。八百万の存在が多様であるままに高次な秩序と調和と美を形成すること。それが「八百万交響楽」の実現です。

そのような「ヤオヨロズ・シンフォニー」の一翼を担うためにわたしは「神道ソングライター」を名乗り、この五年で一八〇曲ほどの「神道ソング」を作詞作曲して歌っています。『超時空要塞マクロス』の主人公ではありませんが、歌による解決、歌による世直し・心直しを目指しているのです。『元始音霊　縄文の響き』（CDブック、春秋社、二〇〇〇年）、ファーストアルバム『この星の光に魅かれて』（Moonsault Project、二〇〇一年八月一五日リリース）、セカンドアルバム『なんまいだー節』（Moonsault Project、二〇〇三年九月一日リリース）、『神道のスピリチュアリティ』（CD付き、作品社、二〇〇三年）などは、その過程で生まれてきた音楽や歌や本です。

こうしてわたしは友人たちと共に、“arts of peace”の方法として、音楽を通して平和への想像力＝創造力と鎮魂力を高めようと企図し運動しているのです。道は遠く険しくとも、歌いながら進めば必ずや道は開け、心は開け、魂は開けていくと確信しています。

（鎌田氏が発起人の一人として結成された「地球平和公共ネットワーク結成趣意書」を巻末二三三頁に掲載しています／編者注）

2003年12月25日、インド・デリーパブリック・ライブラリーで500人を前に神道ソング「弁才天讃歌」を歌い、インド起源の水の神サラスァティを称える

鎌田　東二（かまた　とうじ）
1951年生まれ。國學院大學大学院文学研究科博士課程修了。現在、京都造形芸術大学教授・東京自由大学運営委員長。宗教哲学、民俗学。文学博士。神道ソングライター。CD『この星の光に魅かれて』『なんまいだー節』。著書『エッジの思想』（新曜社）『神道のスピリチュアリティ』CD付き（作品社）他。URL: http://homepage2.nifty.com/moon21/

子どもを守る者はすべてを守る。子どもを守らない者は何ものをも守らない。

（むのたけじ著『たいまつⅠ』評論社、1976年、95頁）

Climb evry mountain!　すべての山に登れ！　（森実）

平和とは、人々が平等であるということの上に－そしてそのことの上にのみ－成り立つものであることを心に留めよう。このような人と人との平等性を基礎として、その上に多様な社会形態が存在し、しかもそれらが共存する、そうした平和な地球市民社会に向って、世界は進化していくのであろう。

（ヨハン・ガルトゥング・藤田明史著『ガルトゥング平和学入門』法律文化社、2003年、15-16頁）

Message for Peace

コスタリカの平和文化教育

もうひとつの学びの場

平野　慶次

　コスタリカというと、珈琲豆の産出国として知っている方も大勢おられるでしょうが、その内実についてはあまり知られていないようです。9・11の同時多発テロ以降に平和に関心を寄せる方がずいぶん増えたように思います。そんなムードの漂う中で「軍隊を捨てた国」（早乙女愛製作・あいファクトリー配給）という映画が二〇〇一年に完成し、翌年三月に公開されました。この映画により人々の知るところとなったのですが、平和憲法を有する国が中米に存在している、この事実に励まされた市民活動家も少なくないでしょう。同じように戦争放棄を歌い、平和憲法を有する日本とはどうも様子が違うのです。

　アメリカは第二次大戦の後の戦後処理に際し、日本に駐留している間にこの平和憲法の制定を支援してきました。中でも目を引くのが、教育システムの解体と再構築だったのではないか、と今更ながらに思います。コスタリカでは、一九四九年に平和憲法を制定し、軍隊を解体してから、その軍事費をすべて教育費に注ぎ込み、今では識字率約九五パーセントという世界有数の高さを誇る国になりました。今でも国家予算の四分の一が教育費に充てられているとのことです。

　さて、現在のコスタリカでも「平和文化教育」というプロジェクトは進行しています。コスタリカの教育思想の背景には、子どもの権利条約に見られる視点「子どもを『不完全な大人』と見なすのではなく、『完全な子ども』と見る」があるようです。この視点に立ち、完全な子どもとして、社会構成要因としての権利と義務があるということを、小学校の一年生で学ぶのです。高学年ともなると「平和ジャーナリズム」の授業まであるというから驚かされます。単なるジャーナリズムではなく、平和を冠し、報道を通じて平和構築を目指そうというのです。それは、単に戦争のニュースを流すことではないと言います。考えてみれば当たり前のようですが、戦争という非日常の出来事を題材に平和を学ぶという日本の平和教育では、平和も戦争との対比において同様に非日常に堕ちるように思います。ここにコスタリカの平和文化教育のひとつの特徴を見ることができそうです。

先に紹介した映画にアシスタントプロデューサーとしてかかわった足立力也が、的確に平和文化教育のプロジェクトを紹介しています。少し引用してみます。「このプロジェクトは、三つの大きな柱からなっている。それは、自分自身との平和、他の人々との平和、そして自然との平和である。自分自身との平和はさらに、精神における平和、心における平和、体における平和の三つに分けられる。精神における平和とはつまり、自分とは何であるか、自分の価値とは何であるかを認識し、確立することだ」誰かと比べて、という相対的自己評価ではなく、絶対的自己評価の軸を構築することに、このプロジェクトの醍醐味はあるようです。その上で、そこに構築された方法論がとても具体的でわかりやすいようです。たとえば「和解」をテーマにするとき、卑近な兄弟げんかや夫婦げんかのような話から始まり、地域の話題、地方の話題、国の話題、世界の話題という風に、リアリティーをわかりやすく拡張します。

このようにリアルな観点を突きつけながら、身近な平和を語り合う中で、ていねいに平和の文化を築いていこういう姿勢は、今も変わらないようです。とはいえ、現在のコスタリカが、とても平和で安定しているのかというと問題はあるようです。国家予算の四分の一を教育費に充てながらも、現在は学校に行けない子どもらの数が増えてきているとのことです。足立力也は、新自由主義の経済政策が貧富の差を拡大させてしまった、と言ってます。経済優先の現実社会と学校との乖離を減らすことは、コスタリカでも大きな課題のようです。戦争を語り継ぐことの大切さを感じながらも、身近なけんかから「和解」へと向かう精神だけは、何とか学びたいものだと思います。

コスタリカ関連書籍

早乙女愛・足立力也著『平和をつくる教育』（岩波書店、二〇〇二年）
早乙女勝元編『軍隊のない国コスタリカ』（草の根出版会、一九九七年）
児玉房子　絵と文『コスタリカ賛歌』（草の根出版会）
カレンさん招へい実行委員会編『カレンさんコスタリカを語る』（草の根出版会、二〇〇三年）

自由ヴァルドルフ学校における平和・非暴力への教育

ヴァルドルフ教育研究家　不二　陽子

「朝の詞」

自由ヴァルドルフ（シュタイナー）学校では、子どもの心をどのような方向に導き育てようとしているのでしょうか。実践の場でそれが直截《ちょくせつ》に汲み取れるのは、毎朝の授業始めにクラス全員で唱える「朝の詞」ではないかと思います。開校直後にルドルフ・シュタイナーが作ったもので、以下のような内容です。[注1]

〈一年〜四年〉

太陽の優しい光が
一日《ひとひ》を明るく照らしてくれます。
心には気高い力
それが手足に元気をくれます。
日光の輝く中で
神様、私は尊びます
人間の力を
それをあなたは私の心に
植え付けてくださいました
だから私はよく働いて
よく学べます。
あなたから光と力がやって来ます
あなたへと愛と感謝が流れ出ますように。

〈五年〜十二年〉

私は世界を観る、
そこで太陽が輝き

星々がきらめく。
石たちは横たわり
植物は生きて伸び
動物は感じて生き
そこで人は心を持ち
心は霊を宿らせる。
私は心を観る、
それは、わが内に生きている。
神なる霊は働いている
日の光、心の光に
外なる宇宙の空間に
内なる心の奥底に
おお、神なる霊よ
私は願いを込めて
あなたに向かおう
力と恵みが、私の内で
学習へ、仕事へと育っていくように。

低学年の詞だけシュタイナーの解説があり、子どもが「内的なものと外的なものの対照性」「光の中と心の中の神的なもの」を感じることが大切だとしています。[注2] 最初の四年間は、このような感性をはぐくむことが教育活動のベースとなるでしょう。

高学年の詞も、「内的なものと外的なもの」に等分に意識が向けられている点は共通ですが、低学年の詞が外界への賛嘆、信頼、感謝の気分、すなわち感情的なものを主調とするのに対し、高学年の詞は自覚的・意志的です。前者で「私」の主語が使われるのは第二連からですが、後者は一貫して「私」が主体であり、「私」の思考と意志が前面に出てきます。最後の数行では、「私」が神的な力を感じつつ、自己自身を形成していく決意が表明されます。学習活動は、この基本路線の上で展開されていくのです。

そして、どちらの詞も外界を受け入れる開放性、外界に向かっていく積極性、能動性が顕著であり、ポジティブです。それが、ヴァルドルフ教育のライトモチーフといえるでしょう。

上級生たちの抵抗感

一九一九年の創立以来、「朝の詞」の朗唱は、世界中のヴァルドルフ学校で行なわれている伝統です。ところが、ドイツのショップフハイム・ヴァルドルフ学校では、第二次湾岸戦争（二〇〇三年三月に勃発したイラク戦争）が始まりそうになった頃から、上級学年の生徒（九年生～十二年生）の間で、「朝の詞」の代わりに老子の言葉とエーリッヒ・フリートの『暴力』という詩を唱えようという動きが起こりました。ヴァルドルフ教育月刊誌『教育芸術』二〇〇三年七／八月号にそう記されています。[注3] 報告者は、同校のオイリュトミー教師ペーター・エルゼンです。

思春期の子どもたちは、自主的な判断と自己決定への願望が芽生えます。学校のやり方に、もろもろの潜在的な疑問を持ったとしても不思議ではありません。けれども「朝の詞」朗唱に関しては、拒否感が表面化するほどのことはなく、これまでは習慣的に受け入れられてきたと思われます。その伝統を変えようとする意志が生徒の肉声になって現われたのは、近年の世界情勢に応じた意識の変化を物語るものでしょう。

生徒たちは、どんな理由から異なる詩を唱える提案をしたのでしょうか？　著者エルゼンに問い合わせたところ、彼らはふだんから「朝の詞」を、あまりにも「ポジティブ」で「ナイーブ」（否定的な意味で）だと考え、もっと現実世界の状況と直接かかわりたいと切に望んでいる。その衝動が、イラク戦争前の緊迫した状況下で行動になって現われた、との返事でした。

ヴァルドルフ学校では全学年を通じて芸術の授業が重視されていますが、十年生では芸術学「詩と韻律」のエポック（集中授業）があります。この授業で一人の生徒が作った詩が、記事中に紹介されています。

私は朝起きる
私の傍は澄みわたっている
しかし世界には戦争がある
私は朝食を取る
他の人々が飢えているのに
誰が思うのか、世界は美しいなどと
そう思う者は、ちょっと世界を見るといい

この生徒は、自分を多数の他者より特権的であると感じており、そのことに心が引き裂かれる思いを味わっているのだと、エルゼンは代弁します。

このような事例を彼が取り上げたのは、高学年の「朝の詞」を十二年生まで唱えることが生徒たちの心情に叶うかどうか、毎朝一斉に唱えるやり方が適切か、という問題提起のためです。ヴァルドルフ学校は八年制でスタートしたので、本来この詞は八年生までを念頭において作られました。十二年制に移行した後、自動的に最終学年までの詞とされたのです。エルゼンは上級学年の生徒たちの反応を視野に置き、原点に立ち返って「朝の詞」を唱える意義を考えるよう促します。

「若者たちが世界を観るとき、何を見ているだろうか？　彼らが毎日唱えることを要求されているような世界像を見ているだろうか？　誰もが、〈神なる霊〉を正直に自分のうちで体験できているか、あるいは現時点では何も自分のうちに感じないがゆえに、そこでウソをつかねばならないか？〈力と恵みが学習へ、仕事へと〉という願いは、真正なものであるか？」と、エルゼンは問いかけます。

この問いには、次の根拠があります。「九年生以上のオイリュトミーでは、それ以前のように短調・長調だけでなく、とくに不協和音を、歴史授業などでは革命を取り上げる。いったい、なぜか？　それらが、若者の生活感情に合致しているからである」。ここで指摘されているように、子どもの心身の成長段階に即した教育方法とカリキュラム編成が、ヴァルドルフ教育の基本です。エルゼンが言及した授業内容については、後でふれましょう。

彼の結論は、「生徒たちの心情に即して、上級学年の授業では重苦しさ、不和、不道徳などの現実を取り上げる勇気を持つべきだ」という点にあります。もう一つの提言は、上級学年ではクラス全員による「朝の詞」朗唱を徐々に止め、生徒各人が自分の唱える詞を選ぶようにしてはどうか、というものです。現実と直面させ、そこで生きる支柱となる詞を彼ら自身が探し出すよう指導しよう、というわけです。

二方向の芸術性―音楽的・詩的なものと彫塑的・造形的なもの―その統合

前掲の詩を書いた生徒は、自分の生活環境とかけ離れた場で起こっている戦争や飢餓を思い、自分の恵まれた境遇と引き比べて、ある種の負い目を感じています。そして最後の二行で「美しい世界」への懐疑と、その世界像を保持する人々への反発をストレートにぶつけています。彼の内に生じている亀裂感や痛みは、一つには鋭敏な良心がもたらしたものと考えられます。他方に真実への実存的な問い、理想と現実との乖離に対する煩悶のようなものが伺えます。どんな教育的背景から、このような意識が育ったのでしょうか？

たしかにヴァルドルフ学校では、「世界は素晴らしい秩序を持つ、一つの宇宙《コスモス》」[注4]だと感じ取らせる教育が行なわれています。そのため各教科・科目の学習事項を相互に関連づけて、世界が科目ごとにバラバラなものだという印象を持たせないカリキュラムにしています。そこで、芸術性という要素を存分に働かせます。音楽的・詩的なものと彫塑的・造形的なものという二方向の芸術活動をバランスよく取り入れ、子どもの心に統合性をもたらすよう考案されているのです。

周知のとおり、ヴァルドルフ教育では一年生から八年生までを一区切りの成長段階と考えて、連続的なカリキュラムが作られています。エルゼンが言及したオイリュトミーを中心に、どのように各分野の学習事項が関連づけられ、統一体となっていくかをたどってみましょう。オイリュトミーは、音楽や言語を身体の動きで表現する芸術ですから、音楽や国語の授業とは、おのずから密接な関係が生まれ、動きの軌跡は幾何的な図形とかかわります。

音楽は、エルゼンの指摘のようにインターバルの段階的導入を中心に展開している点が特徴。一年は五度の範囲内の曲、二年でオクターブ内の曲、四年で長・短三度、長調と短調を扱います。各協和音の響き（ハーモニー）と成長段階との間に対応関係があり、年齢に適したインターバル体験が、心身の調和的な発達を促すとされているのです。

また、四年では楽譜と分数の学習を結びつけます。

器楽授業と歌唱の時間は別に行なわれ、低学年からリコーダーや弦楽器の授業があります。音楽科目には、特別な比重が置かれているといってよいでしょう。秩序と調和を明瞭に感じさせるのは音楽と数学ですが、音楽は美的感覚も育てます。このように系統だった学習で音楽の秩序・調和美を浸透させ、合唱と合奏でハーモニー感覚を育てた後、上級生になると不協和音をも体験させるわけです。

詩的なものの学習は、どうでしょうか。「朝の詞」の導入法について、シュタイナーは、子どもたちが朗唱して「純然たる言葉、拍子、リズム」を感じることが大事で、「初めから意味の説明をしないように」と戒めています。詩的なものにおいても、やはり音声の響きとリズムの感覚を養うことが第一とされているのです。

国語に限らず、植物学や鉱物学など理科系科目でも内容に即した詩が唱えられます。それらは特定の韻律を持つ定型詩で、日本語なら、各科目の授業のたびに七五調や五七調の詩を唱えるようなものです。この長い積み重ねの後に、十年生で「詩と韻律」を美学として学問的に学ぶことになります。

彫塑的・造形的なものを養う活動には、たとえば「フォルメン線描」があります。これは簡単にいえば、「動き」の軌跡を描き、「線」自体が持つ性質や、線の動きによって生ずる形態が持つ感覚を養う活動です。この中で、「朝の詞」の解説で言及された「内的なものと外的なものの対照性」が視覚的に造形されます。

音楽の時間に学んだ楽曲、各授業で唱えた詩は、オイリュトミーの時間に取り上げられ、音楽や詩が身体全体との結びつきを持ちます。たとえば五年の歴史で万葉集の和歌を朗誦すると、オイリュトミーでそれを動く。フォルメン線描の要素や算数で学ぶ幾何図形も、オイリュトミーの動きになります。[注5]

このように八年間の教育では、各科目の全体的な関連に配慮しつつ、もっぱら芸術的な感覚、感受性を養うことに重心が置かれます。「朝の詞」に表現されている、森羅万象に霊性が宿っているという感覚も、教師がそれを感じ取ることによって、どの授業の中でも子どもに自然と伝わるようにすべきだとされています。

道徳的存在に育てるには

子どもたちは上級学年になる以前にも、現実世界の矛盾や困難に目覚めます。現実に目覚める度合いに応じて、その心情にふさわしい分野の科目が新しく導入されていきます。芸術性をベースに少しずつ現実世界へ連れ出すわけです。美的感覚の育成とは、「美しいものを美しいと感じ、醜いものを醜いと感じられるようにする」ことです。それと並行して、「善を喜び、悪を忌み嫌う」感性を育てます。

問題行動があった場合、道徳律を言い聞かせて説教するのではなく、本人がその行動を憎むべきもの、恥ずべきものと感じることができ、行動が他に及ぼす悪影響を感じられるような指導をする。それには物語が活用されます。説話に教訓の力が宿っていた時代のように、子ども時代は物語から生き方を学び取るからです。そのためにも、ふだんからさまざまな物語を語り聞かせて、想像力を養います。

現代の人間は知的になり、頭では立派なことを考えるけれども行動がともなわない、というケースが少なくありません。それは早期に知的教育を施したためであり、七歳から十四歳の時期に感情的特質を正しく育成することによって、思考と意志との正しい結合を目指さねばならないと、シュタイナーは主張します。それによって初めて、人間は「道徳的存在」になりうると言うのです。[注6] この目標に向けて構築されたのが、前述した八年間の教育法です。

この期間の教育が、二方向の芸術的活動をベースにして構築されているのはなぜでしょうか。彫塑的・造形的なものが人間の個体化のために働くのに対して、音楽的・詩的なものは社会生活を促進させる作用があるといいます。たしかに彫刻や絵画作品は、創作されたままの状態を留め、鑑賞するのも個人的です。音楽や詩の朗誦の場合は、人間集団の中でその都度生み出され、享受されます。

シュタイナーは、「音楽を内に持っていない人は、裏切り、盗み、陰謀に適している」という『ベニスの商人』の台詞を引用し、これは根本的な真実だと述べました。[注7]彼の観察によれば、音楽には倫理観を培う要素があることになります。授業で音楽の比重が大きいのは、この理由もあるでしょう。

詩を扱う場合にも、その根底にある音楽的なものに注意を向けさせ、朗誦させることが大切だとしています。意味を強調すると思考するだけの人間になり、意志の弱い人間を創り上げる。詩を繰り返し唱えるうちに、魂がふさわしい成長を遂げれば突然理解できるようになり、そこで子どもの〈意志〉は力づけられるとともに〈感情〉も特別よい刺激を受ける。これが「教育の極意」[注8]の一つであると語ります。

道徳律やドグマを知的に植え付けようとすると、後にそれらに懐疑心を抱いて反道徳的になる。それに対して感情を育てる教育を受けた子どもは、思考活動が活発化する十四、五歳になると、「道徳的判断や宗教的感情に満たされていなければ、自己を不完全であるとみなすようになり、人間として何かが欠けていると感じる」[注9]ものだと、シュタイナーは言います。エルゼンが報告した生徒たちは、まさしくそのように育ったのではないでしょうか。彼らの態度は、現実の危機的状況に対する、道徳的判断の現われというえるでしょう。

思春期の感情と教育

外の世界には無関心で、自分だけの興味や関心に耽溺する若者たちがいます。反道徳的行為や周囲に迷惑をかける行動を制御されそうになったとき、若者の口からは「何をしようと私たちの自由でしょう！」「俺たちの勝手だろう！」と開き直った反論が、しばしば飛び出します。とかく思春期の若者は自分の判断に従って行動しようとし、それが場合によっては極端なエゴイズムになって現われます。

しかし、社会の出来事に強い関心が育つのも、この年代です。エルゼンが紹介した生徒たちは自分自身の目で世界を直視し、その世界と自分とを関係づけようとしています。その結果、彼らが「朝の詞」の内容に懐疑の念を抱いても、朗唱という行為は否定しません。授業での朗唱という手段を使って、世界の出来事に関与しようとしたこと、それを教師に提案したことは、教師や学校に対する、また自分たちが受けている教育に対する信頼の証しではないでしょうか。教師集団の反応は、全体としては生徒たちの目覚めに好意的だったといいます。しかし彼らの提案を承認することは別問題で、伝統はくつがえらなかったようです[注10]。

指導上で大切なのは結論そのものよりも、そこに至るまでのプロセスであることは、言うまでもありません。エルゼンは、この年頃の子どもの心情を「不協和音」や「革命」と対応させています。つまり対立、衝突、葛藤、軋轢などの体験を避けて通れない年代であり、それは授業内容だけでなく教師との関係においても当てはまるでしょう。シュタイナーは、十七歳の子の論理性と判断力は三十五歳の人のそれと同じくらい利口なので、教師は子どもたちと張り合うことができないといけない、子どもに隙を見せず競争するようにと助言しました[注11]。

正しく育てられていれば、思春期の子は、世界や人間の本質に対して無数の実存的な問いを抱く。問いを生じさせられない場合に、その力が暴力嗜好や好色に向かうのだと言います[注12]。ただし、問いの多くは潜在しています。言葉にできないでいる問いを教師が代わって表現することで、満足感を与えなければなりません。エルゼンの記事は、教師の努力をさらに喚起しようとするものでしょう。

この年代には、あらゆる分野で世界の事柄にかかわらせるべきで、自分自身のことにかかわるのはもっとも具合が悪いと、シュタイナーは見ています。思春期の内面の体験は、一種の痛みのようなものであり、外界に関心を向けさせなければ痛みを感じることに没頭する。つまり、エゴイスティックになるのです。シュタイナーの見解では、自分だけの興味にふけるエゴイズムも暴力も好色も、世界への関心を正しく呼び覚まされなかった結果です。

「現代文明のいちばんの欠陥は、人々があまりにも自分自身のことにかかわりすぎ、世界のことにかかわろうとしないことです[注13]」。現代の人類は、はなはだしくエゴイズムに侵蝕されている。その克服が現代の課題であるとしており、それゆえ教育においても最大の課題と考えられています。平和と非暴力への教育も、エゴイズムの跋扈《ばっこ》にどう対抗するかという問題として捉えることができます。この課題を達成すべく、芸術的な活動を通して秩序や調和美を感じ取り、道徳性と社会性を培う教育が一貫して行なわれるのです。

ヴァルドルフ学校は、子どもを現実世界から隔離して芸術に浸らせているようなイメージを持たれがちですが、事実は反対です。あるとき生徒が、「世界は美しくないじゃないか！」と言い切れるのは、現実をつぶさに見ようとする意志と能力、そして美なるものへの判断基準を身につけたからに他なりません。

一つの理想像を表出した「朝の詞」を現実世界と対置させて否定するのは―逆説的ですが―、八年間の教育目標を達成したのだといえるでしょう。そこで現実に埋没するのではなく、今度は生徒一人ひとりが、自分の理想像を見い出すようにしむける。そして理想の実現に向けて自ら判断し、行動する能力の獲得を目指すのが上級学年の教育なのです。

注1　Rudolf Steiner, *Konferenzen mit den Lehrern der Freien Waldorfschule in Stuttgart* Ⅰ（GA300/1）S.96～98
注2　同右　S.81, S.96
注3　Peter Elsen, *Braucht es einen dritten Morgenspruch?*（"Erziehungskunst" 7/8,2003, S.911～913）
注4　Caroline von Heydebrand, *Vom Lehrplan der Freien Waldorfschule*, Stuttgart 1990, S.13
注5　オイリュトミー授業がどのように形成されるかは、秦理絵子著『シュタイナー教育とオイリュトミー』（学陽書房、二〇〇一年）に詳しい。
注6　R・シュタイナー著、佐々木正昭訳『現代の教育はどうあるべきか』（人智学出版社、一九八五年）一一七～一一九頁。
注7　Rudolf Steiner, *Erziehungskunst Methodisch-Didaktisches*（Tb618）S.45
注8　同右　S.86
注9　『現代の教育はどうあるべきか』三一一頁。
注10　老子の言葉と「暴力」の詩が選ばれた経緯、およびそれらのテキストについては、著者の回答が得られなかった。また生徒たちの提案に教師がどのように対処したか、詳細は不明である。
注11　Rudolf Steiner, *Erziehung und Unterricht aus Menschenerkenntnis*（GA302a）S.101
注12　同右　S.76
注13　同右　S.77

不二　陽子（ふじ　ようこ）
１９５０年愛媛県生まれ。お茶の水女子大学国文科卒。都立高校教師を経て、１９８３～８６年ドイツのヴァルドルフ教育ゼミナールに留学。帰国後、講座と著述を通じてヴァルドルフ教育の実践・普及に携わる。

Message for Peace

聖フランシスコの平和の祈り

広島国際大学
鶴田　一郎

　一九八六年一〇月二七日、ローマ教皇ヨハネ・パウロ二世の呼びかけで、世界の諸宗教（仏教・神道・キリスト教・ヒンドゥー教・イスラム教・アメリカ先住民伝統宗教・ユダヤ教・ジャイナ教・アフリカ伝統宗教・シーク教・ゾロアスター教）の代表者百余人が、イタリアの小さな宗教都市アッシジに集い、「宗教者平和の祈り」が開催されました。そこでは平和討議が行われ平和アピールが採択されるといった「宗教平和会議」が行われたのではなく、世界の宗教者が一堂に会して、アッシジの聖フランシスコの「平和の祈り」を基に、ただただ一意専心「平和を祈ること」が行なわれたのです。

　アッシジの聖フランシスコ（一一八一／八二〜一二二六）は、映画『ブラザー・サン　シスター・ムーン』に描かれているように、小鳥と話ができたエピソードなどで、世界中の人びとに愛され、親しまれている聖人です。フランシスコは、イタリア・アッシジの裕福な織物商の家に生まれました。彼は、快楽を求め自由奔放な青春時代を過ごしましたが、騎士になりたいと望み、戦場に赴きます。しかし、そこで病気にかかって、夢の中でイエス＝キリストに出会い、回心（spiritual conversion）して、イエスに従う決心をしました。持ち物を貧しい人々に与え、自らは粗末な服をまとい、ローマ中を巡礼しました。

　アッシジに戻ったフランシスコは、壊れた聖堂で祈っていたとき、「教会を建て直すように」とのキリストの声を聞き、すぐに聖堂の再建を始めました。フランシスコの父は、教会のために家の財産が費やされることを嫌い、フランシスコが財産を受け継ぐことを放棄する法的手続きをとり、勘当します。しかし、フランシスコは、より一層キリストの言葉に従い、同志を集め、清貧と愛の生活を続けて、多くの人々を感化し、当時の乱れた教会を改善していきます。その後、ローマに赴き、教皇インノセント三世から許可を得て、一二〇九年に「小さき兄弟会」、後の「フランシスコ会」を創立しました。「小さき兄弟会」の意味は、互いに自ら償いを行う者・最も小さき者・貧しき者として、「善く生きること」を目指して活動を続けていく共同体ということです。

小さき兄弟会は急速に発展し、ヨーロッパ全土に広がり、パレスチナおよび北アフリカに活動の場を伸ばしていきます。一二一九年フランシスコ自身エジプトに赴いてイスラムのスルタンと交誼《こうぎ》を結び、聖地パレスチナおよびシリアを訪れました。会員たちは宣教、司牧、学問、社会福祉に携わって、神と人々への奉仕を行ないます。一二二三年グレチオで、牛や驢馬を入れた小屋を作り、そこで「キリストの降誕祭」（クリスマス）を祝いました。このときから教会の中に小さな「馬小屋」を設えてキリストの誕生を記念する習慣が生まれました。一二二四年には、ラヴェルナ山でキリストの五つの傷を、その身に享けるという恵みに浴します。

フランシスコは特別に学問をした人ではありませんでしたが、いくつもの書き物を残しています。その中で、「太陽の歌」はよく知られています。生来健康に恵まれていなかったフランシスコの体は種々の病気に蝕まれて衰弱し、一二二六年一〇月三日アッシジのポルチウンクラで四四歳の生涯を遂げました。遺骸はアッシジの聖フランシスコ大聖堂に安置されています。そして、二年後には聖人の列に加えられました。フランシスコはイタリアの守護聖人とされています。自然をこよなく大事にしたフランシスコは「環境保護の守護聖人」とも宣言されました。さらに、平和の大切さを力説したフランシスコの心にもとづいて、「アッシジの精神」を継承する「世界の平和を祈る集い」が、毎年全世界の宗教者によって行なわれています。

「祈るということは無力である」と言う人もいます。祈りは争いや災害の具体的解決・救援手段としては確かに無力です。しかし、祈りは、宗派・年齢・性別・人種・障害の有無・健康か病気かなどにかかわらず、あらゆる人々のつながりを回復させ、また人間のみならず、人間を超えるもの、自然・宇宙といった森羅万象の世界に抱かれている「わたし」を自覚させます。そこから、自分と他者との隔たりを置かず、一切のものに親しみ・慈しむ心の働きが生まれます。そして、自らの「弱さ」（無力さ）に覚醒します。弱さの自覚は「生かされている自分」という気づきをその人にもたらしますが、同時に自らが主体的に「生きている自分」ないしは自分なりに自分の人生を精いっぱい歩んでいこうとする「生きていく自分」の自覚を促します。別の表現を用いれば「存在への勇気」「生きる勇気」（courage to be）を覚醒させます。

聖フランシスコの「平和の祈り」は彼が自ら書き記したものではありませんが、彼は生涯、身をもって、この祈りを実践しています。これは現在も平和思想の原点として尊重されているものです。最後に全文をご紹介します。

Saint Francis's Prayer for Peace

Lord, make me an instrument of thy peace.
Where there is hatred, let me sow love/ Where there is injury, pardon/ Where there is doubt, faith/ Where there is despair, hope/ Where there is darkness, light/ Where there is sadness, joy
O Divine Master/ Grant that I may not so much seek/ to be consoled, as to console/ to be understood, as to understand/ to be loved, as to love
For it is in giving that we receive/ it is in pardoning that we are pardoned/ it is in dying that we are born to Eternal Life.
Amen.

聖フランシスコの平和の祈り

主よ、私をあなたの平和をもたらす道具としてください。
憎しみのあるところに、愛を／傷つけあうところに、赦しを／疑いのあるところに、信頼を／絶望のあるところに、希望を／暗闇のあるところに、光を／哀しみのあるところに、歓びを／もたらす者となれますように
ああ、聖なる主よ／私を／赦されることより、赦すことを／理解されるよりも、理解することを／愛されるよりも、愛することを／求めるものにしてください
なぜなら、人に与えるならば、自分も享けることができ／人を赦すならば、自分も赦され／そして、死によって、永遠のいのちとして生きることができるからです。
アーメン。

鶴田 一郎（つるた いちろう）
現在、広島国際大学建築創造学科教員。名古屋大学大学院教育発達科学研究科博士後期課程修了、博士（心理学）。専攻、ホリスティック教育・人間性心理学・カウンセリング心理学・障害児者心理学・学校心理学・臨床心理学。

平和の原風景

―学校と森のある風景―

奈良教育大学教育学部附属中学校

竹村　景生

隠れることがすき

学校には校庭や運動場があります。そこには、昼休みにサッカーや野球、バレーボールを楽しんでいる子どもたちの姿があります。それを「ハレ」の場とすれば、一方で、学校にはそのような表の舞台とは対照的な「隠れ」の遊び場、「ケ」の場があります。振り返ってみると、子どもの頃に、学校でかくれんぼをして声を潜めて物陰を探し出しては隠れたように、または家の押入れややぐら炬燵の中に、倉庫の中に隠れたような経験はなかったでしょうか。秘密の通学路をもっていなかったでしょうか。今も子どもたちは、校舎の隙間の通路や、奥まった袋小路で（一人または複数で）キャッチボールをしたり、自分たちでルールを決めたゲームで遊んでいたりします。学年が棲み分けられた運動場とは違い、ここはときに異年齢が出会う場でもあります。本校には、裏山があるから昼休みに自分たちの基地を作ってそこで秘密の話し合いをしていたりします。この基地、代々子どもたちのより集まる場所が裏山の何ヵ所かに固定されているから面白いです。ブロックや倒木を敷いたすわり心地といい、樹木の囲み具合といい、学校の喧騒が聞こえない空間としても、子どもたちには最適の秘密の場所なのでしょう。裏山は平城山《ならやま》の一角に位置し、二次林ですが、その秘密の場所は、沖縄の御嶽《うたき》のような時間の流れと趣を持っていたりします。そこで、子どもたちは何を語り、誰の声を聴いているのでしょうか。いや、そもそも子どもたちはどうしてこのような「隠れ」の文化を遊び、経験するのでしょうか。

裏山は「隠れ」の場所であるとすれば、森は「隠れ」をその機能として包摂しています。それは、生き物たちの擬態にも通じるものがあります。「隠れ」ることは「隠す」ことによって自ら身を守ることです。と同時に守られていることでもあり、守り育てたいいのちがある「子守り（子ども育て）」＝「籠もり（隠れ）」＝「こ（子）森」の場所であるといえます。

また、子どもたちの「隠れ」は、ときには「悪」を含んでいます。そのような秘め事があります。秘め事への誘惑と葛藤があり、いつのまにか子どもたちは森から巣立っていきます。悪も許されると共に、その悪に気づき、いのちをよみがえらせるのも森なのです。

「隠れ」の意味

それにしても、森に「隠れ」ることがどうして気づきに導かれるのでしょうか。吉本隆明は、「言語には二種類ある。ひとつは他人になにかを伝えるための言語。もうひとつは、伝達ということは二の次で、自分にだけ通じればいい言語です。第一の言語は感覚器官と深くかかわっています。感覚が受け入れた刺激が神経を通って脳に伝わり、了解されて最終的に言葉となる。つまり感覚系の言語といえるでしょう。一方、第二の言語は内臓の働きと関係が深

図1　裏山曼荼羅

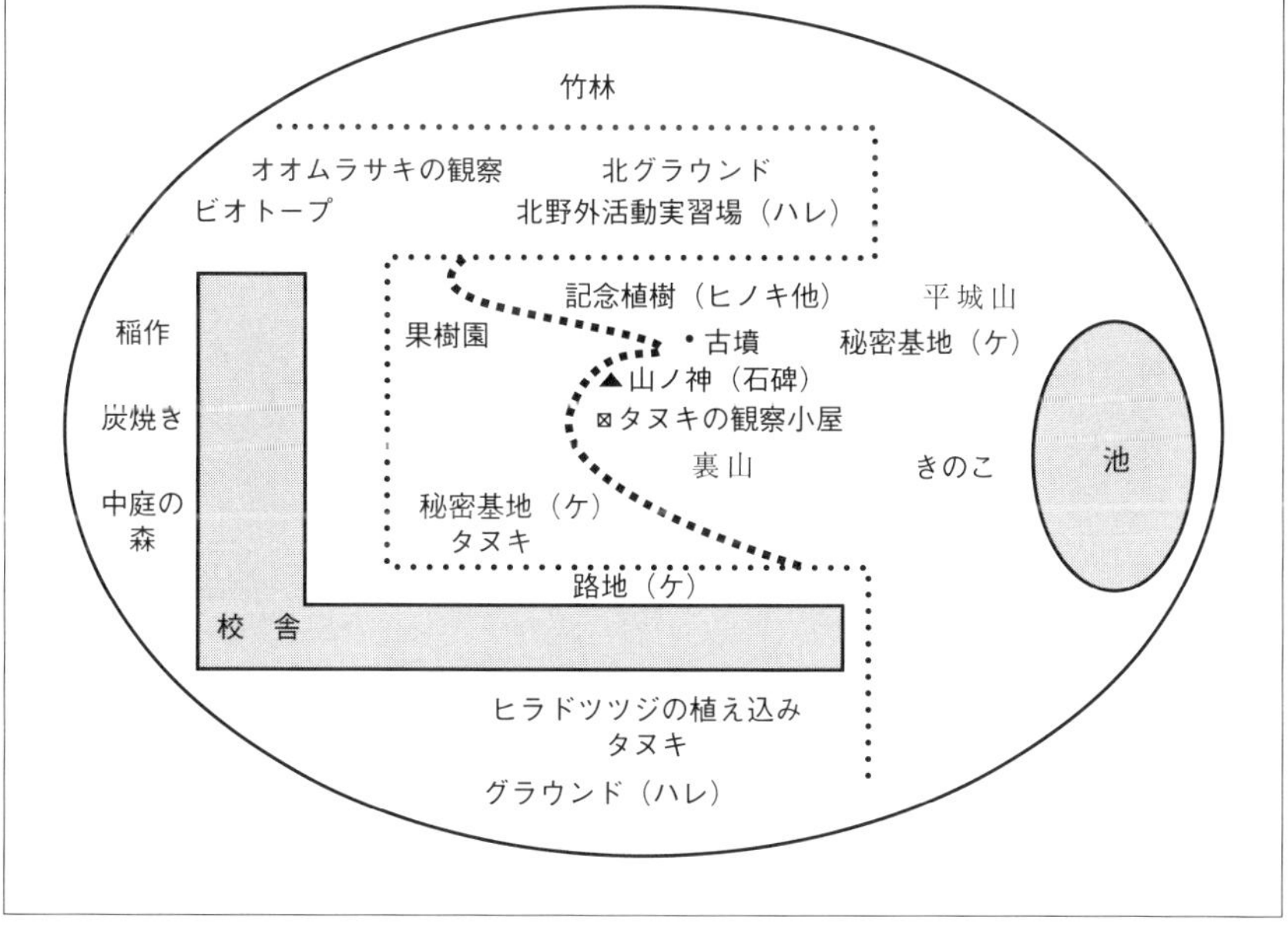

い。……内臓には、感覚的には鋭敏ではないけれども、自分自身にだけよく通じるような神経は通っている。……『内臓の言葉』とでもいうのでしょうか、自分のためだけの言葉、他人に伝えることは二の次である言葉の使い方があるのだということです」（三三頁）と言いますが、それは、隠れの場所で発する言葉に通じるものがあります。一人でいることの怖さを紛らすために発するひとり言、それは、小道や石、笹やきのこ、木々の樹紋や風の音に、昆虫や鳥に相対するときの言葉であったりします。「ひきこもって、何かを考えて、そこで得たものというのは、『価値』という概念にぴたりと当てはまります。価値というものは、そこでしか増殖しません。一方、コミュニケーション力というのは、感覚に寄りかかった能力です。感覚が鋭敏な人は、他人と感覚を調和させることがうまい。大勢の人の中に入っていく場合、それは確かに第一番手に必要な能力かもしれません。しかし、それは『意味』でしかありません。『意味』が集まって物語が生まれるわけですから、そういう経験も確かに役立ちます。けれども、『この人が言っていることは奥が深いな』とか、『黙っているけれど存在感があるな』とか、そういう感じを与える人の中では、『意味』だけではなく『価値』の増殖が起こっているのです。それは、一人でじっと自分と対話したことから生まれているはずです」（三六頁）と語る吉本の言葉に「隠れる」ことの意味と価値が見出せそうです。それを私たちは、「（自己の）物語り直し」とでも言えばいいのでしょうか。

森と石とカミ

よく子どもたちは、何気ない小石を拾っては、ポケットに入れて宝物のように大切にしたりします。石と波長が合ったからだとしか言いようのないこの行為を、私たちはどう解釈すればいいのでしょうか。森には気配や気が覆っています。けれど、垂直軸といえる「精神（スピリット）」を見つけることは難しい。精霊を感じられても、カミは見えてこないのです。そこには、宇宙と森と人間をつなぐ依り代としての磐《いわくら》が必要だからではないでしょうか。石とは、存在の原点です。宇宙の始まりとも言えます。「西遊記」の孫悟空は森の住人サルであり、仏法の使いでした。だが、彼は磐《いわ》から生まれた猿です。森の聖者は、磐《いわ》の上に座って瞑想し森のなかで悟りをひらいたのです。私たちには、小さな小石を各自が持ち運んでケルンを築くこともできたのですが、ここに自然石で山ノ神の石碑を建てることにしました。森は許し、磐《いわ》は怒る。神に和魂《にぎみたま》と荒魂《あらみたま》があるように、森と磐《いわくら》は一体です。神社というのは、森とその生態系にだけ目が奪われがちですが、実は磐《いわくら》があってはじめて神社という森の曼荼羅が浮かび上がってくるのです。

　裏山には山ノ神が祀られています。「山ノ神を見た」という子もいます。そうなると、裏山を母体とした曼荼羅の中に学校が配置され、裏山の基地は、さながらお宮ということになります。裏山への坂道が参道（産道）であり、校門が阿吽の狛犬とでもいえばよいでしょうか。学校の中に森をつくるという行いは、曼荼羅をかたちづくることに他ならず、学校の森に参入することがいのちの甦り（ヨミ〔黄泉〕ガエリ）に通じているのかもしれません（図1参照）。

　森の中の太陽は、木漏れ日です。夜の月は一層明るさを際立たせます。お昼の弁当の残飯を置いておくと、タヌキがどこからかやってきてきれいに片付けてくれます。

　裏山にはおよそ一〇〇種の樹木が茂っています。しかし、このうちの何種類が実をなし、どのような鳥類を寄せ集めているのかは私は知りません。ましてや、この裏山の木々がどこの森から鳥によって種を運ばれ、糞のなかからいのちを芽吹かせたのかも、また、この裏山の実がどこに運ばれていったのかも私は知りません。キノコはおよそ一〇〇種類あります。しかし、それらがどの樹木の下で、どのような土壌によって育まれているのかも私は知りません。逆にどのような土壌を醸し出しているのかも。そこには、確かにつながりがあります。しかし、それは見ようとしなければ見えてはこないつながりです。けれど、見ようとしても視界を越えてしまう、または視界から消えてしまうつながりでもあります。また、つながりは多様で複雑です。だから、そこには想像力が必要となります。森の不思議は、問いとなるとき、想像力を育んでくれます。説明することを超えた、自らの価値に根ざした「物語り直し」が必要となってきます。

　他方で、森には祭が必要です。山ノ神祭が必要なのです。それは、鎮め許されるためです。私たちは、癒されること、ヒーリングを中心に考えてしまいますが、どうやら自然を鎮める（喜んでもらう）ための祭が足りないのかもしれません。そのような精神性と、私たちのささやかな教育実践がどこで折り合い、結びつくのでしょうか。私は、森を、ここでは磐と森とひとを包摂する言葉として、里山という言葉で呼んでいきたいと思います（図２参照）。

里山での活動

本校に裏山クラブをつくって五年目を迎えます。おもに裏山をフィールドとした野外活動体験、里山体験をねらいとしています。今日では手入れされない雑木たちが繁茂する裏山も、かつては平城山《ならやま》の一角として恵みをもたらし、この土地の暮らしを育み守ってきた歴史があったはずです。同様に、汽水域に代表されるような水際の蘆原は、多くの生きものを生み、養い、育ててきました。そこに「豊蘆原瑞穂の国」と歌われてきたこの国の風景の構図があったでしょう。私たちの活動のフィールドである裏山は、「蘆原」に対して「里山」と位置づけられます。山でもなく人里でもない境界上にある「里山」。蘆原には「いのち」を生む思想がありますが、里山には「暮し」を育む思想があります。裏山クラブは、この境界を行きつ戻りつする活動とも言えます。

裏山クラブの最初のガイダンスは、花の香りに誘われて裏山にのぼってみることから始まります。春の新芽の頃には、ニセアカシアの白い花、ヒラドツツジの淡いピンクが咲き乱れます。この花に紛れるように里山の恵みをもたらしてくれる木々たちが新芽をふかしてきます。「これはキイチゴ」「これは漆」。山頂部には柿や栗もあります。「秋の収穫が楽しみだね」と話しながら巡っていきます。この裏山にはタヌキがいて、夕方には校舎まで降りてくる話しをしたり。木々を巡っているとよく生徒から「この樹の名前は何ですか?」と尋ねられます。私自身もなかなか答えられないこともありますが、「自分で調べてごらん」と返すようにしています。目の前の幹がつるつるしていたら、自分の「つるつるの木」でいいじゃないかと思っています。木との出会いは、名前があってその木があるのではありません。まずは木そのものとの自分の対話があって、観察が始まるのだと思います。そのとき、木々の名前がリアリティーをもって私を森の中に導き、意味に応えてくれます。たとえば落ち葉と木の実の関係だけをみても、裏山の木々は多種多様です。それが固有のいのちの営みだと気づくには、街の生活に慣れ親しんだ感性には時間がかかります。ガイダンスで生徒たちが気づいたことは、「北斜面から登ると、野イバラがからまって痛くて大変だ」ということだったようです。裏山は、日頃忘れていた自然との接触による「痛み」も思い出させてくれたのです。

里山の木を伐る

卒業記念植樹に、裏山の北斜面にヒノキを植える計画が持ち上がりました。平成一〇年の台風七号で、奈良県の山林の被害が甚大なものになったことがこの計画の背景にありました。台風被害は、これまでの林業のあり方や山林の保護について大きな議論となりましたが、それ以上にこのままでは林業そのものが疲弊してしまうのではないかと思われました。木を守り山を育てる。そこに森のいのちを見、共存する。近代の林業はいつしか経済効率優先の消費型になってしまいましたが、かつての里山の暮しはそうではありませんでした。どうすれば林業、いや杣《そま》としての「なりわい」を裏山につくり出せるだろうか。目の前にある木を伐ることに抵抗を感じつつも、一〇〇〇年先のヒノキを夢見る植樹に、裏山クラブはかかわることになりました。

まずはじめに、ノコギリとチェンソーの使い方から始まりました。使い始めは一年教室前の花壇のヒラドツツジからです。教室の窓を覆う背丈のヒラドを剪定するのに、私たちはどこまで刈り込めばよいのかがわかりませんでした。雑木を前にして初めから躊躇したのです。結果としては、高さを初めの四分の一にまで刈り込み、枝だけになってしまいました。周りは「大変なことをしてしまった!」と心配しました。しかし、校務員さんのアドバイス通りに、翌年にはきれいな円形の切込みから若々しく力強い芽を出し始めたのです。「雑木は、それくらいの伐り方では枯れないから、思い切って刈り込んでごらん」というアドバイスは、もちろん経験に裏打ちされた言葉です。しかし、私にはヒラドの生命力を信じている、「知」を超えた「いのち」への信頼のようなものを感じたのです。後日譚ではありますが、実はこの剪定で見落としていたことがありました。それは、このヒラドの茂みがタヌキの通り道になっていたことです。現に、副校長のH先生(理科)に指摘されて、そこに「溜《た》め糞《くそ》」が数ヵ所あることが確認できました。教室の目の前で私たちはタヌキと共生していたのでした。

その後、裏山クラブは北斜面の伐採作業に入るのですが、ニセアカシアの棘に悪戦苦闘しました。H先生によると、「子どもは ニセアカシアにはかぶれないよ」という

図2　裏山曼陀羅図

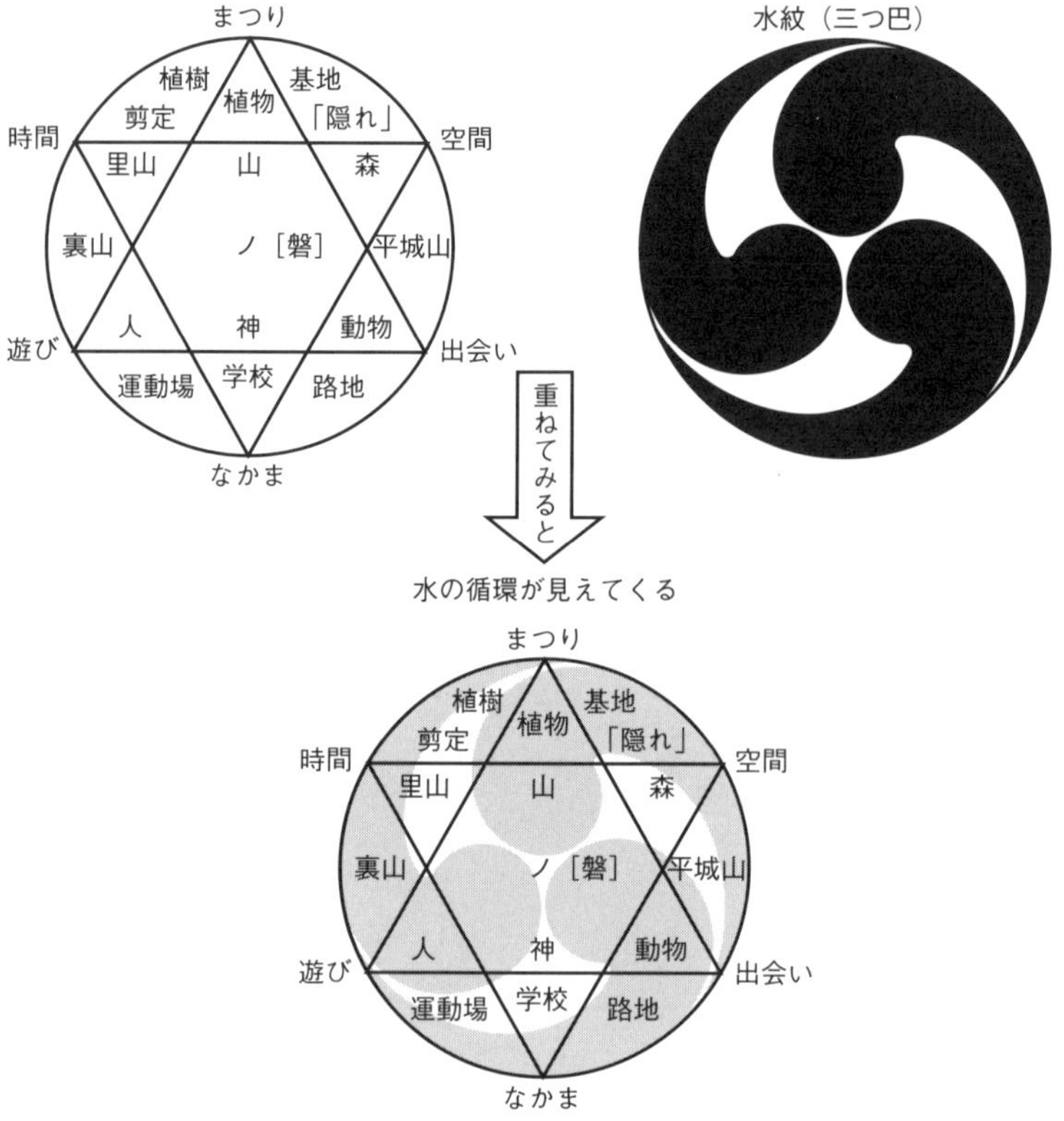

ことでした。そして、その通り一二人の部員全員がかぶれず、私一人だけがかぶれたのでした。若いいのちを守るために、免疫力が強いためでしょう。ここで私的な話で恐縮ですが、この伐採作業後、私の首がまわらなくなりました。三ヵ月にわたり大変不自由をしました。それは、生木を伐るのに、お祓いやお祈りをしなかったからだと指摘されました。そのことの当否をここでは問題にしませんが、里山には伝承されるべき自然との付き合い方があるということです。それを、かつては子どもたちの遊びのなかで継承されてきたはずなのですが。

山に入る前にお祓いをし、木を伐るに当たってお祈りをする。伝承は、木を伐る私と、伐られる木のいのちとがつながっているという認識に立っています。しかし、私たちの伐採は目的のための合理性だけが優先されてしまっています。確かに次のいのちを植えていくのですが、そこにはいのちの断絶があります。ふと、山頂にお祀りし

である山ノ神が気になりました。[注1]

里山の生活術

哲学者である内山節は「自然はつねに人間と交流してきた。というより人間と交流し続けることによって、自然は自然だった。もちろん地球上には、人間との交流を拒絶してきた原生的な自然も存在する。この少なくなった原生的な自然をいかに残すか、それも重要な課題であろう。だが私はそれは文化の問題であっても、とりあえず自然哲学が問題にしなければならない自然ではないという気がする。とりわけ日本には原生的な自然はほとんど存在しない。日本の山や谷には昔からそこに暮らす人々が分け入り、自然が人間の立ち入りを拒むことはなかった。そして、自然との交流の仕方を人間が変えたとき、自然も変容していった。とすると現在の損傷されつづける自然の問題は、そういう交流をする人間の問題として、そのような自然と人間の交通＝労働の問題として考察されなければならないのではなかろうか」という考えに、私は裏山クラブの活動原理を確認するのです。

それでは、体験型の活動で終わらない、里山のなりわいとなる「労働」の部分を私たちはどうつくり出していけばよいのでしょうか。それは、植樹したヒノキの下草刈りや、蔦を払ったり、枝打ちしたりするところに見出せます。また、「労働」の産物には無駄がありません。刈られた下草や枝はどのように山に返していけばよいのでしょうか。蔓は工芸用に、適度な大きさの木は木工用にと、自然と生活の循環とつながりを常に考えさせられます。ところで、枝打ちした楠の木工をしているときに、削りかすの香りに、「タンスのにおいや！」と、思わず子どもの口から言葉が漏れました。樟脳と楠が結びついたのです。

里山と精神の自由

ミレニアム植樹と子どもたちは呼んでいた、この植樹。私たちの教育の営みは、長くてもせいぜい三年くらい先を見通す程度のものであって、時代の目まぐるしい転変に翻弄されてそれ以上スパンを持った価値観に、懐疑的になりがちです。それがここ数年来の私の習い性になってしまったようです。明日のこと、一年先のことももちろん大切です。しかし、この植樹をするまで、一〇〇年先、一〇〇〇年先を夢見る教育なんて、正直今まで私は考えたこともなかったのです。人間の想像力は、世紀をまたぐほどに自由です。学校の森づくりはそのような自由な精神を回復してくれます。

卒業生たちは、学校に立ち寄ると必ず自分たちが植樹したヒノキを見に行ってくれます。確かに今までにない新しいつながりが、この裏山に自然と生まれてきたように思います。「隠れ」の森は、いつしか想像力を育む、価値創出の曼荼羅となっていたのです。そこに、私たちの「物語り直し」が生まれ、森が育む平和の原風景が見えてくるのではないでしょうか。

引用・参考文献

吉本隆明著『ひきこもれ』（大和書房、二〇〇二年）
内山節著『情景の中の労働』（有斐閣、一九八八年）
内山節著『自然と人間の哲学』（岩波書店、一九八八年）
森岡正博著『無痛文明論』（トランスビュー、二〇〇三年）
人見・井村・竹村・前田著「豊かな学校ビオトープの形成をめざす学校園の整備とそれを利用した教育実践」（奈良教育大学教育学部附属中学校、二〇〇〇年）

注1　「稲の民の山の神信仰とは非常に植物的で円環的なのです」（赤坂憲雄）と指摘されるが、詳細は柳田国男著『石神問答』『山宮考』を参照。

竹村　景生（たけむら　かげき）
１９５９年奈良県生まれ。奈良教育大学大学院（数学教育学）修了。数学教育における「物語性」を研究テーマに、教師の語り・身体技法、授業中の生徒のメモやつぶやきをフィールドワークしている。

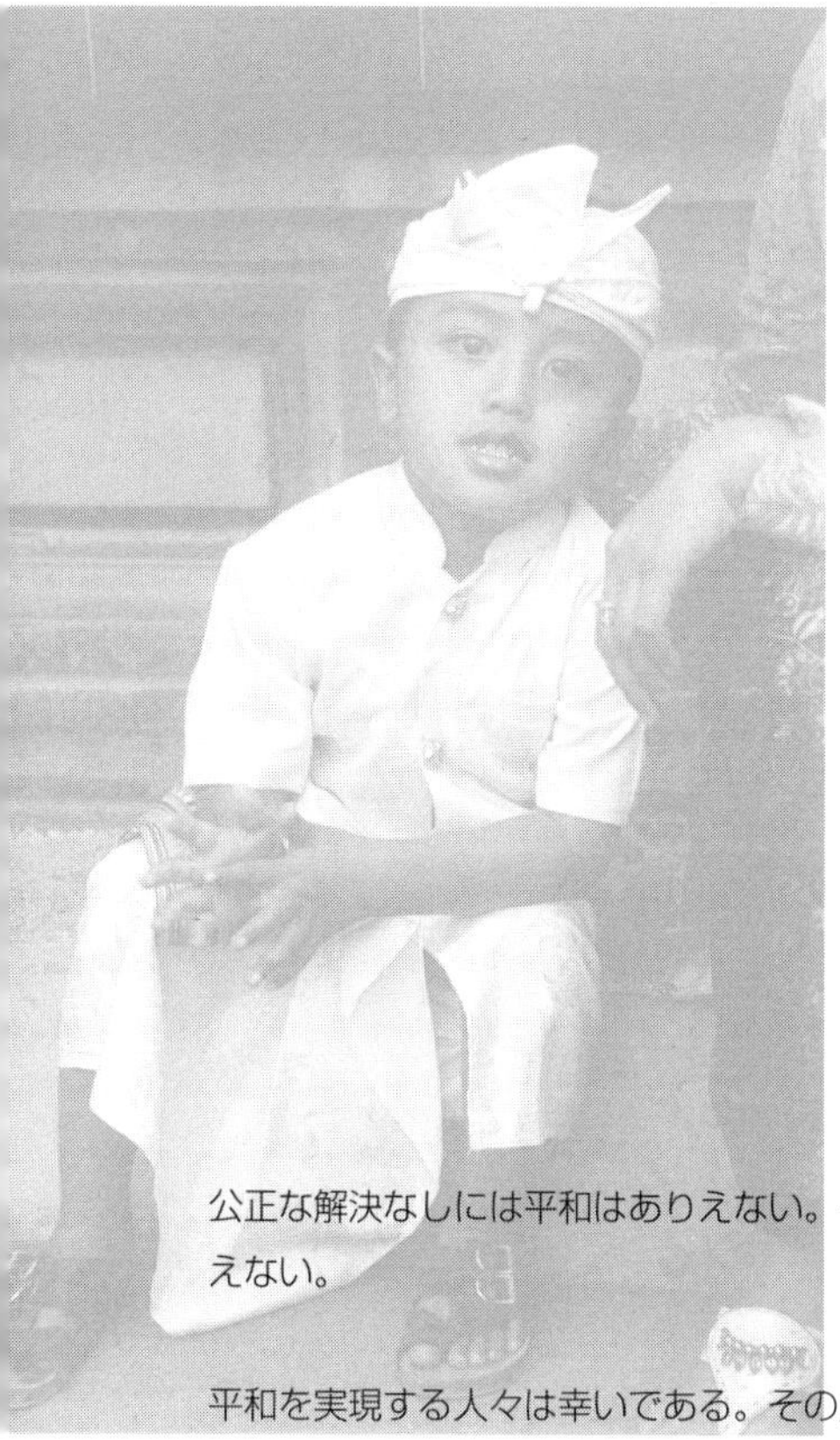

公正な解決なしには平和はありえない。そして、平和なしには公正な解決はありえない。

（東ティモール大統領　シャナナ・グスマン）

平和を実現する人々は幸いである。その人たちは神の子と呼ばれる。

（マタイによる福音書　『新約聖書』　新共同訳聖書マタイ５章９節）

新時代の平和は、しんじつ静謐を知る、平和の心そのものであるひかりの人達によって、「平和が蔓延してゆく」ように実現していく。

（竹之内和男遺稿集『ひかりの人』2002年、59頁）

平和とは深く流れる川、もしくはきらめく光の筋となって水に映る月のようなものです。

（ルイーズ・ダイヤモンド著、高瀬千尋訳『平和への勇気　家庭から始まる平和建設への道』コスモス・ライブラリー、2002年、33頁）

Message for Peace

一九九七年七月のカンボジアで

松浦　香恵

ちょうどそのとき、私は、カンボジアのプノンペンにいました。一九九七年七月、ポルポト政権崩壊後の連立政権下で、クーデターが起こったのです。ホームステイ先で聞いた砲弾の音は、今でも忘れられません。そして、その夜はじめて体験した戒厳令の夜。すべてが静まり返り、プノンペンの街の機能がすべて止まったかのようでした。ホームステイ先のお母さんは、自分のブラウスをはさみで切って、足踏みミシンで小さな袋を作って、「これにネックレスやイヤリングを入れて隠しておくんだよ」と渡してくれました。最初は、何に使うのかわかりませんでしたが、話を聞くと、それは、ポルポト政権時代の教訓だったようです。当時、都市から追い出された住民は、田舎に行っても食べるものがなく、そのようなときに、金のイヤリングや指輪をお米に変えて、飢えをしのいだようです。女性は、自分のアクセサリーをぬいぐるみの中に隠したり、袋に入れて下着に結び付けて、とられないようにして、田舎に逃げていったそうです。ひっそりと静まり返った夜に話してくれた言葉が、今も忘れられません。と、同時に、カンボジアの人たちにとってみれば、戦争は特別なことではなく、常に日常の中に存在していたことなのだと改めて気づかされたのでした。

日本に帰ってきて、自分が、クーデターのときに聞いた音や光景に強烈な印象を持ったことに気づきました。帰国したときは、ちょうど秋だったので、多くの学校で運動会が行われていましたが、そのピストルの音が怖かったり、大きな音がすると異常に反応したり、電車や乗り物に乗ると必ず上を見て、不審なものが置かれていないかどうか、確認したりしていました。「ここは日本だから大丈夫」と思い、気持ちを落ち着かせていました。

日本に帰ってきてだいぶ経ってから、共に働いたカンボジアの小学校のA先生から電話がありました。私の残したメモを見て、当時は、メールもありませんでしたので国際電話をしてきました。A先生は、私たちが計画した移動図書館に精力的に取り組んでいた人で、共に、図書館つくりに励みましたが、その図書館も砲弾で崩されてしまっていました。A先生は、深く傷ついていましたが、ゆっくり話す間もないまま、私はタイに避難を強いられ、そのまま日本に送還されました。A先生は、私との電話での再会を喜んでくれました。私も、連絡する手段を持っていなかったので、大変感激してお互いに子どもたちのことや同僚の先生たちのことを確認しあいました。

そのときに、A先生が話してくれたことで印象に残った話があります。A先生は、クーデターで私たちの作った図書館に砲弾が落とされたことを大変残念に思っていましたが、建物が壊されたことよりも、共に図書館を作った先生たちが深い悲しみにしずんでいることに心を痛めていました。「建物は、いつでも直るけれども、私たちの楽しい思い出が一瞬のうちに消されてしまったことに深い悲しみを感じる」とA先生は私に話してきました。私は、そのときに、壊された建物の修復の仕方はお金と資材があればある程度可能だけれども、深い悲しみを負ってしまった人の心を修復するためには、どうしたらよいのか、その方法をそしてそのときにかける言葉さえも見つからないことに気づきました。

その後、私はカンボジアに戻りました。A先生とも再会をはたすことができました。

図書館はなくなったままですが、A先生は自分の教室に小さな学級文庫を作りはじめて、私もそのお手伝いをさせてもらっています。いつかまた新しい図書館が建つといいね、と話しながら。その後、クーデターのときの話はしていません。A先生は、再びもとの元気を取り戻しました。砲弾で図書館は消えましたが、私たちの夢や希望までが奪われたわけではないことを証明したい、という気持ちもあるのかもしれません。

松浦　香恵（まつうら　かえ）
大学卒業後、青年海外協力隊員として、カンボジアの「難民再定住・農村開発プロジェクト」に従事し、小学校教師の支援（カリキュラム作り・教材開発）に携わる。現在もカンボジアの復興支援を行っている。

理解しきれないことの価値と多様性

―異質なものとの対話―

共愛学園前橋国際大学
山本　登志哉

文化としてのお小遣い

発達心理学を専門とする自分の研究のことから話を始めたいと思います。ここ一〇年余り、自分のいくつかの研究テーマのひとつとして、私は子どもの「お小遣い」ということに注目してきました。お金というものは、自分が欲しいものとは何とでも交換できる「魔法の力」を持っています。大人は子どもにこの欲望の実現手段である魔法の力をお小遣いとして渡すわけです。もちろん魔法の力は魅力的であると同時に危険です。使い方を間違えると、自分や周囲の人たちに大変な被害を与えることにもなります。だから、子どもが上手にその魔法をつかえるように配慮することは、大人にとって大事な教育のひとつになります。正しい魔法をつかえる正しい魔法使いに育てていくことが大事なのです。そのプロセスが子どもの社会的な自立過程を明らかにする上でもとても面白いわけです。

やがて機会があって中国に滞在することになり、中国でも子どものお小遣いについて調査できるようになりました。そうするといろいろ興味深いこと、あるいはびっくりするようなことが見出されてきます。一番わかりやすいのは「友だち間のおごり」だと思います。日本ではお小遣いで他の子どもにおごることについては、多少なら目をつぶったとしてもあまりよいこととは考えられていません。そういうことをさせないようにという注意を家庭へのお便りで通知する小学校などもあるようです。だれかが買ったお菓子をみんなで分け合って食べる、くらいのほほえましい「共有」ならまだしも、「金を出してやるから、おまえ買ってこい」みたいな関係ができてしまうと大変。お金を介した「不健康」な上下関係がそこにできてきてしまうかもしれない。そしてそれは不良集団の形成から「非行」への第一歩となるかもしれない。たぶんことばにすればそんな危惧にもつながるものでしょう。ところが、中国では全然違いました。友だちにおごることは、基本的にいいことだと考えられていたのです。

やがてこの研究は、子どもとお金の問題に関心を持っていた他の研究者たちとジョイントし、さらには日本人だけでなく中国や韓国の研究者の興味も引いて、国際共同研究に拡がってきました。今はベトナムも含めた四ヵ国の共同研究体制が作られてきています。この「おごり」の問題を巡っては、実にいろいろ面白い現象が見出されてきますが、今のところ日本のようにおごりにはっきり否定的であるところは他にないようです。韓国で行った予備的なインタビューなどでは、「友だちにおごりかえさなければならないので、お小遣いをあげるようになった」というものもありました。友だち同士のおごりは、それらの社会では、お小遣いの大事な使い道のひとつとして、親子共に納得しているのです。

「おごり」と「迷惑」

なんでそんな違いが生まれているのでしょうか。私が比較的深いつながりを持ち、また親しい友人も多い中国の（主として漢民族）社会を例に考えてみます。中国から日本へ留学でやってきた人たちは、日本に来ていろいろカルチャーショックを受けますが、そのひとつにこのおごりの問題があります。たとえば入学したての頃、クラスメートたちに誘われて喫茶店に行く。これは新しいところに来て不安と期待を持っている留学生にはうれしいことです。ところがそこで楽しいひとときを過ごした後、お勘定になって彼らはショックを受けるのです。「割り勘」になるからです。中国でも地域や場合によって、割り勘がまったくないわけではないのですが、友だち同士の誰かがみんなのために払う、あるいは誘った方が払うのが普通です。それは「友だちのために自分はこれだけの気持ちを示す」という意味を持ちます。そうやってお互いを大事にしあうのです。そこで割り勘になってしまうと「私はあんたのことなんか知らないよ。あんたはあんたで勝手にやれば」ということになってしまう。だからショックになるわけです。そのような人間関係の作り方から見ると、子ども同士

も小さい頃からそうすることが大事になります。お小遣いは友だちのために支出することで、お互い相手のために努力しあうよい人間関係を作り、保つための大事な資源のひとつなのです。

　ということは中国的な見方から言うと日本のやり方は「相手のことを考えない、冷たい姿勢」になってしまいます。日本ではどうしてそうなるのでしょうか。これは「相手に迷惑をかけてはいけない。自分のことは自分でしなければならない」という日本的な倫理観に根ざしているようです。お小遣いという現象を離れて、もう少し別の人間関係からも考えてみましょう。たとえばこんなエピソードがあります。ある中国の女性が日本の女性とメールでやりとりを続けていました。知りあってずいぶんたって、日本の女性は心を開いたのか、自分の悩みを書き連ねたメールを送ってきました。そしてそのメールの最後には「こんな話ばかり書いて、嫌な気持ちにさせてしまったのではないでしょうか。本当にごめんなさい」といった言葉が添えられていたといいます。この最後の一言は、おそらく多くの日本人にとって「自分のつらい思いを止むに止まれぬ気持ちで告白しながらも、相手への気遣いを忘れない、謙虚で美しいことば」と感じられるのではないでしょうか。ところがこの一言に、中国のその女性はとてもショックを受けたのです。相手が本当の気持ちをようやく正直に訴えかけてきてくれた、本当の友達になれたと思ったのに、最後にそれをまた否定された気持ちになったわけです。

　日本の社会でも、相手が自分の悩みを共有し、気遣ってくれることがうれしくないわけがありません。でもそのとき、多くの人はうれしさと同時に申しわけなさを感じるようです。本当は自分一人の力で解決すべき問題であるはずなのに、それができずにいらぬ迷惑を相手にかけてしまうことになる。いつかはそんな迷惑をかけずに生きられる、一人前の人間にならなければならないという思いがそこにあるように感じます。中国の社会でも、不必要に迷惑をかけることはもちろん否定されることです。相手が拒否し続けるのに、迷惑な要求をすることもよくないことです。でも、相手がその迷惑を受け入れてくれるのであれば、大変にありがたいこととして積極的に喜びます。そして自分もまたこの人のために何かをしてあげようと考える。そういう「迷惑を掛け合う」関係、つまりは本当に信頼しあえる関係になることを素直に喜ぶのです。

そうすると、お小遣いの「おごり」の問題も、これと同じ理屈で理解できることがわかります。おごられるということは、日本的な理解から言うと、本来自分で対処すべき問題で相手に迷惑をかけることになります。それは可能な限り避けなければならないことなのです。ところが中国的な理解ではその逆になります。相手のために迷惑をもいとわない関係こそ友情の関係なのであり、お互いにそうやって相手の迷惑を引き受け合うことがそこでは大事なのです。「相手に配慮する」というところは両者共に同じですが、その方向が正反対になっていることがわかります。この二つの異質な論理が日常生活で出会うとき、日本人はしばしば中国人を「相手のことを考えずに驚くような要求を出し、人の迷惑を迷惑とも考えないずうずうしい人だ」と感じ、中国人はしばしば日本人を「表面的には優しいが、いつまでたってもよそよそしい、冷たい人たちだ」と感じることになります。

基本的感覚のズレが生む相互不信

この「人に迷惑をかけてはいけない。自分のことは自分で」という形で他者と心理的に距離を保とうとする、日本社会に広く浸透している基本的倫理感覚は、私たちの人間関係の特徴をよく表すように思います。とはいえ人間のことですから、そういう原則だけで生きていけるわけはありません。現実にはそれに外れた行為をいくらでもやっています。でもそれはどちらかと言えば表の行為と言うより、裏で（ある種の倫理的な恥ずかしさを伴いつつ）行われる行為になります。おごりおごられの関係もそういうところがあり、またそれは非行集団などの「裏社会」で意味ある関係になったりする。だからこそ、その行為は表の主流の社会から見て「危険」なものとして感じられることになるわけです。

そうすると、この感覚で中国社会の人間関係を見ると、中国の人たちの感覚による理解とはまったく異なる見方が成立してしまうことになります。これは中国社会の中に入り込んだ日本人が当初少なからず体験する戸惑いのように思うのですが、知り合った中国人が非常によくしてくれる。いろいろ高額のものをおごってくれたり（たとえば月給の四分の一とかときには半分くらいを一度の食事で）、先回りしていろいろ面倒を見てくれたり、ちょっとおどろくような篤い好意を示してくれることがしばしばあります。なぜそこまでやってくれるのか、日本人には実感としてわからない。ある種の異常な事態です。そこで場合によって相手の「意図」を日本的な感覚で深読みすることになります。つまり「この人はなにか下心があるのではないか」と考え始めるのです。そういう「不正」を疑う目で見始めると、今度は中国的な人間関係全体がなにやら情実で動く賄賂社会のようにすら見えてきてしまう。そこから不幸な不信感が育ってしまう可能性すら出てくることになります。

この賄賂ということについては、実際中国でも大きな社会問題のひとつとして、彼ら自身が悩んでいる問題であることは確かです。けれども、だからといって日常の普通の人間関係すべてがそれと同じ枠で捉えられるとなると、ちょっと話は変わってきます。中国的な感覚の中では「人間の情として正しい助け合い」から「道をはずしたもの」として賄賂はあり、両者にはやはり線引きがされるのです。ただ日本人にはその区別が最初見えにくいため、言ってみれば「みそくそ一緒」になってしまい、そこで下手をすると単純に日本的な倫理感覚からすべてが「不正社会」に見えてしまいかねないというわけです。過度のおごり合いを危うい関係、「裏」の関係としてみる日本人の感覚が、ある意味ではとんでもない誤解をここで生むことになります。

関係調整法のズレ

「おごり合い」か「割り勘」の差に代表されるような、ある意味では些細な個人的レベルでの感覚の違いは、その意味が理解されない場合、しばしばとても大きな社会的対立を生み出すことになります。たとえば戦争責任を巡る謝罪の問題がその一つだと私は考えています。「謝罪」ということの社会的な機能が、お互いに大きく異なっているのです。これは別のところにも書いたことがある話ですが、中国人から見て不思議な日本人の行動のひとつに、「満員電車の中で足を踏まれたとき、踏まれた側が先にあやまることがある」という現象があります。もちろんすべての人が実際にそうするわけではありません。けれども多くの日本人はその話を聞けば、「なるほどそうする人はいるし、そうする気持ちはわかる気がする」のではないでしょうか。理屈から言えば踏まれた方は被害者なのですから、謝る必要はまったくないと言えるのですが、なぜそうするのか。

また周囲もそのような人を見て、好意こそ持っても不思議に感じたり、それはおかしいと批判的に考えたりする人がないのはなぜでしょうか。

日本社会の中では対立が起こったとき、その対立を拡げないような力がすぐに働きます。たとえば誰かが誰かからひどいことを言われたり、不当な扱いを受けたとき、それに耐えられず親しい友人に相談したとします。相談された側はたぶんその話を聞いてあげようとするでしょう。そして慰めてあげたり、可能なアドバイスをするかもしれません。けれども、その友だちと一緒に腹を立てて相手をやっつけに行くということは少ないのではないでしょうか。大事なのは傷ついたその人の気持ちを優しく受容し、可能な限り早くそういった対立状況を収めていくことなのです。「荒ぶる心を鎮める」ことそれ自体が目標になるかのようです。でも中国の場合しばしばそうではありません。必要であれば加勢してどちらが正しいのか、「白黒はっきりさせる」ことが大事です。対立状況を収拾するための現実的な妥協は、そのような明確な善悪判断の上で成り立つべきものです。

中国とは非常に異なるそういう関係調整の仕方が支配的な日本社会の中で、被害者は自分の正当性を絶対化して訴えることを抑制させられます。人に自分の被害を訴える場合は「私にも悪いところはあったのですが」と保留を付けて言わなければ相手に受け入れられ難くなります。子ども同士の対立の場合も大人はしばしばそういう形で問題を解決しようとします。「確かに叩いたあの子は悪いけれど、どうしてそんなふうになってしまったか、あの子の気持ちもわかってあげた方がいい」というふうに、相手を「思いやる」ことが大事にされる。お互いが自分の立場を絶対化せず、譲り合うことで柔らかく関係を回復させようとするわけです。従って、足を踏まれた側が先に謝るのは、「私は本当は悪くはない」ことが明白な状況でなおかつ自分の正当性を絶対化しないで、やわらかく関係を調整するための行為である、と考えることができることになります。

ズレが生む国家対立

この自己を絶対化させない形の関係調整法は、日本社会の中ではかなり強力な倫理性を持っています。ですからもし被害者が「一方的」に被害を言い立てるようなことが続けば、初めの内こそ「荒ぶる心」を鎮めようと柔らかく包み込む対応がなされますが、それでも収まらない場合は、今度はその被害者に対して激しい攻撃が始まり、やがて被害者の方が排除されるという、本末転倒も起こりうるのです。またいじめの問題を考えるとき、「いじめた側にも落ち度がある」という態度がいけないと言われ続けながら、現場では「お互いに落ち度を認め合って、仲直りさせる」という方法を採ろうとする先生が後を絶たない理由も、実はここにあるだろうと私は考えています。それがこの日本社会で生きている人にとって、一番わかりやすく、ある意味で「自然」な態度だからです。

戦争責任問題について、「もうたくさん謝ったじゃないか。いつまで土下座させれば気が済むんだ」という反発が根強くこの社会の中から出てくる理由も、そういう日本的な関係調整論理を想定すると理解し易くなります。「たしかにあの戦争では日本の方が悪かった面が多いかもしれない。だから謝るのは謝っている。ならばそっちだってなぜあんなふうなことを日本がしなければならなかったか、その大変さをわかってくれたっていいじゃないか。私たちだってずいぶん苦しい目にあったんだ。そのことを無視して『おまえたちが悪い』と言い続けるのは、壊れた関係を回復する気がないからだろう。むしろ対立を煽って何かに利用しようとしているのではないか」という、そんな見方になってしまうわけです。他方「どちらが悪いか、是非善悪を明確にする」上で妥協を含む現実的な関係調整を大事にする倫理観を持った人たちにとって、一度謝ったはずなのに、いつまでもそれを蒸し返すようにひっくり返したり、また謝ったりする日本社会の態度は、まったく理解しがたいもので、不信感を生むのに十分なものになってしまいます。ここでも「どのようにして関係を調整するか」の論理が、ほとんど正反対の方向を向いていることがわかります。そのどちらもが、自らの社会にとっての「やさしさ」「おもいやり」「誠実さ」「信頼感」といった要素に直接結びついているだけに、そこに存在するズレに気づくことなくぶつかりあう場合には、すぐに深刻な相互不信になり、大変な感情的対立を生んでしまうわけです。

自己を支える異質

9・11を経た世界は今、それまでも政治・経済的な面で多くの混乱や反発を生みだしていたアメリカ主導のグローバリズムが、今度はむき出しの暴力を用いる形で大変な混乱状態を作り出しています。ブッシュ政権の掲げる「正義」がいかに自己中心的なものであるかということを、世界の多くの人々が身にしみて感じるようになっています。けれども世界最強の軍事力を背景に、ブッシュ政権は自らの論理を疑うことなく、世界に押しつけようとし続けています。これは非常に薄っぺらい形で世界を一様化する危険な試みです。私たちはそれに対して世界の多様性の重要さを訴えていかなければならない。多様になることこそが、人間社会を含む生物世界の進化の基本的な方向であり、それこそがこの世界を、さまざまな変化に対しても適応可能な、柔軟で豊かにするものだと信じているからです。

しかし、多様性の尊重が単に強調されるだけで今の問題が解決するわけでもありません。「違うものは違うものだから、否定しても仕方ない」というだけでは、お互いに距離を取り合うしかなくなり、やがて世界はバラバラになってしまうでしょう。もちろんこの密接に結びつき合った世界の中でそんなことはあり得ないことです。問題は多様性を持つものがどのようにして相手の存在を否定することなく棲み分け、そして結びつき合うことができるのかということに違いありません。そういう世界的な課題に私たちはこの私たちの社会の中から立ち向かっていかなければなら

ない。ここまでに述べた、日本と中国との間の人間関係のズレを理解しようとする努力は、私にとってそのような課題への取り組みの一部をなすものです。人が生きていく限り決してなくなることのない対立関係を、自分の視点からの他者の断罪によって終わらせるのではなく、自分の視点では理解しきれない他者（彼岸としての他者）を前提として立てることによって事態を捉え返し、そこから関係の組み替えの可能性を探ること。しかも大事なことはそのような作業は決して「私」だけではできないということです。そこにはどうしても異質なもの同士の「対話」が必要になる。実際私の上の議論は、中国人の友人たちとの交流と議論の中からつむぎ出されてきたものなのです。私の議論に多少なりとも妥当性があるとすれば、それはそのような対話の産物に他なりません。その作業を通してお互いに自分を再発見し、自己を豊かにしていくことができると私は実感しています。

今、アフガニスタンでは一時はアメリカの武力によって崩壊させられたかに見えたターリバーンがまた各地で結集をし始め、武力衝突も絶えないようです。カルダイ政権は都市部を支配しているに過ぎないとも報じられます。もちろん現時点でターリバーンとその支持者がアメリカに勝てると考えているわけではありません。しかし彼らの間では次のような昔からのことばが語られているといいます。「復讐は一〇〇年後でも遅くない」。

激しい怨念を持って殺しあう人々に対し、口先で唱えられたきれい事の「対話」は何の力も持てません。けれども暴力的破壊がこの怨念を解決しないことも明らか。気の遠くなるような絶望的なこの復讐のことばを、少なくとも私はこう読み替えたいと思います。対話の中からの和解の作業も、一〇〇年を単位に模索し続けていくことが大事なのだと。

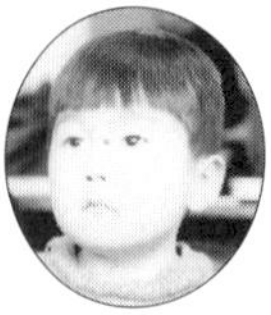

山本　登志哉（やまもと　としや）
発達心理学・法心理学。人が他者と世界を奪い合い、分かち合い、共に生きる仕組みが成り立つ過程を所有の個体発生とその文化差から検討しつつ、東アジアの心理学研究者ネット作りを模索。HP「山本研究室」を開設。

「私たち」
どこに行っても
はじめは見知らぬ人ばかり
知りあうまでは
手を引っこめて目でさぐる
「あの人たち」と
いい友達になれるかなと

手をさしのべて
手をつないだら「私たち」
いつかはみんな
手を取りあって「私たち」
この世界から
「あの人たち」は　いなくなる

（不二陽子著『育ちゆく子に贈る詩』人文書院、2004年、180頁）

この戦争の時代に、平和を語ることが罪とみなされてはならない。

（ティツィアーノ・テルツァーニ著、飯田亮介訳『反戦の手紙』WAVE出版、2004年、71頁）

Message for Peace

心の平和と『エンデの遺言』

まちだ大福帳代表
今井　啓子

童話作家として著名なミヒャエル・エンデは、さまざまな問題の根源には、経済が関係していて、これらの問題を同時に解決するにはお金のシステムを変えなければならないのだと『エンデの遺言』で説明しています。そして「お金は人間が作ったものだから変えられる」と。

著書『モモ』には、時間を節約して預ける時間銀行が出てきます。これは、経済学者のオンケンが論じたように「お金」の話の寓意を持っています。このことは、エンデ自身、認めています。

そして、平和と経済も深く関連しているのです。たとえば戦争をすると軍需産業が儲かるとはよく言われます。日本の戦後復興は、戦争による経済環境の好転によって、成し遂げられたとも言われています。またイラク戦争の影には、石油の利権が絡んでいると指摘する人もいます。一昔前は、植民地における独立戦争が、支配国の経済上の利益に抗して、頻繁に戦われました。ロスチャイルド家が世界の金融を支配するようになったのも戦争時に莫大な利益を挙げたからだと言われています。このように、経済的利害と戦争とは密接な関連がありそうです。これはヒトのいのちよりも、お金が大切だと考えられてしまっているということです。あきらかに価値観の転倒と言えましょう。

なぜ、転倒してしまうのかと言いますと、それはお金というものが現代社会においては特別の価値が置かれているからです。商品や作物は年月と共に古くなり、腐ったり、故障したりして原価償却します。お金は、減っていくどころか利子によってむしろ増大するのです。会社を例にすると銀行から借金をした場合、それを返済するためには利子分をよけいに稼がなければならないのです。労働者が利子分よけいに働いているという仕組みになっています。『エンデの遺言』の本の中で、エコ建築家マルグリット・ケネディさんは、「私たちは借金があろうとなかろうとこの経済システムの中で生活している限り、つねに利子を支払わざるをえないような仕組みになっているのだ」と言っています。

また、利子は一定の割合で付くわけですから、貯金が多い人ほど、利子の恩恵が大きいので、お金持ちはますますお金持ちになり、貧乏人はますます貧乏になるというわけです。それで皆がお金を少しでも多く持とうとします。しかし、お金はしょせん紙切れです。本当に生きていくのに必要なのは、食料であり大自然であり、人間であり人間の愛のこころなのです。それなのに、現在のお金のシステムは、大自然と第三世界と未来の子どもたちを犠牲にしてお金の自己増殖を促進しています。

現在の経済システムは、利子にもとづいているので、お金さえあれば生きていけるのだという「お金信仰」になっているのです。お金から貯蔵手段としてのメリットをなくし、本来の交換手段としてだけ、使用するというアイデア（地域通貨）があります。これは経済学者ケインズも高く評価したシルビオ・ゲゼルの経済理論の根幹なのです。ユートピアに聞こえるかもしれませんが、一九二九年発の世界恐慌のときにオーストリアのヴェルグルという町で、うまくいくことが実証されたのです。現在では、スイスやアメリカのイサカなどで、地域通貨が流通して成功しています。

お金を、お金儲けの手段としてではなく、助け合いの手段として用いること、これこそが、平和への道なのだ、というのがエンデのメッセージだと私は考えています。世界でも日本でも現在急激に広まっている地域通貨はこうした考え方に支えられています。そして、「お金のシステムを変えることは、単にシステムの問題ではなく、私たち自身が精神的なレベルではんとうに変わることである」とケネディさんは強調しています。地域通貨はこころの平和運動でもあると思います。

参考文献

『エンデの遺言』（日本放送出版協会、二〇〇〇年）

今井　啓子（いまい　けいこ）

職業―主婦。１９９９年５月ＮＨＫ・ＢＳで放映され、その後、本にもなった番組『エンデの遺言』から影響を受け、住んでいる町田市で地域通貨の会「まちだ大福帳」を始めて、代表連絡先となっている。

平和の文化とコミュニケーション

東海学園大学
浅川　和也

二〇世紀の偉人とされるガンディーの伝統をつぐガンディー・イン・アクションの活動家で、アーユルヴェーダ医師のアーリア・バドラワージさんは、合理的な文明を批判して「西洋はこんなに安全なのに、まだ、なぜ保障をもっと欲しがるのか」と批判しました。平和の文化をきずく会*の招へいにより、来日し、「なぜ、人びとはホームレスの人をまのあたりにして、素通りするのか、無関心が平和への一番の暴力だ」とも語ったのです。[注1] 無関心が暴力だというのは、唐突かもしれませんが、欲望を再生産し、人びととかかわりなく過ごす現代社会は、きわめて暴力的だといえるでしょう。一見、平和だと思える日本の社会は、暴力の文化でおおわれていることになります。

　平和の文化とは、抽象的で、つかみどころがないものかもしれません。国連や専門家による定義を求めるよりも、具体的な生活のなかで、平和の文化について、一人ひとりが考え、わかちあうことが大切なのではないでしょうか。そのためには、よりよいコミュニケーションが必要になります。外国語の学習もそのような平和の文化の実現に、本来、寄与するものでなければなりません。よりよいコミュニケーションと外国語学習について考えてみます。

コミュニケーションはみんなのもの

平和を考えるとき、安全保障という言葉を使うと、とたんに難しくなるのですが、平和とは、みんなの笑顔だ、と高校生は率直に応えました。平和は、今、目の前にあることなのです。ガンディーのアシュラムや米国のクエーカー教徒の共同体でも、メンバー同士による話し合いが生活の基礎であり、そうした共同生活そのものが非暴力トレーニングであったといいます。注3 コミュニケーションというと、効率よくものごとを伝達するということを考えますが、毎日の生活での共同そのものが、コミュニケーションなのであって、特別なものではないはずです。

また、日常の生活におけるコミュニケーションにあって、もめごとを解決することと、国家や国際的な安全保障とは、決して違うことではありません。国際的な安全保障への交渉は、外交官や専門家になされるのですが、本来、多くの市民による関与が求められるといいます。注2 同様に、国際的なコミュニケーションは、一部の専門家のみではなく、市民一人ひとりの参加によるものでなければなりません。平和の文化は、こうした市民による国際的なコミュニケーションによって促進されるでしょう。また、そのための外国語学習を構想をしたいものです。

外国語学習の実利主義

他方、外国語学習には、功利的な動機がつきまとっています。とくに英語ができることが、有利であり、いわば、競争のための勉強になっています。政府は「『英語が使える日本人』の育成のための戦略構想」（二〇〇二年）を発表し、学校において、実用英語を身につけるための施策を打ちだしています。現在、日本では外国語学習というと英語がもっぱらになっています。世界のなかで優位な言語を学ばなければ、国益は守れないというのでしょう。英語が世界経済を支配し、その使用が世界進出に欠かせないということが英語学習の動機になるわけです。隣国との関係を考えるのなら、ハングルや中国語がもっと学ばれてよいのです。英語ばかりが強調されるということは、グローバリゼーションに裏打ちされた外国語教育政策が、その背景にあります。話者が少なく、時代が経つにしたがって消えていくような危機言語の保護を、ユネスコはすすめているのですが、そのようなことにももっと関心がよせられてよいのではないでしょうか。

どの外国語を選択するかには、力関係が反映されます。力をもつ者が正しい手本とされ、そして、限りなくその手本に近づくことが求められるようになるのです。手本を機械的に暗記しなければなりません。そこでのコミュニケーションは、一方的に知識を伝達することなのです。功利的な動機は、いわば検定合格を目指す資格主義につながり、競争に巻き込まれていきます。しかも、正解を求められると、学習者は絶えず間違いを気にするようになり、いくらたっても手本どおりにならないと、劣等感をもつようになります。また、序列化の中で、優劣ができあがってしまいます。受験競争で、英語に重きを置かれるのは皮肉なことです。

外国語学習にリアリティを

本来、学ぶということは、新鮮な躍動感をともなうものです。はじめてふれる外国語の不思議な音のひびきに、わくわくしたのを覚えています。異なった言葉にふれるなかで、多様性を認め、受け入れる寛容さを、身につけることができるのではないでしょうか。音声や身体を介し、豊かなイメージをもつ言葉と共に、自己を表現し、わかり合うことができるのです。

少しでも単語を覚え、テストの問題に正しく答えることが求められると、自前の言葉で、相手とわかりあうということからは、遠ざかってしまいます。近年、強調されるコミュニケーションのための英語にしても、実用的な場面での決まりきった言い方を覚えたりするのがせいぜいです。また、発信型として注目されているディベートでは、言葉は相手を負かす道具として想定されています。

文法なども、どうしてそうなるのか、ルールに意味を見出して納得しなければ、自らのものになりません。受験のために一生懸命勉強しても、すぐ忘れてしまうわけです。気持ちが動き、納得したことは、その場面と共に脳裏に焼きついているものです。言葉は、相互のかかわり合いを通じて、身についていきます。言葉は知識として辞書の中にあるのではありません。意味を自らが主体的に付与していくものなのです。文法や外国語学習の内容が、自分とはかかわりのないもので、辞書などに書いてあることがすべてであるということは、国際紛争などを、専門家にまかせてしまうということと似ています。

内容を重視し、参加をはかる方法

英語教育で、英語を通して何を学ぶのかを考えると、より教材内容が大事になります。諸外国では、比較的オックスフォードやケンブリッジ大学出版などの手によるオーセンティックな教材によって教えられるのに対して、日本では独自の教材づくりがなされてきたのです。英語を学ぶのにヒロシマや沖縄、ホロコーストなど、また戦争文学などからも素材をとった教材が現場教師の手によってつくられてきました。外国語教育を通して人間教育、ひいては平和教育をはかろうとした教師の努力によるもので、まさに教科をこえるクロスカリキュラムの先取りであったといえるでしょう。さまざまな課題をふくむ教材を学ぶことで、学習への意欲が、喚起される数多くの実践を積み重ねてきています。

これまで、平和教育というと、戦争について教えるというスタイルが一般的でしたが、昨今、生徒が参加をする教え方、学び方が注目されています。英語教育でも、内容重視として教師の手による補助プリントを読んだり、どちらかというと教師がメッセージを発信するというスタイルが、主にとられてきたわけです。一クラスあたりの生徒数が多いなどの教育条件の課題はあるものの、伝統的な教授スタイルを転換するような学習者中心の学び方を深める必要があります。

民間教育研究団体では、戦後、集団主義教育や班活動によって学習集団を組織化する実践がなされましたが、これらは近年、米国で強調される協同学習と類似しています。また、綴り方学習を、英語教育に応用した自己表現を追求する指導法も、独自な展開をしてきています。[注4] 自己表現の指導は、それを支える集団づくりを背景にしてきました。表現活動において、その内容をわかち合う仲間である集団が重要な役割をしているのです。個人の事柄を仲間とわかち合うことで、社会的な課題に発展させ、さらに仲間と共に共有されるようになるのです。表現活動を軸に、仲間と共に学ぶ学習のあり方を追求するのが、本来のコミュニケーション活動だといえるでしょう。

グロバール教育[注5]では、方法はメッセージであるということから、人権を学ぶのに、一人ひとりの意見を出しあう参加型ですすめる方法を大切にしています。英語学習でも、そのような内容と方法の一致に注目し、内容を重視することと共に、仲間と共に学ぶ協同学習の方法を取り入れることが望まれます。グローバル教育のすすめ方は、外国語学習にも、応用可能でしょう。相手のよいところを探し、わかち合うということなどが、グローバル教育でも、セルフエスティームを高める方法としてよくなされています。外国語での学習は、単なる情報の伝達から、活動での気持ちに焦点化し、わかち合うことで、気持ちを通わせる双方向のコミュニケーション活動ができると思われます。このようなコミュニケーションは情報の単なる伝達をこえて、共に変革をとげるダイナミックなプロセスであることも指導者は理解しておく必要があります。[注6]

教室での平和教育

外国語学習で、コミュニケーションをはかるといわれても、その授業時間のみでコミュニケーションの術が身につくわけがありません。自由に意見をいおうと、うながしたとしても、社会や学校で、弱者の声が届かない状況があるとしたら、声は出せないのが現実でしょう。子どもたちが、疑問をもったとしても、子どもは黙っていなさいといわれたら、無力感をもってしまうのではないでしょうか。子どもは黙っていなさい、との経験が、世の中のことに無関心になることにつながっていくのではないかと思います。自分の思いを相手に届け、声を交わし、課題が解決するという経験を通して、手応えをえていくのではないでしょうか。競争によって、他者と自分をくらべ、自分のできなさにさいなまれるのではなく、他者とかかわるよろこび、実感をえたいものです。一人ひとりの思いをきちんと反映する教室をつくることが、平和教育の一環でもあるのです。

北米での平和教育というと現在は、コンフリクト・リゾリューション（問題・紛争解決）が主流となっているといいます。一九七〇年代、世界的な反核運動のうねりのなかで、米国での運動を推進したＥＳＲ（社会的責任を憂慮する教師の会）という団体が、その後、教室でのコンフリクト・リゾリューションに力点をうつすことになりました。教室で、生徒自身が調停者になり、もめごとを解決することで、集団が変わっていく実践が展開されています。[注7]

米国での先駆的な平和教育学者であるベティ・リアドン[注8]は、包括的平和教育という概念から、構造的暴力であるグローバリゼーションへの批判や、貧困の撲滅、ジェンダーの視点を主張しています。個々人や集団のエンパワメントと、社会的な変革をつなげていくことが求められるのです。

内面性と社会へのはたらきかけをつなげる

平和を願う個人の内面性は、きわめて大切です。私が生きている、今、ここでの自分を、あるがままに受けとめることでもあります。それは、永年のときを刻む地球の生命との一体感をえることであり、さまざまなスピリチュアルな伝統とつながることでもあるのでしょう。同時に、個人は、その環境となる社会的な基盤を失っては存在できないわけで、ガンディーは英国から学ばされたものを脱学習することで自立すると主張しました。

内面性を求めるとしても、閉鎖的になり反社会的になることではないように思われます。ガンディーのアシュラムやクエーカー教徒のライフセンターのように、自立して暮らすことは難しいでしょうが、現在のさまざまな矛盾に気づき、オルタナティブなもう一つの別な生き方を求める人々も、現れています。そのような、さまざまな市民の動きと連帯し、変革を求める小さな声を聞くためには、自らをひらいていくことが必要となるのではないでしょうか。内面性のこころの敏感さと、外に向かって共感し、社会的にはたらきかける力があってこそ、あたらしい時代をひらく担い手となることができると思うのです。

参考文献

注1　アーリア・バラドワージ著、淺川和也・前田文・福井星一訳『ガンジーの非暴力に生きる』（平和文化、二〇〇〇年）
注2　君島東彦著『平和学がわかる』（AERAムック八三号、二〇〇〇年）
注3　阿木幸男著『非暴力トレーニングの思想 共生社会に向けての手法』（論創社、一九九九年）
注4　『新英語教育講座』（三友社出版、一九九〇年）
注5　D・セルビー著、中川喜代子監修、阿久澤麻理子訳『地球市民を育む学習』（明石書店、一九九六年）
注6　淺川和也「違いを認める多文化共生へのコミュニケーション」宇田川晴義他『地球市民への入門講座』（三修社、二〇〇一年）
注7　ESR『対立から学ぼう』国際理解教育センター（ERIC、一九九七年）
注8　Betty A. Reardon and Alicia Cabezudo, *Learning to Abolish War: Teaching Toward a Culture of Peace*, Hague Appeal for Peace, 2002

*平和の文化をきずく会
二〇〇〇年一月に結成され、平和の文化に関する国連文書を翻訳し、ブックレットとして公刊するなど、「平和の文化」を研究・創造・普及するために活動している。ユネスコ協会連盟のピースパートナーシップとして「私の平和宣言」署名に貢献した。
http://homepage2.nifty.com/peacecom/cop/

連絡先：瀧口優　埼玉県川口市川口2−15−1−1004
TEL/FAX 048-254-5074

淺川　和也（あさかわ　かずや）
学部は宗教学。公立高校で英語教員を経て、コロンビア大学ティーチャーズカレッジ大学院英語教授法修士課程修了（MA）。現在、東海学園人文学部教員。グローバル教育のセミナーやフィリピンへのスタディツアーも手がける。日本ハーグ平和アピール平和教育地球キャンペーン事務局。

「平和」ということばのない民族に学ぶ

—ウィルタのゲンダーヌとの出会い—

東京学芸大学附属大泉中学校
成田　喜一郎

「風と湖水と人々と」

忘れていました／ぼくたちは／風にかおりがあることを／木々のみどりは風にとけ／草は風に萌えてゆく／草むらのペイコッ（牛）たちの／瞳をのぞいてみれば／かおるそよ風に／吹かれたぼくらが映ってる

忘れていました／ぼくたちは／湖水の色の豊かさを／摩周の青は水にとけ／時と光にかわりゆく／ヤンカラプテ（遙々ようこそ）と声かける／摩周湖のカムイ（神）に向かい／ぼくらはまぶたの中に／焼きつける摩周の水模様

そして、忘れられません／土地に生きる人々のこと／ぼくらの知らない季節や歴史の／きびしさ重さ背負いゆく／アイヌ（人間）のエカシ（長老）の白いひげは長い／ウィルタのゲンダーヌ／あざやかな衣裳を着て踊る

これは、わたくし（筆名「寺澤満春」）が、一九八一年八月、歴史教育者協議会の第三三回全国（釧路）大会に参加し、その後も友人たちと一二日間にわたる北海道への旅をしたときに作った歌です。

わたくしは、一九八〇年代半ばから今日に至るまで、しばしば北海道地方の地理の授業や蝦夷・アイヌが登場する歴史の授業、さらには社会科のオリエンテーション授業の導入として、ギターを弾きながらこの歌を歌い続けてきました。

二〇〇三年八月二三日、東京・有明で行われたキッズゲルニカ２００３のピース・トーク「世界の平和は大人にだけはまかせられない！」のファシリテーターをしたとき、わたくしは、再びこの「風と湖水と人々と」をその導入として歌いました。

平和を願う、平和を描く、平和を歌うイベント・キッズゲルニカ２００３のピース・トークの導入曲として、なぜ、この歌を歌ったのでしょうか。

それは、歌詞に出てくる「ウィルタのゲンダーヌ」との出会いを思い起こさずには語れないことです。

ウィルタのゲンダーヌとの出会い

「ウィルタ」とは、もともとサハリンなどに住む北方の一少数民族です。「ゲンダーヌ」とは、ウィルタのことばで「北の川のほとりに住む人」という意味で、北海道に住む数少ないウィルタ民族「北川源太郎」さんの本名です。

わたくしは、北海道への旅の中でゲンダーヌにお会いする機会を二度ほど得ました。まず、歴史教育者協議会の釧路大会の会場で初めてお会いし、二度目は、ゲンダーヌが館長をしていた網走郊外の北方少数民族資料館・ジャッカドフニを訪問したときでした。

ゲンダーヌは、突然訪問したにもかかわらずわたくしたちを温かく迎えてくれました。それどころか、ときあたかもウィルタの祭りの日、ゲンダーヌは、異民族であるわたくしたちを車座のなかに招き入れ、その儀式と宴への参加を許し、共に踊り歌い、共に食い語らうひとときを持たせてくれました。

そして、ゲンダーヌが語ったことばの数々のなかに、ひときわ輝くことばがありました。

「わたしたちウィルタには『平和』ということばがないのです」。

わたくしは、そのことばを聞いて、「えっ！」と一瞬耳を疑いました。

続けてゲンダーヌは言います。「ウィルタに『戦争』ということばもなかったのです」。

ウィルタのゲンダーヌは、アジア・太平洋戦争のとき、サハリンで「北川源太郎」として日本軍にかり出され、戦後、何の補償もなされることなく日本で暮らしてきたのです。

平和や戦争ということばのない時代と民族

かつて、戦争ということばがなく平和ということばもなかった北方少数民族が戦争に巻き込まれていったということの事実を知って、わたくしは現実に戦争があるところから平和を考えることはもちろん、その一方、悠久の歴史の中で平和や戦争ということばがなかった時代や民族の視点から平和や戦争を捉える必要があるのではないかと思いました。

今、戦争は歴史の中だけではなく、同時代の厳然とした事実として、リビングのテレビや朝夕投じられる新聞を通じて伝えられます。今、ここで同時代に起こっている悲惨で残酷な戦争に関する映像や音声資料をもとに平和学習をしたとき、子どもたちの中からいくら「平和は大切だ」「戦争は許せない」という声があがったとしても、そこには一抹の不安が残ります。ともすると、「今の日本に生まれてよかった」だとか「平和ボケの日本はだめ」だとかという意識だけを拡大再生産しかねないからです。

キッズゲルニカ2003のピース・トークにて

今回、キッズゲルニカ２００３のピース・トークでは、「風と湖水と人々と」のあと、一九八一年に聞いたゲンダーヌのことばをたよりに、平和と平和じゃないことをつなぎ、自分たちの暮らしと平和や平和じゃないことをつないでゆく試みをしました。

わたくしたちの世界には、「平和」ということばがあります。つまり、そこには「平和じゃないこと」があるということです。

今、身のまわりにある「平和じゃないこと」ってどんなことなのか探してみました。地雷の被害にあった子どもたち、当時小学生だった柴田知佐さんの描いたマンガ『ノーモア地雷』、ウガンダのやせ細った子どもの手、おなかのふくらんだケニアの少年など飢餓の写真を見て考えました。次に、わたくしたちが平和だなあって思うときって、どんなときなのか探してみました。素敵な笑顔のネパールの兄妹、ちまきを売るカンボジアの少女の写真を見て考えました。そして、会場にいたキッズと元キッズ（大人）たち全員が、それぞれの色画用紙に花の絵と平和へのメッセージをかいてくれました。最後には、みんなのかいてくれた花の絵と平和へのメッセージをスクリーンに映し出しながら、一人ひとりにその絵やメッセージへの思いを語ってもらいました。

小学四年生からのメッセージ

メッセージの中には、元キッズが、ハッとするようなメッセージがいくつもありました。

◆平和のほうがいいけれど、いっつーも「平和」にするってむずかしいと思う。「けんか」したら、また、「仲直り」すればいいんじゃないかな、って思いました。けんかもしなきゃだめだと思う。ずっとなかよくしてたって「げんかい」があるから「平和」ということばがなくても「仲直り」って言葉さえあればいいと思います。（小四・真由さん）

◆戦争というのはいけないことなのに、なぜやってしまうの？　なんの意味があるのかな？（小四・綾佳さん）

真由さんは、平和ということばより、「仲直り」ということばに価値を見いだしてくれました。これには、元キッズたちは、うなり声をあげてしまいました。今そこにある戦争の前で「平和」ということばをいくら叫んだとしても無力に等しいです。むしろ、真由さんの言う「仲直り」という具体的で地に足のついた提案に耳を傾けるべきでしょう。

そして、綾佳さんは、平和な日常生活の中からやってはいけない戦争をやってしまう理由を問い質し、さらに、戦争そのものの意味を問い質してくれました。イベントの後もわたくしは、綾佳さんの発した質問を仲立ちにして、綾佳さんとメールのやりとりを続けています。

ウィルタのゲンダーヌに捧ぐ

ゲンダーヌは、今はもういません。わたくしが訪問した三年後の一九八四年に急逝したといいます。とうとう彼の前で「風と湖水と人々と」を歌うことはできませんでした。

しかし、「平和」ということばも「戦争」ということばもなかった時代と民族があったこと、また、「国々と人々はなぜ戦争を起こすのでしょうか」「戦争を起こした国々や人々はどうしたら『仲直り』できるのでしょうか」など世代を超えて考えるために、わたくしは「風と湖水と人々と」を歌い語り継いでいきたいと思います。そして、「ぼくらの知らない季節や歴史のきびしさ重さ背負い」生きたウィルタのゲンダーヌのために。

成田　喜一郎（なりた　きいちろう）
１９７８年、中学校社会科教師となる。２００３年、国立大学附属中学校の副校長に就任、現在に至る。「寺澤満春」の名でシンガー・ソングライターとして活動。
ホームページ「ときのまほろばを求めて」を公開中。http://homepage2.nifty.com/01241_04/index.html

Message for Peace

「教え子を戦場におくるな」

公立小学校教員
山浦　恵津子

「教え子を戦場におくるな」というスローガンをみなさんはご存知でしょうか。これは戦前の教育の反省から生まれ、多くの教員の心に刻まれた言葉です。私も子どもが好きでこの仕事についたのですが、教員になった時、「単に好きでやるだけではいけない。平和教育を基本にすえよう」と強く思いました。それからずっと私の心に響いています。

学校って、軍隊と似ているところがあって、とってもあぶないところ。特に最近は「戦争の匂い」までします。日の丸、君が代の強制や校長の権限の強化、『心のノート』の配布、教育基本法の改悪の動きなど、心配の種はつきません。

それに現場はあい変わらず、競争、管理主義でびしっと貫かれています。全校朝会や学校だよりでは、いつも麗々しく部活の対外試合や種々のコンクールで入賞した子の発表をします。「賞をとることは素晴らしい。それを指導する先生は素晴らしい」そんなメッセージを毎回聞かされていると、教員も子どもも下りることのできない競争主義の土俵にのせられているのを感じます。

おまけに、すごい忙しさで、ちょっとおかしいな、と思っても立ち止まる余裕はありません。

*

子どもの笑顔があふれ、よけいな心配をせず、やりたいことが思いっきりできるような学校にするにはどうしたらよいでしょう。何を取っ掛かりにしたらいいのかよくわからないのですが、まず私自身が安らかであること、平和について学び続けることが大切だと思います。そして、いろんな場で平和につながりそうなことをやり続けていこうと思っています。

教室では子どもたちに安心して、自由にのびのびと学んで欲しい。だから、できるだけゆったりすすみ、競争に追い立てることなく、内面の声に耳をすませながら、学びを深められるようにしたいと思います。また、ホリスティック教育で学んだ「すべてのいのちと自分とのつながり」をしっかり伝えたいし、シュタイナー教育の手法もとってもピースフルなので、積極的にとり入れたいです。

それから、職場がもっと楽しく、民主的ならいいな、と思います。そのために、私はまず、自分の気持ちを隠さず、言いにくいこともなるべく話すようにしています。ほとんどの人は感情を出しませんし、職員会議でもあまり意見が出ません。確かに、教員という仕事は意思表示なんてしないで「無所属」でやるほうが妨害が少なく、はっきりさせない方が現状では生きやすいかもしれません。でも、その時の気持ちをフランクに話して気まずいことがあったとしても、同じ状況で悩んでいる者同士、だんだん気心が通じて、いい関係ができてきます。

私は職場で署名集めをよくやるのですが、いろんな人と話すいい機会になりますし、考え方もわかりとても面白いです。

余裕があるときは『職場新聞』を出します。会議で十分話せなかったことを深めたり、日常の実践などを書いていると、意見や記事をくれる人も出てきてうれしくなります。紙上の話し合いが切っ掛けで校内作品展の賞をなくしたこともあります。

また、学区の地域での取り組みでは、公民館で一〇年以上「平和を考える講座」（毎月一回）の企画に参加していました。それは市の非核平和都市宣言事業の一つで、市がお金と場所を提供し、公募で集まった一〇人の運営委員が全く自由に講演者を決めるといったものでした。そこには

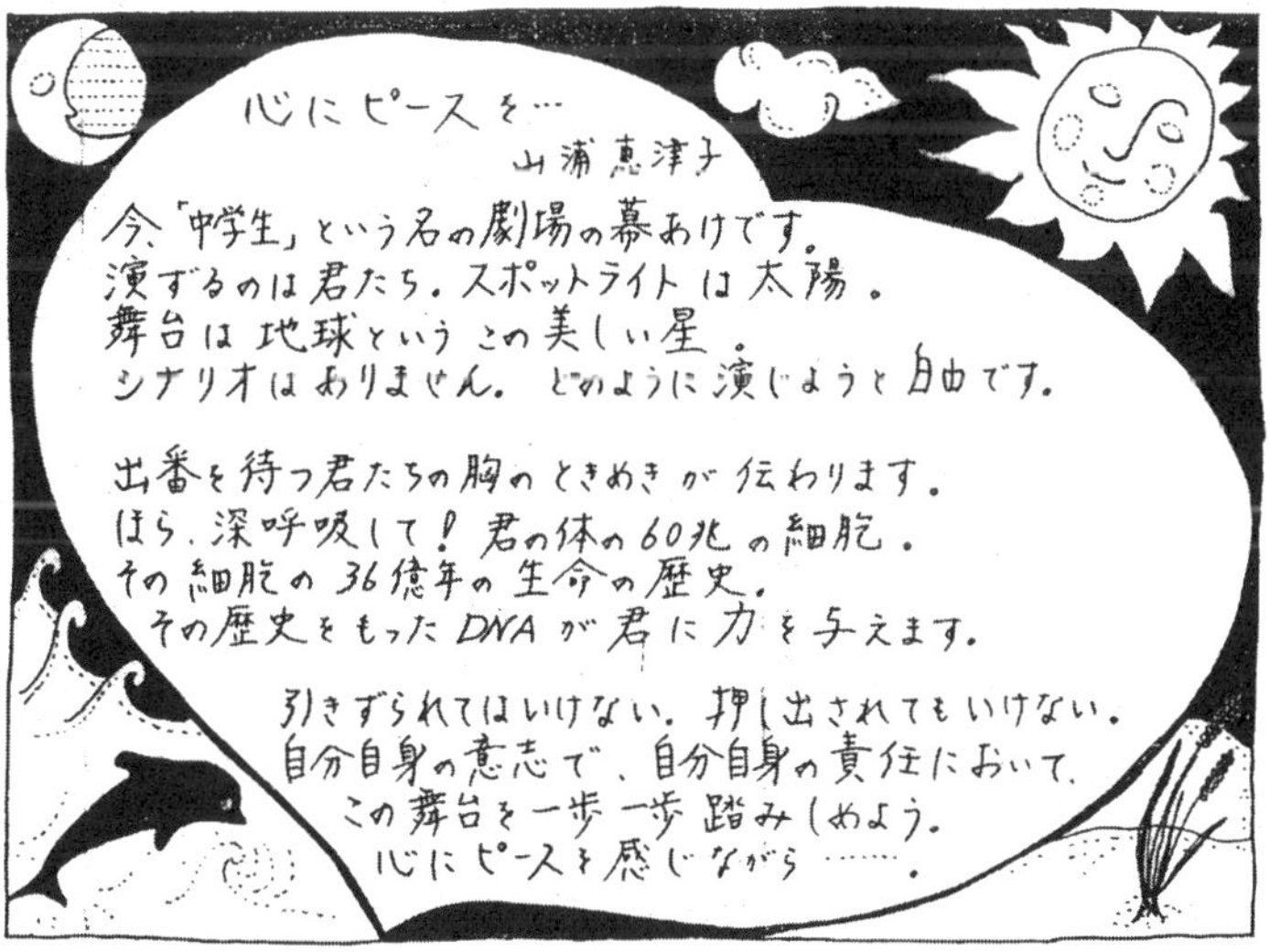

職場の人や教え子の親、卒業生までよく来てくれました。教え子が保育のボランティアをしてくれたこともあります。私にとっては平和授業の延長のようにあれこれ計画をたて、楽しい集まりでした。地域の人にも知り合いがふえ、学校にもずいぶんとパワーをいただきました。

　仲間が増えると、やれることも増え、楽しみも増えます。沖縄をテーマに五〇〇人の集会をやったこともあります。私がずっと続けている戦争跡地フィールドワークの報告会もできるようになりました。それに、教育現場の問題を教育委員会に掛け合ってくれていた友人が、市議会議員に当選して、より心強くなりました。アメリカのイラク攻撃のあと、職場の人の「頑張ってね」なんて声援をもらいながら、市始まって以来のピースウォークまでやってしまいました。

＊

　それにしても、公立学校の仕事はあまりにも納得のいかないことが多く、考えすぎると身動きがとれなくなってしまいます。だから、多くの人が面倒なことにかかわらない、感じない、考えない方法をとるのはよくわかります。私もその境を綱渡りのように歩いています。でも、教員が忙しさに負け「戦争の匂い」をそのままにしておいたらどうなるのでしょう。もうかなり教員管理が厳しくなっていますし、不当処分される人も多くいます。

　「教え子を戦場におくらない」ために、今こそ、教室、学校、地域を「平和の匂い」でいっぱいに満たしたい。教育基本法の改悪、なんてことにならないうちに。

山浦　恵津子（やまうら　えつこ）
72年から地区教員研究会は「平和教育部会」所属。93年から毎年、欧州、東アジアなどの戦争跡地フィールドワークに参加。地域では学習会「グループ・今をよむ」を立ち上げ、複雑怪奇な今の時代と向き合っている。

平和の文化の創造を目指して

―ユネスコ平和の精神を礎に―

国士舘大学
岩間　浩

国際連合の一専門部局であるユネスコ（UNESCO）、国際連合教育・科学・文化機関の「憲章」冒頭部分に「戦争は人の心の中に生まれるものであるから、人の心の中に平和のとりでを築かなければならない」という有名な文章があります。続いて、四段落下に「政治及び経済的取り決めにのみもとづく平和は、永続する平和ではなく、平和は人類の知的および精神的連帯の上に築かれなければならない」とあります。

ユネスコは設立当初「国連の良心」（J. T. Bodet）とか「人類の良心」（P. J. Nehru）などと称えられ、期待が込められた国際機関でした。特に上にあげたユネスコ憲章の精神は、真実の平和とは何か、平和のために何をなすべきかについて、問いかけ、かつ指針を与えるもので、今もって、平和について考えるよすがとなるものです。

そこでここでは、ユネスコ平和の精神はいかなるものであるかについて、ユネスコ憲章前文の淵源にまで光を当てて、追求していこうと思います。

ユネスコ憲章平和の精神

先にあげた憲章前文の後の部分では、政治的取り決めや経済的取り決めは、事態が変わり、相互に不信が募れば、いつなんどき破られるかもしれないもろい性質を持っているという現実を語っています。このことは、幾多の過去の事例が示しているところであり、最近でも、パレスチナとイスラエルの抗争に顕著に示されています。両国の間に幾度とりきめがなされても、その都度、協定は反故《ほご》にされているのです。相互に不信、憎悪、恐怖心、攻撃心、がなくならなければ、少なくとも、それらが和らげられなければ、はてしない流血の繰り返しが起こるのであり、いつになっても、平和は達成されません。ですから、永久の平和を確立しようと願うならば、人の心の中に平和が確立されなければならず、そのためには、広い意味の教育の力を必要とする、と言うのです。そして、平和のための教育のキーワードは、他の国との「相互理解」ということになります。ユネスコ憲章にはこう述べられています。

「相互の風習と生活を知らないことは、人類の歴史を通じて世界の諸人民の間に疑惑と不信をおこした共通の原因であり、この疑惑と不信のために、諸人民の不一致があまりにもしばしば戦争となった」

このように、真の平和の実現は、教育の力によってこそ実現することができる、として国連内に設立されたのがユネスコなのです。

ユネスコの平和への貢献

では、ユネスコ（本部はパリにあり、世界各地に関連機関を有する）はこれまで実際にどのような活動をしてきたのでしょうか。以下におもな活動を挙げてみます（ユネスコ協会連盟他）。

（1）民族・国民間の相互理解促進のための教育（国際理解教育＝国際教育）の推進
（2）平和教育の推進
（3）世界市民教育の推進
（4）人権教育の推進
（5）識字教育の推進
（6）地球環境教育の推進
（7）文化遺産の保護
（8）民族文化の保護育成
（9）自然遺産の保護
（10）生物圏の科学的調査と人間活動との調和を目指す計画の推進
（11）自然災害情報の発信
（12）成人教育及び生涯学習の推進
（13）難民への教育活動の推進
（14）良書の翻訳・出版活動の推進

実に多方面での「教育」「文化」「科学」における地球規模の平和的活動を展開してきたと言えるでしょう。これらの活動は、事件として新聞やテレビに取り上げられるような華やかなものではない、地道な活動ですので、ユネスコが世界平和へはたしてきた役割について、人々は充分に認識しているとは言えません。学校でも社会でも、ユネスコについてどれだけ教え、また学習されてきたか、心もとないものです。しかしもし、ユネスコが存在しなかったとすれば、今よりはるかに世界情勢は低迷し混乱したことは明らかです。

現在、世界では生涯学習の時代と言われ、行政も民間も生涯学習施設を作り、人々に学習の機会とさまざまな内容を提供していますが、最初にこの流れを作り、生涯学習の社会づくりをリードしたのは、ユネスコです。ユネスコは一九四九年に第一回世界成人教育会議を開催しましたが、一九六〇年の第二回会議結果を受けて一九六五年に成人教育推進国際委員会で、ユネスコの継続教育部長のポール・ラングランが「生涯教育」(education permanente)の実施に関して提案をしたことが大きな反響を呼んで、世界に生涯教育・学習の概念が行き渡ったのです。

また、世界にはいまだに文字を知らない多くの人がおり、貧しい地域では子どもが学校に行けず家計を助けるためにゴミ拾いをしたり、一、二年間学校に通っても、貧しさのために退学してしまう子どもが大勢います。また、性差別の風習のあるところでは、行きたくても学校に行くことを許されない少女がたくさんいます。文字が読めないと正しい情報を得られないため、だまされて不利な書類で契約して、多額の借金を背負うことになり、ますます貧困になっていく家族が絶えません。文字が読めないと誤って薬を飲んでしまい病気が悪化したり、よい職につくことができず、一生劣等感にさいなまれて生きなければなりません。

日本の室町時代に始まり江戸時代に盛んになった、民間の初等教育機関「寺子屋」[注1]をモデルにした、開発途上国で識字(基本的な読み書き算数)能力を高めていくための「世界寺子屋運動」が、一九八九年から日本ユネスコ協会連盟を推進役として行われています。すなわち、途上国各地に"terakoya"を設立し、読み書きのできない主婦やストリートチルドレンなどに基礎教育を学ぶ場所や教具、教材を提供したり、教師を養成したり、簡単な衛生教育や生活改善のための教育の機会を提供しております。この仕事は、貧しい国の貧困と無知を減らすための原動力となっているのであり、ひいては地球から不公平を減らすことで、地球平和を築くための地道な努力となっていることを考えると、こうした識字教育運動は即、平和教育運動と言えます。なお、国連制定の「国際識字年」である一九九〇年にタイのジョムティエで「万人のための教育世界会議」がユネスコやユニセフが主催して開かれ、先進国の軍事費や発展途上国の対外債務を削減して、全世界で初等教育を完成させ、非識字者数を世界で半減させ、青年や成人に充分な基礎教育や技能訓練を施すべきことなどの努力目標を掲げました。

以上のようにユネスコが行っている事業のわずか二点のみを挙げましたが、その活動は、確かにユネスコの平和の精神を具現していると言えましょう。

ユネスコ平和の精神の特質

平和運動と称するものの中には、自分の信じていることがあくまで正しいとして、その主張と異なる者、少しでも異論を唱える者に対して激しく非難するなどの闘争型平和運動が見られます。いわゆる「闘う平和運動」であり、「勝ち取る平和運動」です。この運動ではしばしば、相手を罵倒し、ときには暴力に訴えることがあります。平和を唱えながら、かえって世界に抗争心や相手を非難したり呪ったりする心を作り、さらには戦争を招くことすらあります。

一方、インドの独立の父・ガンディー翁や、アメリカのマルティン・ルーサー・キング牧師による非暴力的な平和運動があります。ガンディー翁はイギリスの植民地圧制に断食や行進によって立ち向かい、インドの独立達成に大きな貢献をしました。また、キング牧師もガンディー翁に見習い、非暴力的なデモ行進や正義を訴える演説により、アメリカ社会のアフリカ系人種への差別を取り除くのに大きな貢献をしました。

翻ってユネスコの精神を見るに、この精神は心の平和の

ユネスコ総会の光景　©UNESCO

確立を優先させる非対立的精神であり、お互いに国家・民族の違いを理解し、相手を許していこうとする寛容の精神および慈悲の精神・愛の精神に立脚しています。

ユネスコは、一九八九年のベルリンの壁の崩壊以後、すなわち東西の冷戦が終結してから、「平和の文化」という概念を唱えていますが、これに関連して、前ユネスコ事務局長フェデリコ・マヨール氏は「ユネスコ五〇周年に寄せて」と題して一九九五年当時、次のように語っています。「一九九五年は、教育・科学・文化およびコミュニケーションを通じて諸国民の間の協力を促進することによって平和および安全に貢献するというユネスコ本来の使命を遂行する上で、新たな段階を迎える年です。不公平で隔たりの大きな世界において国際社会が直面している課題はまだ大きいものの、より一層の国際協力を通じて、世界が『平和の文化』の実現に向けて進んでいく機会もまた大きいと言えるわけです。実際に『戦争の文化』に対抗していくためには、自由、正義と民主主義、寛容と連帯そしてあらゆる人種の尊厳にもとづいた文化、また、暴力を排除し、代わりに話しあいを通じて解決しようとする文化、さらに、紛争の根底にある原因を見つけ出し、それに対してより効果的に対処してできる限り紛争を回避するよう努力していくという予防的な文化を築いていかなければなりません」（マヨール）。

このように現在は、ユネスコの精神は「平和の文化」の創造という方向で表されています。

ユネスコ精神の淵源

ここでユネスコの精神の表明ともいうべき「ユネスコ憲章」がどのような状況下で生まれたのかを訪ねて、ユネスコ誕生時まで遡ってみましょう。

直接的には、第二次世界大戦という悲惨な戦争を第一次世界大戦の後で再び繰り返してしまった、このような惨事は二度と繰り返してはいけない、という深刻な戦争に対する反省の心から来ています。戦死者は実に三〇〇〇万から六〇〇〇万人とも言われる悲惨な戦争でした。世界の子どもたちもまた、いのちを落としたり、孤児になったりして、大きな被害を受けました。そこで、戦争で深い痛手を受けて荒廃した教育をなんとか建て直したい、という心が生まれてきたのです。一九四二年一一月、戦後の教育復興計画を話しあうために、ロンドンで英国外務大臣の呼びかけで、亡命政府の文部大臣たちによる「連合国文部大臣協議会」という小規模な会議が発足しました。回を重ねるごとに、世界の教育と文化の領域での協力で世界平和を築くべきである、それには人々の心に重心を置くべきであるという考えが深まり、また、アメリカやソ連も会議に参加するようになり、やがて教育のみならず、文化一般、最後には科学をも加えた、恒久的な機関を新たに生まれる国連内に創る構想が固まりました。枢軸三国が戦争に敗れていく中の一九四五年六月に、サンフランシスコで「国連憲章」が採択され、一〇月に発効、国際連合が発足したのを受け、一一月一日にユネスコ設立のための連合国参加国の会議がロンドンで開催されて、ユネスコ憲章が一一月一六日に採択されました。そして、一年後の一九四六年一一月四日に憲章は効力を認められ、ユネスコが誕生しました。このように比較的スムースにユネスコが設立されたのですが、第一次世界大戦の後に国際連盟ができた際には、「教育のことは国家の主権の領域であり、国際機関で教育のことを扱うべきではない」という主張が強く、どうしても国際連盟内に教育の部門を置くことができませんでした。しかし、悲惨な結果を出した第二次世界大戦を経て、人々の考えに変化が起き、国家の枠を超えた教育機関の必要性が認められるようになったのです。

ユネスコ憲章の前文はどのような経過で記されたのでしょうか。ユネスコに詳しいインド出身のS・P・アグラワール氏によると、淵源は第一次世界大戦後の一九二一年に国際連盟の中に設置された「知的協力委員会」(International Committee of Intellectual Corporation)で、フランスの詩人にして思想家のパウル・ヴァレリが「心の社会は国の社会のための必修条件である」と述べたことが淵源である、とし、また、連合国文部大臣協議会でユネスコの設立を論議中に、フランス代表の政治家レオン・ブルムが、「将来作られる組織の目的は、世界を通しての平和の精神を築くことにある」と主張し、英国の女性文部大臣ウィルキンソンが「我々の標語は、人々の心が平和に順応するように教育するものである」と信ずると発言したことにあり、最終的には、米国の詩人で、米国団の主席代表であったアーチボルト・マクリーシュと英国の首相(労働党党首)クレメント・アトリーによって、「戦争は人の心にはじまる……」が入れられた、と言います(Agrawal)。実際は、イギリス、フランス、デンマーク、インド、メキシコ、ノルウェー、アメリカなどの代表が次々と似た意見を表明しています(ユネスコ協会連盟)。

私は、ユネスコの淵源を訪ねる研究の結果、ユネスコ設立にロンドンに本部を置く新教育連盟(New Education

Fellowship）が大きな力を発揮したのであり、「戦争は人の心に始まる……」の文章がどうしても必要だとして挿入したのは、ＮＥＦの当時副議長で、連合国文部大臣協議会の特別問題委員会議長であったジョセフ・ラーワリーズ・ロンドン大学比較教育学教授であったことを突き止めています（岩間）。そして、ＮＥＦを一九二一年に創設したのは、民族や宗教の融合を唱える国際的な組織である神智学協会（Theosophical Society 1875-）の神智学教育同胞会（Theosophical Fraternity in Education）であって、ユネスコ憲章の前文の冒頭の言葉は神智学協会の思想に一致することを述べました（岩間）。新教育連盟が当時、深くユネスコ設立に関与していたことは、その機関誌"The New Era in Home and School"の一九四六年一月号のトップ記事に「ユネスコ憲章」前文が載せられたことにも、その一端が現れています。一九四五年一一月に憲章が採択されて二ヵ月以内という早さです。原稿―印刷―出版という手順を考えると、採択と同時とも言える早さです。この他にも、当時の新教育連盟の機関誌はユネスコの記事であふれていたのです。

平和の文化創造を目指して

ところでユネスコ憲章前文の言葉には、いくつかの過去の前例となる思想が反映しています。

著名な発達心理学者ジャン・ピアジェは、新教育連盟の終身名誉副総裁であり、ユネスコ常任委員会委員などユネスコ活動に深く関与しましたが、ユネスコの国際教育の先駆者としてチェコ出身の教育思想家コメニウスを挙げた「ヤン・アモス・コメニウスの現在的意義」というユネスコ出版のコメニウス選集中の論文を発表しています（ピアジェ）。コメニウスは、晩年の『平和の天使』（一六六七年）で『新約聖書』中の「ヤコブの手紙」第四章冒頭の言葉「あなたがたの中の戦いや争いは、いったい、どこから起こるのか。それはほかではない。あなたがたの肢体の中で相戦う欲情からではないか。あなたがたは、むさぼるが得られない。そこで人殺しをする。熱望するが手に入れることができない。そこで争い戦う……」などを引用して、真の平和のためには心の平和が確立されなければならないことを強調しています（コメニウス著、藤田輝夫訳および貴島）。彼の遭遇した三〇年戦争という悲惨な戦争の体験から生まれた平和思想であったと言えましょう。

非戦論を唱えたトルストイもまた、おそらく「ヤコブの手紙」などから影響を受けたと思われ、『悔い改めよ』などでユネスコ憲章前文と類似した精神を表明しています

（トルストイ、南安曇野教育会）。

他にも、グロチウスの国際法の考えやカントの『永久平和論』などにも、広い意味でのユネスコの平和の精神の淵源を認めることができるかもしれません。あるいは、「幸いなるかな、平和ならしむる者、その人は神の子と称えられん」と述べる『福音書』の精神、「修行者は心のうちが平安となれ。外に静穏を求めてはならない。内に平安となった人には取り上げるものは存在しない」（『ブッダの言葉』四―一四）と説くブッダの精神、「利己心、暴力、情欲、怒り、むさぼりを捨て、自ら足るを知り、心平穏なる者は、永遠なる者になるに適す」というバガヴァッド・ギーターの精神、相互扶助と友愛の精神を示すイスラームの喜捨や、孔子の仁（思いやり）の精神、そして聖徳太子の「和」の精神などには、心の平和を尊ぶ精神が流れています。

古く淵源を訪ねれば、古今東西の平和の精神をユネスコは体現していると言えましょう。国連では、二〇〇一年から二〇一〇年の間を「平和の文化と世界の子どものための非暴力のための国際一〇年」（International Decade for Culture of Peace and Non-violence for the Children of the World）と定めています。教育、文化、科学を通して、このような平和の精神にもとづき、昔から人類の念願であった地球に「平和の文化」を築く地道な努力を続けること、それが現代の地球時代に生きる私たちの務めではないでしょうか。

注1　当初は寺の僧侶を養成するための学習所として寺の中に誕生したが、のちに庶民にも開放され、やがて、神官、浪人、庄屋、名主、裕福な商人など、有識者の下で開かれた、民衆子弟のための非公式的初等教育機関。

注2　国際連盟事務次長・新渡戸稲造を代表幹事に、ベルグソン、マダム・キュリー、アインシュタイン、ホイジンガー、ラーダ・クリシュナン、ヴァレリ、トーニ、田中館愛橘、姉崎正治など、当時の最高レベルの知性人一二名を集め、戦争の心理的原因面の研究、文化財の保護、自国中心の教科書の是正などに取り組むものの、第二次世界大戦勃発により活動が中断したが、のちのユネスコの一つの淵源になった。

参考文献

Agrawal, S. P. *Documentation Encyclopaedia of UNESCO and Education.* Concept Publishing Company, New Delhi, 1991.
岩間浩著「ユネスコ設立の淵源を訪ねて—新教育連盟とユネスコの設立過程—」『国士舘大学文学部創設三十周年記念論集』（一九九六年）
岩間浩著「新教育連盟の源流を訪ねて—神智学教育組合と新教育連盟—」『国士舘大学文学部人文学会紀要』第三〇号（一九九七年）
貴島正秋著「ユネスコの礎を築いたJ. A. Comeneus の精神」『二十一世紀の生涯学習（WEF国際教育フォーラム in 鹿児島研究発表要項集）世界教育連盟日本支部（世界新教育学会、二〇〇三年）
コメニウス著、藤田輝夫訳「平和の天使」『日本のコメニウス』第四号（日本コメニウス研究会、一九九四年）
トルストイ著、春秋社訳編『平和論集』（春秋社、大正一三年）
日本ユネスコ協会連盟編『ユネスコで世界を読む—二十一世紀にひきつぐ国連の良心—』（古今書院、一九九六年）
(The) New Era in Home and School. Vol. 27, No.1 (January 1946).
マヨール、フェデリコ著「ユネスコ五〇周年に寄せて」『文部時報』一四二六号（一九九五年一〇月）
南安曇野教育会『萩原碌山』平成四年（昭和四五年）
ピアジェ著、竹内良知訳「ヤン・アモス・コメニウスの現代的意義」『ワロン・ピアジェ教育論』（明治図書、一九六三年）
藤田輝夫著『コメニウスと近代教育学』（秋田大学、一九九二年）
藤田輝夫著『「全ての者」に教育を—コメニウスの教育思想—』（筑波大学教育学系、一九九二年）

岩間　浩（いわま　ひろし）
１９３９年東京生まれ。芝浦工業大学助教授を経て米ペンシルヴァニア州立大学博士課程で国際教育方面を学び、90年Ph.D.を取得。現在、国士舘大学文学部教授。世界新教育学会・常任理事・事務局長。

●地球平和公共ネットワーク結成趣意書

私たちが志すもの

一、私たちは、それぞれの「いのち（生命）」の安らぎと喜びが感じられるような地球平和と公共世界を築いていくことをめざします。

二、私たちは、生活者の視点に立ち、足元からの智恵を生かして、地球平和と公共的価値を創造していくことをめざします。

三、私たちは、個の自立と、多様な他者との共同性をともに尊重し、地球平和のためのゆるやかな友愛ネットワークを公共的に築いていくことをめざします。

四、私たちは、日本国憲法第九条の「戦争放棄・永久非戦」という地球平和の理念について、その文明史的意義と公共的価値を、よりいっそう力強く世界の公論に訴えていくことをめざします。

五、私たちは、地球平和の実現のために平和大綱を作成し、

非戦・非暴力的な公共的活動を行い、生きていることの喜びと楽しさを共に味わうことのできる平和の術（アート・オブ・ピース）を創造していくことをめざします。

私たちは、以下のような趣旨で、地球的公共性の観点に基づいた平和ネットワークを結成します。それは、多様性の尊重に基づく、ゆるやかな自発的結合です。理性と感性、知性と精神性・芸術性・身体性、生活世界と公共世界とを結びつけるために、「足の裏で憲法第九条を考える会」と「公共哲学ネットワーク」の有志が、それぞれの表現形態を生かしながら、共通の目的を説明してみました。

発起人／鎌田　東二
小林　正弥
千葉　眞
西田　清志

〈趣意書Ⅰ〉平和への希望、友愛の螺旋

一、足元からの平和を

一人ひとりが、足元から平和を感じてみる。

いのちの息吹を感じてみる。

自分と世界を感じてみる。

そして、足元から平和の種子を育ててみる。

わたしたちは、直立歩行を始めた人類の「足」という、一人ひとりの人間の原点に立ち戻り、足元から「平和とは何か」を感じとり、考え、行動していこうと決心しました。

二、平和の問いかけ

二一世紀が始まった矢先の二〇〇一年九月一一日、全世界の人々に「平和とは何か?」という深く重い問いが突きつけられました。

何の罪もない多くのアメリカ市民の命を奪ったイスラム過激派によるテロ行為は、決して許されるものではありません。しかし、自らの命を犠牲にして行われた行為の中から、彼らが抱えた問題の大きさがはじめて浮き彫りにされたのも、もう一つの事実でした。

テロリストは何を求め、何に抗議して、自らの命を犠牲にしていくのでしょうか? 彼らが訴えている声を静かに聴き取り、それを理解し判断し、自分たちも、現実も、共に変えていくような、〝共に生きる知恵〟を見出していくことができなければ、わたしたちがめざす未来はいつまでも到来しないのではないでしょうか?

三、いのちの尊厳と対話

こういう状況の中、わたしたちは国家による国益尊重の論理から脱し、地球に住む一人ひとりがいのちの尊厳を保障できる平和な社会の実現を具体的にめざそうと考えます。

この社会・国家を形成しているのもわたしたち一人ひとりであり、問題を作り出しているのもわたしたち一人ひとりです。

足元から学んだ大切なこと、それは「何をするにも他人まかせではなく、自らが二本の足で立つ。〝個の自立〟から始まる」という厳然たる事実でした。そして、「自分が幸せになるには、他者の幸せがあってこそ成り立つ。知らぬ間に他を収奪しているとしたら、いつの日か、必ずその報いがくる」という真理です。

わたしたち一人ひとりが平和に暮らすためには、まず、わたしたちがこの地球上の一個のいのちであるという、個の存

在の意味と尊厳を認め合っていくことが必要ではないでしょうか？　そうして初めて、対話を通して個と社会と文化の多様な形を練り直し、創造していくことが可能になるのではないでしょうか？

わたしたちが一人では生きられないという現実に気づき、個であると同時に、他者との輪の中で生き、他者の力によって活かされている現実に気づいた時、初めて感謝と幸せの念が起こってくるはずです。

四、大地に根ざして生きる

裸足で大地を踏みしめてみると、ジワ～ッと大地の体温が飛び込んできます。裸足になるだけで、人は自然の記憶を呼び覚ますことができるのです。そしてその時、〝平和〟とは、とてもシンプルなことだと気がつくのです。食べて、仲間や家族と談笑して、安心して眠る。それだけで幸せなのだと。それが、足の裏が教えてくれたもう一つの大切なことです。

わたしたちは、この平和の感覚と、幸せの感覚を、足元から取り戻していきたいと思うのです。

五、新しい非戦・平和運動の形を求めて

そのために、わたしたちは足元に根ざし、しっかりと大地に立ち、自己の感覚をみがき、想像力と思考力を存分にはたらかせ、一人ひとりのこころと、からだと、他者性の目覚めに立ち会いながら、この社会の中で、すきとおる風の息吹とともに、新世紀にふさわしい非戦・平和運動を持続的に展開させていくことを決意します。

しなやかな感性と知性を統合し、楽しく喜びに満ちあふれた平和運動のあり方を模索し、自然と調和し、基本的人権を擁護し、一人ひとりがいのちの尊厳を保障できる世界を創造していくことをめざします。そして、この運動自体の中に、身体性の開発や喜悦や幸福感情を呼び覚ますような芸術性を開発し、創出していきたいと思います。多様性と創造性を愛でる友愛と寛容の精神をもって、平和憲法第九条を新世紀に甦らせる試みに挑戦していきたいのです。

六、非戦パートナーシップの確立

さらには、一九四九年に憲法で常備軍を廃止し、永世非武装中立宣言をしたコスタリカに学び、アジア諸国から「非戦国家」としての認知を受け、世界中の平和希求市民とのネットワークを結び、積極的な民間平和外交を実践し、一人ひとりの市民が動き、連動することを通じて、「地球平和公共ネットワーク」を立ち上げていきます。

こうして、地球市民一人ひとりが足元から自覚し、平和である実感が持てるような、ヒューマン・コミュニケーション・パートナーシップを、この水の惑星に共に住まういのちや人々とつながることによって実践していきます。

七、人間の叡智の夜明けに向かって

負の遺産としての二〇〇一年が、人類の叡智の夜明けとして記憶されるよう、未来へ向けて、平和文化と、平和の社会を、新しい時代の幕開けの道として提案していきます。

そのための方法を共に、個性豊かに開発・創造し、一つ一つ実現していきませんか。平和への希望を胸に、過去・現在・未来が深く大きくつながる友愛の螺旋の中に、一人一人の創造性と持てる力を投入し、多くの困難を乗り越え、力を合わせて、この宇宙の中にかけがえのない水の惑星である地球の平和を形づくっていきましょう。

二〇〇三年一月一日

「足の裏で憲法第九条を考える会」有志
鎌田　東二
西田　清志

〈趣意書Ⅱ〉非戦の活動

一、地球的危機の到来

二〇〇一年九月一一日の同時多発テロ事件以降、世界は重大な地球的危機を迎えている。イスラム過激派によるテロ行為は、人命の犠牲をもたらすが故に非難されるべきであり、これに対しては重大犯罪として刑事的な摘発・処罰・取り締まりが国際的になされるべきである。

しかし、こうしたテロ行為を戦争と規定し戦争で報復しても問題は解決せず、さらに多くの無辜の犠牲者を招く。暴力は暴力による報復という悪循環を招き、事態を悪化させてしまう危険がある。また、ブッシュ政権は、テロ組織だけではなくそれをかくまうタリバーン政権も敵とみなして攻撃対象としたが、この「反テロ」戦争の論理は、倫理性も合法性も欠いている。

単独行動主義の姿勢が際だつブッシュ政権は、いわば「アメリカの新帝国主義」とでも言うことができるような横暴な姿勢を示し、徒に戦争を開始し拡大させる道を歩んでいる。これによって本当に「文明の衝突」のような大戦乱が生じることを私達は深く危惧し、日米政府はもとより、世界の公論に対して、「文明間の対話」と非戦の重要性を訴えたい。

およそあらゆる戦争は悪と見なすことができるが、必要悪としてその正当性が主張されることが多い。しかし、この「反テロ」世界戦争は必要悪ですらなく、地球的に甚大な人命の犠牲をもたらす地球的悪そのものである。さらに、核戦争は「絶対悪」と呼ぶことができるのであり、核戦争という絶対悪を回避することは私達の最大の願いである。

それにも拘らず、アメリカ政府を中心として多くの政府が戦争を支持し、日本政府もアフガニスタン戦争においてはテロ特措法という違憲立法を行い、第二次世界大戦後、最初の参戦行為・海外派兵を行った。イラク戦にあたってもイラク特措法の立法や戦争への協力が政府部内では検討されている。

二、新しい平和運動の形成

そこで、私達は、「反テロ」世界戦争という地球的悪に反対し、平和の回復・実現という地球的公共善を達成することを目的として、新しい平和運動を形成したいと考える。

戦後の平和運動は、敗戦という経験に基づき、平和憲法の理念を堅持するために重要な役割を果たしてきた。しかし、共産主義・社会主義イデオロギーの硬直性、一国平和主義、経済至上主義・生活保守主義、沖縄の要塞化、独善的啓蒙主義・理性主義などの問題も存在し、戦争経験を持たない若年層には訴える力は衰弱していると言わざるを得ない。

そこで、私達は、「地球的公共善としての平和」という地球的平和公共哲学の観点から、宗教的・哲学的・倫理的・芸術的要素を重視して、新世紀にふさわしい新しい非戦平和運動を創造的・生成的に展開することを目指す。

これは、内村鑑三以来の伝統を持つ「非戦」の思想を運動として展開することをも意味しよう。かつて丸山眞男が主張したように、内面的・文化的蓄積に立脚した「非政治的市民の政治的活動」が必要なのであり、私達は生活世界に根をおろした生活者市民による「小政治」の実践、深い精神性に立脚した公共民（公共的市民・農民・漁民など）の新平和運動として展開したい。

地球的危機の時代に平和を実現するためには、現代世界を覆う政治的無関心・無気力の壁を突破して、公衆の良心・良識に基づいた実践的活動が必要である。私達は、ガンジーなどの先例にならい、アーレントが主張したように、言論や討論に基づく平和的な活動を非暴力的に行うことを決意する。

このような活動を自ら行うためには、一人一人の智恵と勇気・力が必要である。そして、このような運動の動機は、戦争の死者・犠牲者をなくそうとする愛である。運動が闘争的・

破壊的なものにならず、批判対象をも救うような建設的なものとなるためには、優しさと愛が必要であろう。愛と知と勇気を備えるように努めながら具体的な活動を遂行するのが、今日における公共民的美徳（civic virtue）であろう。この意味において、平和運動自体が美徳を涵養する人格形成と練磨の場でもあり得るのである。

従来の平和運動が重苦しく闘争的な雰囲気になりがちだったのに対して、私達は、理性と感性とを統合し、内面的な喜びや楽しみに満ちた平和運動を展開したいと願っている。これは、いわば「平和の術（アート・オブ・ピース）」としての、「和楽の運動」ないし「和楽の祭り」ということができよう。

これは、聖徳太子の一七条憲法にも見られるような日本古来の「和」の思想を尊重しつつ、戦後の平和憲法における平和主義を新世紀に甦らせようという試みである。アメリカの新帝国主義に対して、アジアなどからも非戦の声を挙げることによって、新しい平和な地球文明の生成に寄与することが私達の願いである。新自由主義的・西洋中心主義的なグローバライゼーションに対しては、各文明・文化相互の承認と尊重に基づいた地球的・地域的（グローカル）な文明・文化を形成することが必要なのである。

平和の非戦ネットワークが、地球的平和を希求する仲間・同志達の友愛ネットワークとして展開し、全世界の平和志向のネットワークと連携して、地球に平和な公共世界が実現することを念願し、私達はここに「地球平和公共ネットワーク」を結成する。一人でも多くの地球公共民が参加され、この新しい運動が地球的平和の実現に寄与することを祈りたい。

二〇〇三年一月一日

「公共哲学ネットワーク」有志
小林　正弥
千葉　　眞

〈小林正弥編『戦争批判の公共哲学——「反テロ」世界戦争における法と政治』（勁草書房、二〇〇三年）の巻末資料より許可を得て転載〉

国連・ユネスコ関連文書にみる
平和と非暴力への〈ホリスティック・アプローチ〉

府立大阪女子大学　吉田　敦彦

平和の創造には、内（精神性）と外（社会システム）の、どちらか一方ではなく、両方からのアプローチが必要です。一人ひとりの心の中から出発するのも大切だし、それだけではなく、紛争を解決し平和を維持する社会システムも欠かせません。その意味で、戦争の世紀でもあった二〇世紀が、人類に残した大切な遺産は、国際連合でしょう。いまだ十分には機能していない成長途上のシステムだとしても、長い目で見れば、国連が二一世紀を通してどこまで成熟できるかに、人類の未来がかかっています。そして、「ホリスティック」というコンセプトは、人類と地球にとって国連がもつ意義を展望する際の、キーワードになるものです。

国連・ユネスコが提唱する〈ホリスティック・アプローチ〉

折しも今、国連「世界の子どものための平和と非暴力の文化・国際一〇年（二〇〇一～二〇一〇年）」の最中ですが、それを国連総会で事務総長が提案したとき、そのための教育に大切なのは「ホリスティックなアプローチ」だと述べました。「そのストラテジーには、平和と人権と民主主義のために世界各国の文部・教育省の代表者によって提案された方針、すなわち、包括的でホリスティックなアプローチ（an approach that is comprehensive and holistic）が適用されるべきである」（二〇〇〇年九月一二日総会報告 United Nations A/55/377）、と。

国連・ユネスコには「平和の文化のための教育」部局が設置されており、その公式ウェッブ・サイトのトップページには、「……この教育の主たる目的は、ホリスティック・アプローチの発展（The development of a holistic approach）、つまり、平和の文化のための教育が持つ多様な側面（平和と非暴力、人権、民主主義、寛容、国際・異文化理解、文化的言語的多様性の尊重など）を考慮に入れ、参加体験的な学び方を重視したアプローチの発展である。……」と記されています。

同じくユネスコのホームページの「非暴力の教育」サイトでは、冒頭でそれが次のように定義されています。「非暴力とは、対立や葛藤を建設的な仕方で解決し、目的達成のために相手を攻撃したり暴力をふるったりすることを拒否する、あるホリスティックな考え方と実際の行動（an holistic theory and practice）をさす。／これは次第に広がりつつある、個々人にも社会にも勇気と力を与える考え方である。それは怒りを否定するものではなく、むしろ、怒りの背後にあるエネルギーにまで届く水路を開き、そのエネルギーの方向を、他者を尊重したり力づけたりできる方向へと転換しようとするものである」。http://www.unesco.org/education/

このように、国際社会の公的な場面で、平和と非暴力にむけた〈ホリスティック・アプローチ〉が推奨されています。日本では、「holistic」が「包括的」や「全体的」と和訳されることも多く、このことはあまり気づかれずにきました。「ホリスティック」という独特な言葉は、「包括的／全体的」という訳語のもつ「外」へ向けての「広さ」だけでなく、「内」へ向けての精神的な「深さ」をも持っている言葉です。その両面をもつことが魅力であるため、二〇世紀後半から使われ始めた新しい造語ですが、この時代に国境を越えて連帯するためのキーワードにもなりうるものだと思います。

そこで、この稿では、すこしこの「ホリスティック」という用語にこだわって、それが、平和と非暴力を求める世界の人々のあいだで、どのように共有されつつあるのか、概観してみようと思います。以下、とくに国連・ユネスコの関連文書において、平和と非暴力の教育への「ホリスティック・アプローチ」がどのように認識されているか、この点の検証につとめることにします。

開かれたつながりを生み出すアプローチ

「国連・人権教育の一〇年（一九九五〜二〇〇四年）」、「すべての人に教育を Education for All」／「国連・識字の一〇年（二〇〇三〜二〇一二年）」、「持続可能な未来のための教育」、環境教育、開発教育、幼児と家庭の教育、健康教育など、「ホリスティック・アプローチ」への言及が見られる分野は、多岐にわたります。それらの全般的な紹介は別の機会にゆずって、ここでは平和と非暴力のための教育に限って見ていきます。

一九九四年一〇月、ユネスコが各国の文部省の代表団を集めて開催する「教育に関する国際会議」の第四十四回がジュネーブにて開催されました。国連・ユネスコが、「ホリスティック・アプローチ」の意義を公式文書で強調しはじめるのは、この会議が発表した「平和と人権と民主主義のための教育への総合的行動枠組み Integrated Framework of Action on Education for Peace, Human Rights and Democracy」からのようです（冒頭で引用した「平和と非暴力の文化・国際一〇年」にむけた事務総長の総会演説のなかで、「世界各国の文部・教育省の代表者会議の提案」として言及されているのは、このジュネーブ会議提案のことです）。

その最終報告書は翌九五年にパリで発行されていて、その第Ⅲ部で、「平和と人権と民主主義のための教育にかかわる方針は、包括的でホリスティック comprehensive and holistic なものでなければならない」と述べられています。その意味するところは、「以下に例示するような、非常に幅広いさまざまな側面や要因に配慮すべきこと」であって、たとえば

「◎あるゆるタイプの、すべての年齢段階の、すべての教育形態に適用することができること。

◎NGOや地域のコミュニティ組織も含め、社会を形成している多様な機関と教育上のパートナーシップを結ぶこと。

◎ローカルな地域から、もう少し大きな地方、国家レベル、そしてグローバルな世界規模に至るまで、それぞれの要請に配慮すること。…中略…

◎見落とされがちな社会的弱者にも、上記の目的のために学ぶ適切なリソースが行き届き、すべての人への教育が行われること」

といった諸点が列挙されています。“Final Report: International Conference on Education 44th Session Geneva 3-8 October 1994”, UNESCO International Bureau of Education, Paris, 1995, p.29/116 (Part Ⅲ -B).

ここで提唱されている「ホリスティック・アプローチ」の特徴は、いわば〈開かれたつながりを生み出すアプローチ〉です。たとえば、教育を考えるときに私たちは、フォーマルな学校のなかの教育だけを考えてしまいがちです。生活や人生や社会の一部分だけに教育をみる視野狭窄（「木を見て森を見ない」）を克服して、包括的な広い視野と相互連携を重視するアプローチが、ホリスティック・アプローチの、まず第一の意味合いです（逆に言えば、この九五年の時点では、それ以上の意義には触れらていませんでした）。なお、引用部分で列挙された最後の点、つまり「見落とされがちな社会的弱者」をきちんと視野に入れる、という意味での包括性をも、このユネスコのホリスティック・アプローチが含意していることは、大切なことだと考えます。

「平和の文化」のための「ホリスティック・コンセプト」

さて、いよいよ二一世紀の入り口で、新しい世紀のユネスコのヴィジョンが探求されたとき、「ホリスティック」というコンセプトが真正面から取り上げられることになります。二一世紀のユネスコの「平和の文化のための教育」が「ホリスティック・コンセプト」によって理解されるべきだとする最終答申（二〇〇〇年三月）が、ユネスコ第五回「平和、人権、民主主義、国際理解と寛容のための教育」諮問委員会から提出されました。その答申は、序文から、次のように強く「ホリスティック・コンセプト」を打ち出しています。

「当諮問委員会は、この二一世紀の黎明にあって、もしユネスコが何かしら新しいバイタリティを取り戻そうとするなら、創設時のオリジナルなゴールに立ち返らなくてはならない、と考えた。強く促されるべきなのは、「平和の文化」を二一世紀のためのプログラムすべての核心に据えることだ。したがって、諮問委員会は、平和そのものと平和の文化とのかかわりについての理解が進むように、ホリスティック教育というコンセプトの真の意味に光を当てながら highlighting the true meaning of the concept of holistic education、ディスカッションを促進する用意をユネスコがはじめるように奨励した」。

ここで「創設時のオリジナルなゴール」とは、ユネスコ憲章の「人々の心の中に平和のとりでを築くこと」を意味していて、そのためにこそ「ホリスティックなコンセプト」の真の意味についての理解を深めることが重要だとしています。そして、次の六つの主要な側面を挙げています。

「平和の文化のための教育」についての「ホリスティックなコンセプト」は、次の六つの主要な側面を考えてみることによって、その概要をつかめるだろう。

i　人権、民主主義、国際理解、寛容、非暴力、多文化主義、そして学校カリキュラムで伝えられる他のすべての価値内容をカバーできる総合的で包括的な教育。教育は、平等や調和や連帯といった価値についてコミュニケーションできる社会現象である。

ii　教育システムのどんなレベルであっても、そこに平和の文化と結びついた重要な事項が見出せるような学習内容を伝えることのできる教育。

iii　それぞれの個々人のすべての側面を伸ばす全人的な教育。

iv　すべての人に等しい学習機会を提供できるように、障害をもった子どもや少数民族のような社会的マイノリティに対しても特別な配慮がいきとどいた教育。

v　フォーマルな教育もインフォーマルな教育も両方を含んだ、そこで教育的な作用が生じているコンテクストそのものとしての教育。

vi　伝えられたさまざまな知識や価値を総合的にまとめ上げていくことのできる、授業と学びの、参加的で相互交流的なプロセスとしての教育。

以上の諸側面が一つになって、平和の文化のための基礎を形作っていくであろう。……

Final Report: Fifth Session of The Advisory Committee on Education for PEACE, HUMAN RIGHTS, DEMOCRACY, INTERNATIONAL UNDERSTANDING AND TOLERANCE, UNESCO, Paris, 20-22 March 2000

総合的・全人的・包括的な〈つながり〉を活かす

右に提案された「ホリスティックなコンセプト」を、次の三点に整理しておきます。まず第一に、「平和の文化」をコアにして、教科や学習内容や学びのプロセスが相互に連関づけられて統合される、総合的・領域横断的なカリキュラム。〈学びの総合的なつながり〉。第二に、知識だけでなく、価値や態度や行動、意志や感情や思考などのすべての側面がバラバラにならずに育まれる「全人的」な教育。〈自己自身の全人的なつながり〉。そして第三は、前節でもみたところの、どんな人をも排除しない、あらゆる人に開かれた〈すべての人と社会の包括的なつながり〉。このように、総合的・全人的・包括的な〈つながり〉を活かし育む「ホリスティック」というコンセプトによって、平和の文化のための教育が基礎づけられています。

ところで、第二の〈自己自身の全人的なつながり〉は、自己のどの次元の深さまでを想定した全人性なのでしょうか。この諮問委員会の答申からだけでは、判然としません。たとえば、北米で「ホリスティック教育」が提唱されたときの四つの特質、つまり、「エコロジカル、スピリチュアル、グローバル、いのちへの畏敬」という特質が、このユネスコのホリスティック・コンセプトに、どのように反映しているのか、不明です。

そこで、さらに詳しく「ホリスティック・アプローチ」について語っているテキストがないか、レヴューしていきました。すると、「国際ホリスティック大学」（ブラジル）の創設者ピエール・ヴェイユ氏が、二〇〇〇年度のユネスコ平和教育賞を受賞しており、それ以前からユネスコに深くかかわっていることがわかりました（タイ・バンコクにあるユネスコのアジア太平洋支部も、二〇〇〇年以前から本格的なホリスティック教育関連の出版物を公にしています）。

ユネスコと国際ホリスティック大学（ブラジル）

平和教育賞受賞の前年、一九九九年の四月に、P・ヴェイユ氏は、スコットランドのフィンドホーン財団と協力して、ユネスコの公式スポンサーによる「平和への呼びかけ：ホリスティックな未来への道"A Call to Peace: Pathways to a Holistic Future"」と題した一週間の国際会議を開催しています。その趣意書には、「この平和会議は、存在するものすべての相互のつながりと全体性を認識するホリスティックなヴィジョンa holistic vision, recognising the inter-connection and wholeness of all thingsに触発されたもの」であり、「国境を越えたホリスティックな運動の多くの潮流the many streams of the global holistic movementがここに集い、その流れをさらに強めることができる」と記されています。そして、ホリスティックなアプローチによって生み出されるつながりが、目に見える現象のレベルにとどまらず、根源的な次元で捉えられています。エコロジカル、スピリチュアル、グローバルな特徴がはっきりと明記されているので、次に長くなりますが、その段落を引用しておきます。

「このホリスティックな見方　考え方は、自然科学やエコロジー、心理学やスピリチュアリティといったいくつもの領域をクロスオーバーしながら、目に見える様々な現象の背後に働いている大きな一つの力を明らかにしてくれます。多様性は生命の豊かさの表現であり、その一つひとつの部分は、決定的に重要です。私たちは、相互に依存しあう地球規模の関係性の一部であり、「場（フィールド）」の理論が教えるように、私たちがどんなことをしたとしても、その影響はさざ波のように地球全体に伝わります。ホリスティックな見方・考え方は、様々な領域を越境して総合する新しいタピストリーを織り上げてくれます。芸術や科学や環境を横断して結びつけ、国家の境界を越え、信仰や宗教的伝統の違いを超え、そして私たち一人ひとりの生活と社会的な集団全体との間にしっかりしたつながりを生み出してくれます」。

http://www.findhorn.org/events/conferences/archives/peace/index_new.php

このような多元的、重層的なつながりは、P・ヴェイユ氏の「平和に生きるアート"The Art of Living in Peace"」と名付けられた平和教育プログラムによって、身体的にも感性的にも認知的にも探求されていきます。平和教育賞の対象となったそのプログラムの理論と実践は、二〇〇二年にあらためてパリのユネスコ出版から公刊されています。以下少し、これを概観しておきます。

「平和のうちに生きる技法（アート）」

Ｐ・ヴェイユ氏の著書『平和に生きるアート』の構成は、まず既存の「平和」理解を吟味したうえで、「平和のホリスティックなヴィジョン」を提出し、次に既存の「教育」観を問うて「教育のホリスティックな観方」を述べ、そして「平和のためのホリスティックな教育」を提案する順序で章が立てられています。まず簡単に言えば、戦争と平和は、社会・政治的な、経済的な、文化的な問題であり、それぞれの位相での分析と対応は重要であるが、それらの問題に還元しえるものではないこと。それらの外的な問題と、心理的な憎悪や暴力性、安心や穏やかさといった内的な問題とをリンクさせ、重層的総合的連関的にアプローチする、それが「ホリスティックな観方」だとします。そして同時に、それと並ぶもう一つの「ホリスティックな意識」があって、それは、Ｐ・ヴェイユ氏によって「宇宙的（コスミック）な意識のトランスパーソナルな状態」と呼ばれる「個人から社会、地球、そして宇宙へと無限に開かれていく意識」です。

では、「平和のためのホリスティックな教育holistic education for peace」のアウトラインを見ておきましょう。Ｐ・ヴェイユ氏による次頁の図も参照してください。興味深いのは、右にみた外的と内的な諸問題の連関や、個人／社会／地球が重層的に広がる連関を、つまりはホリスティックな連関の全体を、三分節の三層構造で有機的に連関づけて把握しようとしているところです。

まず、人間個人と社会文化と自然環境の三つの位相にわけて説明します。

「平和のためのホリスティックな教育」は、

◎人間個人のレベルでは、内なるエコロジー：自分自身と平和に生きる技法（アート）、

◎社会文化のレベルでは、社会的エコロジー：他の人々と平和に生きる技法、

◎自然環境のレベルでは、地球的エコロジー：自然生物と平和に生きる技法、

を学びます。その内容をさらに三分節して詳しくみると、

◎自分自身と平和に生きるには、

身体の平和（健康）、心の平和（喜びや共感や穏やかさ）、知性の平和（叡智）を、

◎他の人々と平和に生きるには、
経済的な平和（衣食住の確保）、社会的政治的な平和（協同や共働）、文化的な平和（美、真理、公正）を、
◎自然生物と平和に生きるには、
物質（土、水、火、気体）の調和バランス、生命（植物、動物、人間）への敬愛、情報（原子、遺伝子、脳神経）という知識を、
身につけようとします。
そして、これらの学びを通して、次第に
◎個人的な自己中心的意識、
◎社会的な人類中心的意識、
◎惑星的な地球中心的意識、
へと意識を広げ、さらにはこの三つの段階を踏み超えて、無限に開かれた宇宙意識にまで到ろうとするのが、「平和のためのホリスティックな教育」の最終目標になります。ただしこれは、子ども相手というよりも、平和教育の指導者のセルフトレーニングを主眼にしたプログラムです。そのための学び方としては、知的な文献研究やグループ・ディスカッションから、さまざまな文化が伝承してきた叡智や修行法まで、幅広い技法を組み合わせています。

図　平和に生きる技法

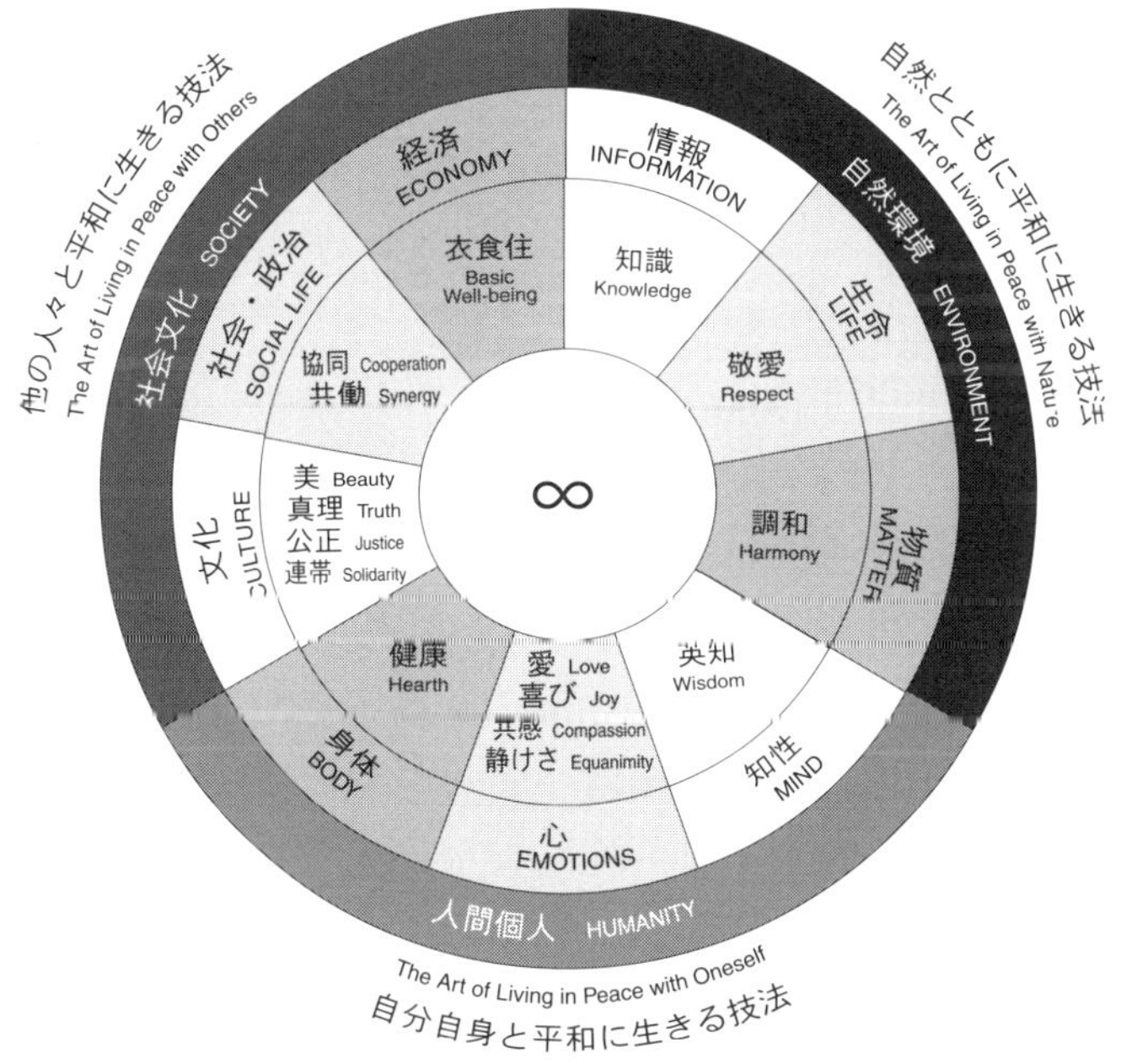

Pierre Veil, *The Art of Living in Peace,* 2002, UNESCO Publishing & UNIPAIX

「ホリスティックな機関」としての国連

「あらゆるものは、それが存在するかぎり、相互にすべてが依存しあっているこの宇宙の一部である。生きとし生けるものすべては、自らが存在し、成長し、幸せになることを、他者との相互関係に依存している」。これは、P・ヴェイユ氏も引用する、コスタリカの国連平和大学「平和と持続可能な開発のための人間の責任についての宣言」の第一条です。最後に、一九八九年のユネスコ平和教育賞を受賞した、コスタリカの国連平和大学の創設者（現在は名誉総長）であるロバート・ミューラー氏の言葉を引いておきたいと思います。

彼は、国連創設直後から三八年間にわたって、三人の歴代事務総長の補佐をした国連の生き字引のような人です（一九二三年ベルギー生まれ）。はじめて彼を知ったのは、二〇〇三年三月の、イラク戦争が避けられない情勢になって悲嘆していたときのこと。このR・ミューラー氏がある講演で、その二月の安保理などの国連を舞台にした議論の質を評価して、国連を創設したときに、まさにこんな議論が成り立つ場をつくりたいと理想をえがいた、そのとおりのことが五〇年以上を経て、ついにやっと実現した、と感慨深く語ったのを聞きました。つまり、世界中の人々が注視するなか、ある戦争をすべきかすべきではないかを、結論がどちらに転ぶかわからない緊張感のなかで、立場の違う国家が真剣に公開討論する対話の場を持ちえたのです。歴史の生き証人の、この一喜一憂しない射程の長い楽観的な評価には、ずいぶん励まされました。

さて、そのR・ミューラー氏が、視野を大きく広げ、宇宙的、進化的なスパンで人類の課題と国連の任務を語るとき、しばしば思いを込めて使うのが、「ホリスティック」という言葉に他なりません。つぎのパラグラフを引用して締めくくりたいと思います。

「国連は、人類の最高の哲学的な機関になるべきだ、との提案に、私は一〇〇％賛成する。そこでは、英知への愛、あるいは人生の英知といった意味での哲学が、対話やいろいろな方法によって生きて働いており、それが人類という種とこの惑星の進化の一部となっている。そうなのだ、国連は、この奇跡の惑星＝地球の上の、すべての生物の宇宙的かつ地上的な進化を、その中心にあって導いている全人類という現象の、メタ生物学的な、そしてホリスティックな機関なのである」。

Robert Muller, Idea No.1801, 1999, http://www.robertmuller.org

◆写真提供　永原　孝雄（ながはら　たかお）

1947年長野生まれ。香蘭女学校の理科教師。ネパール、タイ、バリ島、東ティモールなどアジア各地でキッズゲルニカの活動をサポート。

あとがき

ホリスティック教育ライブラリー4として「平和」を中心テーマにした本書の制作と、イラク戦争の進行はシンクロしていたといえます。現実の世界が「平和」とは反対の方向へどんどん進んで行くという無力感の中で、なんとか「平和」への思いを形にできないかと考えながら編集が進みました。この本の制作のプロセスを通して、さまざまな出会いがあり、「平和」への願いを共有し、とてもピースフルなつながりが広がっていきました。

執筆に協力していただいたみなさん、そして読者のみなさん一人ひとりに楽しくピースフルな子ども時代があったと思います。しかし、現実の世界には爆撃や地雷の恐怖に怯えたり、あるいはいじめの暴力の前に息を潜めるといった毎日を過ごさざるをえない子どもたちも大勢います。すべての子どもたちが、ピースフルな子ども時代を生きることができるように保障すること、これがわたしたち大人の務めではないでしょうか。本書がピースフルな未来をきずく上での手がかりを提供できることを願っています。

日本ホリスティック教育協会会員のみなさんのご支援と共に、平和にかかわるさまざまな活動をしている多くの方々の執筆協力により、この本を完成させることができました。ありがとうございました。最後に、「平和」の願いを美しい本の形に結実させてくださったせせらぎ出版の山崎朝さん、山崎亮一さんに心から感謝したいと思います。

二〇〇四年二月一日

日本ホリスティック教育協会
金田　卓也
金　香百合
平野　慶次

日本ホリスティック教育協会のご案内

●日本ホリスティック教育協会とは

ホリスティックな教育に関心をもつ人たちが学びあうネットワークとして、1997年6月1日に設立されました。学校教育関係者はもちろん、親や市民、カウンセラーや研究者など幅広い多様な足場をもつ人たちが、情報を提供しあい、相互に交流し、対話をすすめています。それを通じて、広くホリスティックな教育文化の創造に寄与したいと願っています。

●主な活動

1. 隔月ニュースレター、年刊単行本（ホリスティック教育ライブラリー）、研究紀要、その他の刊行物の発行と配布。インターネットの活用（ホームページ）。
2. ホリスティックな教育実践の促進と支援、及びその交流。
3. 講演会、ワークショップ等の開催。
4. 国内外の関連諸学会・協会等との連携および協力。
5. その他、本会の目的達成に必要な事業。

●入会案内（詳細は下記ホームページでご覧いただけます）

区　分	会　費	配　布　物
学生会員	4,000円	ニュースレター６回・年刊単行本１回
一般会員	6,000円	ニュースレター６回・年刊単行本１回
研究会員	10,000円	ニュースレター６回・年刊単行本１回・研究紀要１回

＊入会を希望される方は、会員区分を明記の上、郵便局の下記口座に会費をお振り込みください。受領証が必要な方は事務局までご連絡ください。

＊会員資格は４月から翌年３月までを１年度とする期間です。原則として年度途中の入会でも、当年度４月からの配布物が受け取れます。

郵便局の振替口座番号　00290-3-29735
口座名　日本ホリスティック教育協会

日本ホリスティック教育協会　事務局
〒603-8577　京都市北区等持院北町56-1　立命館大学文学部　中川吉晴研究室
TEL FAX：075-466-3231
URL：http://www.holistic-edu.org/　E-mail：ynaka@lt.ritsumei.ac.jp

編者略歴

金田　卓也（かねだ　たくや）
日本ホリスティック教育協会運営委員。
大妻女子大学児童学科助教授。

金　香百合（きむ　かゆり）
日本ホリスティック教育協会副代表。
HEAL（ホリスティック教育実践研究所）主宰。

平野　慶次（ひらの　よしつぐ）
日本ホリスティック教育協会常任運営委員。
もうひとつの学びの場主宰。7児の父。

ピースフルな子どもたち　―戦争・暴力・いじめを越えて―

2004年3月31日　第1刷発行
定　価　2100円（本体 2000円＋税）
編　者　日本ホリスティック教育協会
　　　　金田卓也・金香百合・平野慶次
発行者　山崎亮一
発行所　せせらぎ出版
　　　　〒530-0043 大阪市北区天満2-1-19 高島ビル2F
　　　　TEL　06-6357-6916
　　　　FAX　06-6357-9279
　　　　郵便振替　00950-7-319527
印刷・製本所　亜細亜印刷株式会社

 ISBN4-88416-130-0
"Peaceful Children: Beyond War, Violence and Bullying"
Ed. by Takuya KANEDA, Kayuri KIMU and Yoshitsugu HIRANO,
Japan Holistic Education Society. (Seseragi Publishing Co.Ltd., Osaka, Japan, 2004)

せせらぎ出版ホームページ　http://www.seseragi-s.com/
Eメール　info@seseragi-s.com